Ingo Tornow

MÜNCHEN IM FILM

filmland presse

Dokumentation und Begleitbuch zu einer Ausstellung und Filmreihe der

Münchner Stadtbibliothek

im Dezember 1995

Umschlagfoto: Dreharbeiten zu "Die Vertreibung aus dem Paradies" (Zweiter von links der Regisseur Niklaus Schilling)

Abbildungsnachweis: Cinenova Filmproduktion, München; Linda-Film, München; Edgar Reitz Filmproduktion, München; TiMe Filmverleih, München; VISUAL Filmproduktion, München/Berlin; Archiv des Autors.

Die Deutsche Bibliothek - CIP-Einheitsaufnahme:

Tornow, Ingo: München im Film. - München : Filmland Presse, 1995.
 ISBN 3-88690-260-9

Alle Rechte vorbehalten. © Ingo Tornow 1995
Verlagsbuchhandlung Filmland Presse, Aventinstraße 4, 80469 München, Tel.: 089/220109
Druck: Ortmann GmbH, 81737 München, Tel.: 089/627136-0
ISBN 3-88690-260-9

Inhalt

Vorwort	7

Die Themen · 11

München im Film - ein historischer Streifzug · 13
Stummfilmzeit · 13
Die NS-Zeit · 14
Die fünfziger und sechziger Jahre · 17
Provinz - Hauptstadt - Provinz(haupt)stadt · 19
Ein neues München in einem neuen Film · 23
Zeitgeist · 25
Olympia · 29
Neonstadt · 30
Konjunktur von Komödie und Satire in den achtziger und neunziger Jahren · 33
Exkurs: Das historische München im Film · 35

"Wahrzeichen" und Schauplätze · 39

Personalia · 51
Karl Valentins München · 51
Fassbinders München · 51
Achternbuschs München · 53
Klaus Lemkes München · 54
May Spils' und Werner Enkes München · 54
Niklaus Schillings München · 56
Darsteller · 57

München im Animationsfilm · 59

München im ausländischen Film · 61

Fazit · 65

Die Filme · 67

Anhang · 181

Chronologie · 183

Die Regisseure und ihre Filme · 189

Literaturverzeichnis · 197

Vorwort

Filme werden nicht auf dem Mond gedreht und spielen auch selten da. Ob aber ein Film von Anfang bis Ende in einem New Yorker Appartement spielt, wie Hitchcocks berühmter "Rope", oder in einem Rettungsboot mitten im Ozean, wie desselben Regisseurs "Lifeboat", es agieren nie Schauspieler in einem luftleeren Raum, einen Schauplatz haben die Filme immer. Sogar auf dem Mond spielen manche Filme, von Meliès' "Reise zum Mond" über Fritz Langs "Frau im Mond" und Josef von Bakys "Münchhausen" bis zu Jerry Lewis' "Mondkalb". Außenaufnahmen aber wurden dort meines Wissens zumindest für einen Spielfilm nie gedreht. Denn seit es Außenaufnahmen beim Film gibt, also solange es den Film selbst gibt, gibt es auch real existierende Schauplätze im Film. Aber Film ist Illusion. Es ist also nicht so wichtig, an welchen Schauplätzen er gedreht ist, sondern welche er imaginiert. Auch für unsere Beschäftigung mit dem Schauplatz München im Spielfilm ist also nicht die Frage wichtig, was wo gedreht wurde,[1] sondern wann und warum München als Schauplatz gewählt wurde. Dementsprechend ist es gleichgültig oder nur von sekundärem Interesse, ob ein Film ganz in Kulissen gedreht wurde und den Schauplatz nur durch Kulissen oder gemalte Prospekte imaginiert oder ihn gar nur verbal beschwört, oder ob er mit mehr oder weniger prachtvollen Außenaufnahmen mehr oder weniger prunkt.

Es gibt oder besser gab im deutschsprachigen Film etwas, das man den Wien-Film genannt hat, Filme, die in Wien spielen und ein ganz bestimmtes Lebensgefühl, fast auch eine Ideologie vermitteln, die mit dieser Stadt in Verbindung gebracht werden. Nur weil diese Filme bei aller unterschiedlichen sonstigen Gattungszugehörigkeit, von der Operette und dem Lustspiel bis zum Melodram, in dieser Hinsicht eine so große Gemeinsamkeit aufweisen und einen ganz überwiegenden Teil der in Wien spielenden Filme ausmachen, kann man von einem Wien-Film als einer Art Gattung sprechen. Etwas Derartiges gibt es sonst meines Wissens im deutschsprachigen Film nicht. Man hat schon vom St. Pauli-Film gesprochen, aber was darunter zu subsummieren ist, ist größtenteils spekulativer Schmarren, der vom verruchten Image dieses Stadtteils zehrt, aber selbst keinerlei ernstzunehmende Aussagekraft in Bezug auf diesen Stadtteil oder Hamburg selbst hat. Um von einem Berlin-Film sprechen zu können, ist das Filmschaffen, das in dieser Stadt spielt, viel zu disparat. Daß Berlin für viele Jahrzehnte im deutschen Filmschaffen für *die* Großstadt schlechthin steht, reicht natürlich nicht aus, um von einem Berlin-Film zu sprechen.

Auch einen München-Film gibt es im oben angesprochenen Sinne nicht. Dennoch stand der Schauplatz München zu unterschiedlichen Zeiten für verschiedene, aber jeweils ganz spezifische, unverwechselbare Sachverhalte. War dies zwischen etwa 1930 und 1960 noch vorzugsweise das Folkloristisch-Bajuwarische, München als geradezu exotischer Mittelpunkt eines leicht unterentwickelten, urigen, leicht spöttisch betrachteten (selbst von den Einheimischen) aber nichtsdestotrotz sympathisch empfundenen Landstrichs, daneben Münchens

---

[1] Zu den Fragen was wann und gelegentlich auch was wo in München gedreht wurde bietet das "Münchner Film- und Kinobuch" einiges Material.

(und sei es auch nur vermeintlicher) Rang als *die* deutsche Kunststadt, so repräsentierte die Stadt Ende der sechziger, Anfang der siebziger Jahre das Lebensgefühl einer jungen Generation um fast nahtlos auch für die Enttäuschung dieser Generation zu stehen, eine herzlose, anonyme Großstadt. In dieser Funktion war München aber schon nicht mehr so einmalig, daß man im Film von einer besonderen München-Spezifik sprechen könnte.

Andererseits ist München für eine Vielzahl weiterer Filme aus ganz anderen Gründen der Schauplatz, sei es ganz zufällig, weil die Produktion hier angesiedelt war, sei es, weil der Stoff es verlangte, sei es, weil München als mehr oder weniger exotisches oder touristisch attraktives Pflaster erscheint. Gerade in solchen Fällen muß München natürlich nicht notwendigerweise der Hauptschauplatz sein.

Faßt man den Schauplatz eines Films wie eine Rolle auf, so hat München alles gehabt, Hauptrollen wie Nebenrollen (oft als Antagonist oder Kontrastfigur Berlins oder als Juniorpartner Wiens) wie auch schließlich Rollen, die so klein waren, daß es nicht einmal im Vorspann genannt worden wäre. Und wie bei Darstellern kommt es vor, daß München für die Rolle ausgewählt wurde, nicht weil es dafür am geeignetsten gewesen wäre, sondern weil es gerade zur Verfügung stand oder eine gute Verbindung zum Produzenten hatte oder weil man ihm laut Vertrag noch eine Rolle schuldig war (z.B. als Bedingung der bayerischen Filmförderung bei der Vergabe von Fördermitteln). Und wie bei Darstellern kann es auch vorkommen, daß München gedoubelt wird wie z.B. durch Amiens in "Roselyne und die Löwen", durch Wien in den Actionszenen von "Der zweite Mann" oder, was häufiger geschieht, durch diverse Ateliers.

In welchen Filmen München welche Rolle spielt, dieser Frage soll mit den folgenden Bemerkungen und der Übersicht über die Filme mit München als Schauplatz ein wenig nachgegangen werden. In die Filmographie wurden dabei alle Filme aufgenommen, in denen München für mich erkennbar als Schauplatz, wie kurz auch immer, vorkommt, sei es, daß man das sieht, sei es, daß der Handlungsort nur verbal eingebracht wird. Daß Vollständigkeit dabei nicht erreichbar ist, war mir klar, dennoch habe ich mich darum bemüht. Nicht aufgenommen habe ich Filme, die zwar in München gedreht wurden, aber an einem anderen Ort spielen, etwa Alain Resnais' "Letztes Jahr in Marienbad", das in den Schlössern von Nymphenburg und Schleißheim gedreht wurde, oder Kurt Hoffmanns "Liselotte von der Pfalz", wo die Pagodenburg im Nymphenburger Schloßpark ein Lustschloß im Park des Herzogs von Orléans (oder von Versailles?, das wird nicht ganz klar) vorstellt, ferner Filme, in denen von München zwar die Rede ist, die aber zu keinem Zeitpunkt dort spielen, sowie filmische Dokumentationen von Inszenierungen Münchner Bühnen wie etwa Dieter Dorns "Faust" aus den Kammerspielen oder Henning Gierkes "Fliegender Holländer" aus dem Nationaltheater (in der Filmregie von Eckhart Schmidt). Ich habe mich dabei, um das Thema in halbwegs praktikablen Grenzen zu halten, auf abendfüllende Spielfilme beschränkt. Da spätestens seit der zweiten Hälfte der sechziger Jahre die Grenze zwischen Kinofilm und Fernsehfilm nicht mehr klar zu ziehen ist,[1] habe ich auch Fernsehfilme in größtmöglicher

---

[1] Vgl. dazu den instruktiven Beitrag von Knut Hickethier in: Abschied vom Gestern. Bundesdeutscher Film der sechziger und siebziger Jahre.

Vollständigkeit aufgenommen.[1] Bei Kurzfilmen, Dokumentarfilmen und Fernsehserien habe ich wenigstens Hinweise auf einige herausragende Beispiele eingearbeitet, da es natürlich nicht angeht, bei solch einem Thema etwa den Zeichentrick-Kurzfilm "Ein Münchner im Himmel", den Film über die Olympischen Spiele "München 1972" oder Fernsehserien wie "Monaco Franze", "Kir Royal" oder die "Löwengrube" ganz zu übergehen.

Die Filmographie, die sich aus Gründen des Umfangs und weil fast alle Filme in den gängigen Nachschlagewerken enthalten sind, auf die notwendigsten Daten beschränkt, enthält zu jedem nachgewiesenen Film eine kurze Inhaltsangabe und einen Hinweis darauf, was meiner Ansicht nach Umfang, Eigenart und Bedeutung des Schauplatzes München in diesem Film ausmacht. In den, leider viel zu häufigen, Fällen, in denen mir eine Begutachtung des Films nicht möglich war, habe ich die Quelle, der ich den Hinweis auf München als Handlungsort verdanke, mit der entsprechenden Passage zitiert.

Ein Unternehmen wie dieses ist nicht möglich ohne vielfältige Hilfe. Für Rat und Unterstützung danke ich: Barbara Bauermeister (Sentana Filmproduktion), Christian Berg (TiMe Filmverleih), Helga Biazza, Herbert Birett, Goswin Dörfler, Werner Enke, Elke Haltaufderheide, Hildegard Horny, Bruno Jonas, Edgar Reitz, Niklaus Schilling, Eckhart Schmidt, Dr. Werner Schneider, Peter Schöbach, Dr. Peter Sehr, May Spils, Magda Tornow, Dr. Michael Verhoeven, Christoph Winterberg. Vor allem aber danke ich meiner Frau Heidi für Geduld, Zuspruch und unermüdliches Korrekturlesen.

---

[1] Daß, gemessen an der Gesamtproduktion, die Zahl der in München spielenden Fernsehfilme weit geringer ist, als die der Kinofilme, hat drei Gründe. Zum einen die föderale Struktur des Fernsehens. Die Sender drehen vor allem in ihrem eigenen Einzugsbereich. Ausnahme: Serien. Die brauchen ein kontinuierliches, professionelles Produktionsteam. Da liegt der führende Produktionsort München natürlich nahe, und ebenso nahe liegt es, daß bei den geringen Etats solcher Serien das meiste vor Ort gedreht und mithin auch überwiegend dort angesiedelt wird. Zum zweiten wurde vor allem in der Frühzeit des Fernsehens wegen der besonderen, stark am Theater orientierten, aber auch durch das Bildschirmformat und die kleinen Etats beeinflußten Ästhetik des Fernsehspiels unverhältnismäßig viel in Kulissen gedreht. Das machte eine Konkretisierung des Handlungsortes überflüssig, die sich bei Außenaufnahmen oft von selbst ergibt. Zum dritten entstehen unverhältnismäßig viele Fernsehdrehbücher nach literarischen Vorlagen. Dafür wird die gesamte Weltliteratur geplündert. Bei dem hohen Anteil an ausländischen Vorlagen sinkt aber die Wahrscheinlichkeitsquote, daß es zu München als Handlungsort kommt, zusätzlich.

Die Themen

München im Film - ein historischer Streifzug

Stummfilmzeit

Die Stummfilmzeit ist noch immer eine der zwar unterschiedlich intensiv, aber insgesamt viel zu wenig erforschten Epochen der deutschen Filmgeschichte. Das liegt vor allem auch daran, daß die Filme aus dieser Zeit nur zu einem geringen Prozentsatz erhalten und schwer zugänglich sind. So ist es nicht verwunderlich, daß auch für unser Thema meine Ausbeute aus diesem Zeitraum besonders gering ist. Nur für ein rundes Dutzend Filme kann man aufgrund des Themas München als Ort der Handlung (allein oder neben anderen) zwingend vermuten. Da ich aber immerhin einige hundert Stummfilme unter inhaltlichen Gesichtspunkten überprüft habe[1] - bei anderen Perioden hat dies jeweils zu einem Vielfachen an Treffern geführt -, liegt der Schluß nahe, daß der Schauplatz München im ersten Drittel des Jahrhunderts noch keine Rolle gespielt hat. Sicher, der Stummfilm liebte noch in ganz besonderem Maße exotische oder unwirkliche Schauplätze oder er spielte, da überwiegend im Atelier gedreht, an nicht näher festgelegten Orten. Dennoch, wenn man sieht, wie oft Berlin oder vor allem Paris, die wohl bedeutendsten Produktionsstätten der frühen Stummfilmzeit, selbst schon vor 1911 durch die Handlung eindeutig bestimmte Schauplätze von Filmen sind, fällt das Fehlen von München doch auf.

Der erste (noch kurze) Spielfilm mit vermutlich in München spielender Handlung, den ich nachweisen kann, "Der Tyroler in München", stammt von 1908, der erste Langfilm, in dem München allerdings nur als Episode vorkommt, "Richard Wagner", von 1913. Davor läßt sich ein rundes Dutzend kurzer Filme mit dokumentarischem Inhalt nachweisen, die sich mit München befassen.[2] Das ist bestenfalls normal; jede halbwegs bedeutende Stadt ist in dieser Zeit vergleichbar häufig Thema dokumentarischer Filme. Man kann also sagen, daß München in der Stummfilmzeit zwar ein bedeutender Produktions-,[3] nicht aber Handlungsort von Filmen war. Dies bestätigt übrigens auch ein zeitgenössischer Autor, der 1926 beklagt, daß es in München im Gegensatz zu Berlin und Wien keinen "Lokalfilm" gebe. Das sei umso erstaunlicher, als München "wie wenige Städte auf dem Erdenrund seine Vergangenheit,

---

[1] Darüberhinaus hat mir dankenswerterweise Herbert Birett seine einige zehntausend Titel umfassende Datensammlung zum Stummfilm, die noch nicht vollständig publiziert ist (Teil 1 vgl. unter Birett im Literaturverzeichnis), zugänglich gemacht. Seine Notizen zu den Filminhalten sind zwar mehr als knapp, so daß mancher München-Film nicht zu erkennen gewesen sein mag. Aber die Ausbeute ist doch auch unter diesen Umständen angesichts der enormen Titelmenge bemerkenswert gering.

[2] Vgl. Birett, Nr. 192, 1075, 1747, 2137, 2138, 2412, 5064, 5599, 8630, 10170, 12297, 14496, 15975.

[3] Vgl. zu München als Produktionsort das "Münchner Film- und Kino-Buch".

seine Eigenart, sein 'Altmünchen' pflegt und auf diese seine Art pocht"[1]. Über die Gründe, die der Autor nennt, die politische Rivalität zwischen München und Berlin und ein dadurch bedingter "Boykott von seiten des Auslands, auch des 'deutschen'", will ich angesichts der schwierigen Materiallage nicht spekulieren.

Ansonsten fällt bei den wenigen Beispielen eine starke Konzentration auf spektakuläre historische Themen auf, sei es die Geschichte des Schmieds von Kochel, seien es die Ereignisse um die Tänzerin Lola Montez (zwei Filme) oder das Leben und vor allem der Tod[2] König Ludwigs II. (zwei Filme ohne den Raffés; am Rande gehört auch der Richard-Wagner-Film hierher). Man muß allerdings berücksichtigen, daß ausführlichere inhaltliche Informationen zu Stummfilmen rar und Rückschlüsse allein aus dem Titel auf unseren Aspekt der Inhalte fast nur bei solchen bekannten Themen möglich sind.

Die NS-Zeit

In den dreißiger und frühen vierziger Jahren, der Zeit des Nationalsozialismus also (nur drei Tonfilme fallen unter unserem Aspekt in die Zeit davor, schlagen also kaum zu Buche), wurden Schauplätze, so scheint mir, von der Dominanz Berlins einmal abgesehen, ein wenig nach dem Gießkannenprinzip verteilt. So schablonenhaft und fern jeder Realität das Filmschaffen war, so wenig wurde auf die Spezifik der Handlungsorte geachtet. Wichtig scheint nur gewesen zu sein, daß alle bedeutenden Städte des Reiches auch filmisch ins Bewußtsein gehoben wurden (dazu gehörte seit 1939 z.B. auch Prag, ebenfalls ein bedeutender Produktionsort, der aber nicht nur deswegen als Schauplatz häufig einbezogen wurde). So wurde auch München, oft nur als episodischer Handlungsort, in Filmhandlungen eingebaut, ohne daß dies zwingend oder auch nur naheliegend gewesen wäre. "Der Fall Deruga" etwa kann statt zwischen Berlin und München genausogut zwischen Berlin und ... (was hier einzusetzen wäre, kann ausgewürfelt werden) spielen. Sein Remake in den fünfziger Jahren ("...und nichts als die Wahrheit" 1958) spielt denn auch zwischen dem Nebenschauplatz Frankfurt (im "Fall Deruga" 1938 München!) und München, das als Haupthandlungsort Berlin ebenso abgelöst hat wie in der Realität als bedeutendster Produktionsort. "Der Flüchtling aus Chikago" muß ebensowenig ausgerechnet nach München kommen, wie die Firmenbelegschaft in "Drei wunderschöne Tage" ihren Betriebsausflug von hier aus antreten muß.

Filme, die dezidiert in einem Münchner Milieu spielen, wie "Königswalzer", "Peterle" oder "Münchnerinnen", sind selten bzw. mit diesen Beispielen fast schon erschöpfend aufgezählt. Die Weiß-Ferdl-Filme spielen oft nur zu einem kleinen Teil in München ("Der Lachdoktor", "Alles weg'n dem Hund") oder sind in einem Duodezbayern angesiedelt, das

---

[1] Hans Spielhofer: Der Lokalfilm. In: Süddeutsche Filmzeitung 13.8.1926.

[2] So gibt es noch einen weiteren Film (von 1919, Regie: Rolf Raffé) über Ludwig II., den ich in der Filmographie nicht berücksichtigt habe, weil ich ihn nicht sehen konnte und weil schon der Titel "Das Schweigen am Starnberger See. Schicksalstage Ludwigs II., König von Bayern" die Vermutung nahelegt, daß nur die Umstände von Ludwigs Tod behandelt werden und damit das Vorkommen Münchens als Schauplatz nicht automatisch angenommen werden kann.

Zweimal Künstlerfest in "Fasching" (auf dem Bild Carl Wery, Karin Hardt und Lotte Lang) und "Der Hochtourist" 1941 (auf dem Bild Joe Stöckel und Charlott Daudert)

ganz ohne München auskommt ("Die beiden Seehunde", "Gordian, der Tyrann"). Selbst der bayerische Bauernfilm verzichtet noch weitestgehend auf München. Nur "Der verkaufte Großvater" wird von seinem Regisseur einmal kurz nach München geschickt - ohne erkennbaren Grund, denn in keiner anderen Filmvariante dieses Schwanks muß er meines Wissens dahin.

Eine Konstante allerdings gibt es in der Behandlung des Schauplatzes München in dieser Zeit. Die Stadt bekam im Dritten Reich in rund einem Drittel der hier spielenden Filme die Rolle einer Stadt der Künste und vor allem der Künstler, der Boheme und der Künstlerfeste zugewiesen. Schon Titel wie "Bal paré" (kein Künstlerfest, aber die finden parallel statt), "Fasching" (die Hoch-Zeit der Künstlerfeste) oder "Künstlerliebe" deuten darauf hin. Aber auch in "Der Hochtourist" (der Version von 1942) geht der Ehemann, der einmal über die Stränge schlagen möchte, nach München, taumelt dort von einem Künstlerfest zum anderen und wird von einer drittklassigen Schauspielerin für einen Theaterdirektor gehalten, von dem sie sich ein Engagement erhofft. In dem überwiegend in Wien spielenden Film "Gabriele Dambrone" ist offenbar ein kleiner Teil der Handlung nur deswegen nach München verlegt, damit die männliche Hauptfigur, ein Maler, dort die Kunstakademie besucht haben kann. In "Der Sündenbock" wird der minderjährige Erbe eines Kleinstadtgastwirts in der Verwandtschaft herumgereicht, zwei zickigen, altjüngferlichen Hutmacherinnen in Bamberg, einem Unternehmer mit verwöhnter, überkandidelter Frau in Berlin und - einem Künstler samt Tochter und deren Verlobten, einem Kunstprofessor, in München.

In "Mit Dir durch dick und dünn" lauten die Stichworte: Maler und Bildhauer, Boheme, Liebe, Faschingsfest, und auch in "Die goldene Maske" werden reichlich Fasching und Künstlerfeste geboten. In "Man rede mir nicht von Liebe" wird immerhin gearbeitet, aber wie: Eine Künstlerin muß sich vom großen Meister (einem Mann natürlich) sagen lassen, wo's langgeht und sinkt ihm liebend zu Füßen. Auch in der im "gutbürgerlichen" Milieu spielenden Ludwig-Thoma-Verfilmung "Münchnerinnen" darf ein Künstleratelier nicht fehlen. Die verheiratete der beiden Titelfiguren hat, von ihrem Mann vernachlässigt, mit einem Maler angebandelt und läßt sich von ihm porträtieren. Sein Interesse gilt allerdings weit weniger dem Bild als vielmehr dem Modell. In "Bal paré" teilt die Gattin der männlichen Hauptfigur, eines "Schlotbarons", ihrem Mann mit, ihr in München studierender gemeinsamer Sohn habe ihr geschrieben, er fühle sich zum Künstler berufen. "S'ist halt München", ist die Antwort des Mannes. "Das vergeht wieder."[1]

München hatte sich seit dem Ende des 18. Jahrhunderts durch die ehrgeizige Kunstpolitik der Wittelsbacher, die auch zur Ansiedlung überdurchschnittlich vieler Künstler in der Stadt führte, durch die Qualität seiner Kunstsammlungen, aber auch durch die Anstrengungen führender Münchner Kreise einen Ruf als *die* Kunststadt Deutschlands erworben. Als Hitler ihr diesen Titel 1933 formell verlieh, war die Berechtigung dieses Rufs allerdings längst

---

[1] Ganz anders steht es übrigens mit dem Film "Ein toller Einfall" (Kurt Gerron 1932). Darin ist es zwar auch allerlei Künstlervolk, das aus München in das neueröffnete Schloßhotel des Helden (eines Malers aus München!) anreist, doch optisch dominierend ist die Stadt als - Sitz des Finanzamts. In der Eingangsszene fährt der Onkel des Helden in seiner Limousine auf dem Königsplatz vor und geht in die Antikensammlung, über der ein überdimensionaler Schriftzug "Finanzamt" prangt. Er verläßt es mit vielen anderen wieder, buchstäblich ausgezogen bis aufs Hemd, und so läuft das Rudel die Freitreppe des Gebäudes hinunter und fährt auf Kinder-Tretrollern davon, ein Bild von fast surrealer Qualität, das sich folgerichtig als Traum entpuppt.

fragwürdig geworden. Es entbehrt nicht einer gewissen Pikanterie, daß die Filme der folgenden Jahre München nicht so sehr als Stadt der Kunst, sondern mehr als Stadt der Künstler, der Künstlerfeste und der Boheme zeigten und damit, sicher unbewußt, eine Kritik bestätigten, die bereits seit dem letzten Drittel des 19. Jahrhunderts immer wieder an der Kunststadt München geübt und zum Teil auch von den Nationalsozialisten aufgegriffen wurde. Kunst, so der Tenor dieser Kritik, sei in München nicht wirklich beheimatet, träfe in der Stadt auf weniger Resonanz (z.B. durch Ankäufe von Einheimischen) als anderswo. Kunst in München, das sei Oberfläche, schöner Schein, Künstlerfeste mehr als Kunstausübung und statt künstlerischem Fortschritt Konvention und nicht selten Kitsch.[1]

Die fünfziger und sechziger Jahre

Das Klischee von München als der Künstlerstadt par excellence setzte sich auch nach dem Krieg noch für eine Weile fest. Schon im ersten Film, der nach 1945 wieder in München gedreht wurde und hier auch spielt, "Zwischen gestern und morgen" (1947), ist der Handlungsort zwar ein Hotel, aber die Hauptfigur ist ein Künstler, ein Graphiker (der notabene wegen einer äußerst despektierlichen Karikatur eines NS-Bonzen hatte fliehen müssen), und auch sein ehemaliger Kunstprofessor spielt eine nicht unerhebliche Rolle.
In "Geliebter Lügner" (1949) lernt der Ingenieur aus Hamburg seine Modekünstlerin auf einem Künstlerball kennen und führt ihr, von ihr für einen verbummelten Schwabinger Maler gehalten, "seine" Boheme vor, nämlich das Atelier des tatsächlichen Malers Gustav Knuth (auch er, wie man an der Wahl des Darstellers sieht, kein Einheimischer). In "Ein Haus voll Liebe" (1954) ist es immerhin ein Bühnenbildner, der sich im Münchner Fasching verliebt. Ebenfalls mit Sympathie dargestellt ist die Boheme in Joe Stöckels Remake von "Mit Dir durch dick und dünn" mit dem Titel "Zwei in einem Anzug" (1950). Eher wertneutral, aber blaß fungiert die Kunststadt in "Wie ein Sturmwind" (1956).
Eindeutig, gegen andere Städte kontrastierend, aber negativ geprägt ist die Zuweisung in "Unser Wunderland bei Nacht" (1959), einem "Sittenfilm" in drei Episoden über das Nachtleben in bundesdeutschen Großstädten: Hamburg, das ist St. Pauli mit seinem Ganoven- und Zuhältermilieu, aber auch mit einigen Spritzern anständiger Bürgerlichkeit, Düsseldorf steht für ein Industriellenmilieu, in dem Verträge durch den gezielten Einsatz von Dirnen beeinflußt werden, und in München sind es die Künstlerfeste, in deren Sumpf die nicht allzu wohlbehüteten, naiven Bürgerstöchter zu versinken drohen. Ähnlich wird München in dem Heimatfilm "Johannisnacht" (1956) als Stadt der Künstlerboheme dargestellt, zwar nicht mit demselben denunziatorischen Unterton, aber mit dem Fazit der Protagonistin "Ich könnte nicht in der Stadt leben". Damit sind zugegebenermaßen nicht die Künstler gemeint.
Historisch richtig, aber auch wundervoll ironisch eingesetzt ist Münchens Kunststadtmythos in "Lola Montez" (1955). Ludwig I. sucht unter Münchens Malern, die in der Akademie versammelt sind, einen Poträtisten für seine Favoritin und befragt die Künstler,

---

[1]Vgl. zur Kunststadtdebatte in München Schrick: München als Kunststadt.

Ruth Leuwerik und Dieter Borsche in "Die große Versuchung"

Joe Stöckel, Beppo Brem und Ernst Waldow (von links) in "Die fidelen Detektive"

denen man vorher eingetrichtert hat, man müsse die Tänzerin so schnell wie möglich wieder loswerden, wieviel Zeit sie für ihre Bilder benötigen, und alle prunken zur Unzufriedenheit des Herrschers mit der Kürze der benötigten Zeit. Nur der mäßig begabte Werner Finck errät des Königs eigentliche Absicht, gibt eine abstrus lange Zeit für ein kleines Stilleben an und erhält sofort den Zuschlag.

Eine ganz späte Reminiszenz an dieses Klischee ist "Der Mann mit dem goldenen Pinsel", eine als Gesellschaftssatire aufgemotzte Sexklamotte um einen Maler, der mit seiner Pseudokunst die Dummheit der Schickeria bedient. Schwabing hatte zur Entstehungszeit dieses Films (1969) neuerlich den Ruf als Bohemeviertel (und mit ihm München als Bohemestadt) erlangt. Aber es waren nicht mehr in erster Linie Künstler und allenfalls Literaten, die diesen Ruf begründeten, sondern Studenten, Musiker, Filmleute und eine Schickeria, die diesen Ruf letztendlich ruinierte.

Diese nennen wir sie Kunststadt-Filme blieben aber in den fünfziger und sechziger Jahren eine kleine Minderheit. Daneben war München wieder häufiger Handlungsort von Filmen, die auch woanders hätten angesiedelt sein können. Das lag nahe, denn Münchens Bedeutung als Produktionsstätte war nach dem Ausfall Berlins sprunghaft gestiegen, und Handlungen, die in einer beliebigen Stadt anzusiedeln sind, verlegt man natürlich gern vor die eigene Haustür. So entstanden ohne nennenswerten Bezug zu München, aber erkennbar hier spielend Komödien wie "Vater braucht eine Frau" (1952) oder "Ich und du" (1953) und Melodramen wie "Die große Versuchung" (1952), "Rummelplatz der Liebe" (1954) oder "Vertauschtes Leben" (1961), der Krimi "Heiße Ware" (1958) und, wie schon erwähnt, das Remake des Kriminalfilms mit Euthanasie-Touch "Der Fall Deruga" unter dem Titel "...und nichts als die Wahrheit" (1958), das deutlich der Verlagerung der Produktionsschwergewichte Tribut zollte, aber sonst so wenig mit München zu tun hat wie sein Vorgänger. Selbst ein Revuefilm spielt überflüssigerweise in München, "Solang es hübsche Mädchen gibt" (1955). Ich darf für dieses Beispiel, um mich nicht unnötig zu wiederholen, auf die Besprechung in der Filmographie verweisen.

Zugleich aber kam es zu einer Selbstbesinnung der Münchner Filmwirtschaft auf Münchner Geschichte, wenn auch verharmlost und folkloristisch angehaucht ("König für eine Nacht" 1950, "Mönche, Mädchen und Panduren" und "Die schöne Tölzerin" beide 1952, "Ludwig II." 1954, "Königswalzer" 1955), und auf Münchens bayerische Eigenart ("In München steht ein Hofbräuhaus" 1951, "Die fidelen Detektive" 1957, "Meine 99 Bräute" 1958, "Onkel Filser" 1966). Abgehoben wurde auf Münchens Hauptstadt- und Großstadtfunktion. Die München-Filme lieferten ihre Variation im Genre der Berg- bzw. Voralpen-, Bauern- und Heimatfilme.

Provinz - Hauptstadt - Provinz(haupt)stadt

Im Heimatfilm wird die Großstadt oft als Kontrast benutzt, um die Qualitäten des Landlebens noch stärker hervorzuheben. Ist das ländliche Milieu gesund, bodenständig und ehrlich, so herrscht in der Großstadt Degeneration, locken Sünde und Versuchung. Sie ist der Hort des Bösen schlechthin (Musterbeispiel unter den München-Filmen: "Heimatlos" 1958). Dem liegt das Gegensatzpaar Natur-Zivilisation zugrunde, das auch in abgeschwächteren

Varianten wirkt; hier die Natur, die den Menschen zu sich selbst finden läßt, dort die großstädtische Zivilisation, die ihn seiner selbst entfremdet (Beispiel: "Wenn die Alpenrosen blüh'n" 1955, wo das durch Zivilisation geschiedene und durch die Natur wieder zusammengeführte Industriellenehepaar allerdings aus Berlin stammt und München nur en passant vorkommt). "In der Stadt könnte ich nicht leben", meint die Gutselevin Irene in "Johannisnacht" (1956), und der Baron gibt ihr recht. Auch wo der deutsche Sexfilm später in den sogenannten Lederhosen-Filmen diese Muster mehr nachahmt als parodiert, wird die Stadt in dieser Weise funktionalisiert (Beispiel: "Heidi - Heida"). Meist fahren in Filmen dieses Typs, etwa "Oktoberfest, da kann man fest", die Provinzler allerdings nach München, um die Sünde dort geradewegs zu suchen. Das nun wiederum ist ein Handlungsmuster, das nicht dem Heimatfilm entlehnt ist, sondern dem Bühnenschwank à la Feydeau oder Arnold und Bach und das bereits vor der Sexfilmwelle im Film seinen Niederschlag gefunden hatte. Als Beispiel seien die beiden Versionen von "Der Hochtourist" von 1931 und 1942 genannt. In "Links der Isar - rechts der Spree" gehen die Münchner nach Berlin nicht gerade, um die Sünde zu suchen, aber um etwas zu erleben, und das kommt der Sache dann auch schon recht nahe.

Während in anderen Landstrichen, seien es die Lüneburger Heide oder der Schwarzwald, jede beliebige, oft auch eine anonyme Großstadt zu diesem Zweck herhalten kann, muß es bei Filmen, die in Altbayern spielen[1], immer München sein, denn keine andere Stadt ist hier groß genug, um überzeugend als "Moloch Großstadt" fungieren zu können. Sie alle sind noch mit dem sie umgebenden Land verbunden, sind selbst ein wenig provinziell. Andererseits gibt es auch in München zumindest bis in die sechziger Jahre starke Elemente des Bodenständigen, Urwüchsigen (Edgar Reitz stellt die Stadt in "Die zweite Heimat" bewußt als "Millionendorf" dar), so daß sich die Kluft zwischen Provinz und Großstadt in manchen Filmen mitten durch München zieht (bei "Herr Ober!" sogar noch 1991). Bodenständig sind München und die Münchner vor allem in vielen Lustspielen, in denen die Münchner als dasselbe Paradoxon eines schlitzohrigen Trottels dargestellt werden, wie die altbayerischen Bauern. Besonders auf die Filme von Joe Stöckel ist hier zu verweisen, aber etwa auch auf die krachledernen, biersaufenden Bayernpopanze in "In München steht ein Hofbräuhaus". Wird München neben anderen Großstädten gezeigt, so wird ebenfalls auf das Bodenständige, Dörflerische, Ungeschlachte der Stadt und ihrer Bewohner hingewiesen im Gegensatz zu wahlweise der Modernität, Eleganz usw. der anderen Stadt (in Deutschland vorzugsweise Berlin, besonders ausgeprägt z.B. in "Links der Isar - rechts der Spree"). Das kann komisch-denunziatorisch gemeint sein, aber auch durchaus einmal positiv, so etwa, wenn der etwas ungehobelte, aber ehrliche und geradlinige Münchner Anwalt Fritz Kampers das überkandidelte Vornehmgetue des Hamburger "Herrn Senator" (so der Titel des Films) auf Normalmaß zurechtstutzt.

Im übrigen ist in vielen Filmen, die München als Gegensatz zum Gesunden und Bodenständigen des Landlebens benutzen, die Stadt selbst gar kein Schauplatz, sondern wird nur

---

[1] Doch auch ein Großteil des österreichischen Alpenraums wird - sei es weil Wien zu weltstädtisch, sei es weil es zu fern ist - im Heimatfilm auf die Großstadt München bezogen, was Thomas Elsaesser ganz natürlich zu finden scheint (vgl. die Fußnote auf Seite 21). Was also die Bayern selbst im Bunde mit Napoleon nicht dauerhaft fertiggebracht haben, der Heimatfilm hat's geschafft: Tirol gehört zum Einzugsgebiet von München.

verbal eingebracht. Wegen seines prototypischen Charakters sei hier - ausnahmsweise - "Drei weiße Birken" (1961, Regie: Hans Albin) angeführt. Es geht darin um den Gegensatz von Traditionalisten und Modernisten in einem Ort am Chiemsee. Der Vorkämpfer der Moderne (Michl Lang) betont ständig "Ich war in Paris!", und seine Tochter hat er in München Malerei studieren lassen. Ihr Lehrer, ein gespreizter Abstrakter, der um des Broterwerbs willen kitschige Serienlandschaften für Touristen produziert, vergrößert nur das allgemeine Durcheinander. Nicht nur, daß hier München als die Stätte der Entfremdung im Hintergrund fungiert, zugleich wird sein Status als Kunststadt ebenso betont wie denunziert. Die Versöhnung der beiden Parteien am Schluß übrigens ist aufgesetzt, da sie nicht aus einer Einstellungsänderung resultiert.

Das Muster Hauptstadt - Provinz - Provinz(haupt)stadt findet sich allerdings in vielfältigen Varianten in Filmen aller Genres auch vor und nach den fünfziger und sechziger Jahren[1]:

Die Provinz in "Mädchen mit schwachem Gedächtnis" (1956) ist eine Biedermeieridylle, in der es, so der Kommentator mit ebenso sanfter Stimme wie sanfter Ironie, für die Alten, die das Leben hinter sich haben, gut leben ist. Die Jungen aber (schräge Musik setzt ein), die noch etwas werden wollen, müssen in die Großstadt gehen. Und da das Ganze im Oberbayerischen angesiedelt ist, kann diese Großstadt keine andere als München sein, auch wenn von ihr nicht mehr gezeigt wird als eine nicht amtliche Version des Münchner Kindls auf einer amtlichen Tafel.

In "Engelchen oder Die Jungfrau von Bamberg" (1967) kommt ein junges Mädchen aus der Provinz (immerhin eine Stadt vom Format Bambergs) nach München, um seine Unschuld zu verlieren, was ihm offenbar in der Provinz als völlig unmöglich erschien. Daß es auch in München beinahe nicht gelingt, macht einen Teil der Komik des Films aus. Der ironische Verweis auf die sündige Großstadt im Gegensatz zur spießigen Provinz geht allerdings über ein bißchen oberflächliches Amüsement nicht hinaus, erreicht keine nennenswerte kritische Qualität.

Der Held von Klaus Lemkes "Wie die Weltmeister" (1981), ein Gerichtsvollzieher, der in seiner Provinz störrischen aber unbedarften Dörflern die Kuh oder (dem Bäcker) das Brot wegpfändet, gilt - zumindest für seine Braut - als "Weltmeister im Pfänden" und wird für höhere Aufgaben nach München versetzt. Doch den linken Methoden der raffinierten Großstädter ist er nicht gewachsen. In einem anderen Film Lemkes kommt derselbe Hauptdarsteller (Wolfgang Fierek) als "Ein komischer Heiliger" (1978) aus der Provinz nach München, um die sündigen Großstädter zu bekehren.

---

[1] Eine scharfsinnige Betrachtung, die allerdings, was München angeht, mehr auf den Produktionsort, aber auch auf seine Rolle für den Heimatfilm abhebt, findet sich bei Thomas Elsaesser (Der Neue Deutsche Film, S. 204 f.): "Letztendlich beruht die spezielle Rolle, die Bayern für das deutsche Filmemachen hat, auf der Tatsache, daß München tatsächlich so etwas wie ein Äquivalent für Hollywood ist. Es ist das Zentrum verschiedener Unterhaltungsindustrien und des deutschen Showbusineß, mit Oberbayern und Österreich [sic!] als überaus pittoreskem Hinterland. So ist es das wirklich Wichtige am Heimatfilm, daß er Bayern zu einem imaginären Land machte. Letzteres gab Geschichten und Stereotypen Auftrieb, die immer wieder von den Konflikten einer ultrakonservativen Bauernkultur mit einer kosmopolitischen, hedonistischen und ultraintellektuellen Stadtkultur bestimmt sind, wo aber jede Seite der gegnerischen Lager selbst widersprüchlich und schizophren ist. Bayern selbst ist, wie beispielsweise Schottland, zu einem Plastikmythos geworden, ein Fundus an vorgefertigten Symbolen und einer semiotisch manipulierbaren Ikonographie."

Marianne Koch in "Königswalzer" (1955)

Gila von Weitershausen und Uli Koch in "Engelchen oder Die Jungfrau von Bamberg"

Slapstickhaft und deutlich die flippigen München-Komödien Klaus Lemkes imitierend ist "Keiner hat das Pferd geküßt" (1980) von Martin Müller. Die beiden Provinzler Wolfgang Fierek und Dolly Dollar sind hier etwas naiv, aber geradeheraus und mit dem richtigen Gefühl, kurz: sympathisch. Dolly Dollars vorübergehende gefühlsmäßige Irritation rührt von ihrer weiblichen Neugier auf das ihr bisher vorenthaltene Stadtleben her. Die Großstadtmenschen sind auf lauter g'spinnerte Nachtbar-Typen reduziert.

Und wenn man in der oberbayerischen Provinz eine Freizeitoase mit "Masseusen" und "Modellen" aufmachen will, wo bekommt man die Mädchen her? Von den Strichplätzen in München ("Trokadero" von Klaus Emmerich 1980).

In Gerhard Polts "Heimatfilm ohne Heimat"[1] "Herr Ober!" (1991) wird der provinzielle Poet Ernst Held in einem Schicki-Micki-München zunächst verlacht, dann aber nach einem unerwarteten Publikumserfolg von dieser Schickeria zu vereinnahmen versucht. Die mondäne Großstadt hatte ihn aber schon in der Provinz (Autokennzeichen: MB) eingeholt in Form seiner Gemahlin und ihres First-Class-Hotels. Zuflucht scheint er in der urigen Münchner Vorstadtkneipe zu finden. Doch auch sie und deren Wirtin werden vom Schicki-Micki-München korrumpiert.

Auch in "Der Sündenbock" (1940) wird der Gegensatz von den aufrechten und unkomplizierten Klein(st)stadtmenschen zu den durchweg mit Defekten versehenen Großstädtern ausgespielt. München ist aber hier nur ein Beispiel von mehreren und mit dem Künstleronkel die sympathischere Variante.

Als der Wiener Graf Tettenbach in der Zeit König Max' II. in einem Münchner Kaffeehaus spät abends noch etwas zu trinken bestellt, meint der Ober bedauernd, es sei schon Polizeistunde. "Was, um elf Uhr? Da beginnt bei uns in Wien erst das Leben", begehrt Tettenbach auf. "Ja aber, wir sind in München und nicht in Wien", bescheidet ihn der Ober ("Königswalzer", 1955). Ein Problem, das, folgt man den Diskussionen in der Presse, bis heute akut geblieben ist.

Ein neues München in einem neuen Film

Doch zurück zu den frühen sechziger Jahren. In den beiden ersten Dritteln dieses Dezenniums ist, blickt man nur auf die Chronologie der Spielfilme, der Tiefpunkt in der Präsenz Münchens als Filmschauplatz erreicht. Das gilt allerdings auch für andere deutsche Großstädte. Die Altbranche begab sich, zumindest mit den Handlungs- nicht unbedingt den Drehorten - der deutsche Film war ja in der Krise, man mußte sparen - lieber nach London (Stichwort: Edgar Wallace) oder nach Übersee (Stichworte: Freddy-Filme und Karl May), als bundesdeutsche Wirklichkeit zu zeigen. Doch unter der Oberfläche brodelte es. München als die kulturell anregendste Stadt der Bundesrepublik wie als bedeutendster Film-Produktionsort war Ende der fünfziger, Anfang der sechziger Jahre für Myriaden filmbegeisterter junger Menschen zum Anziehungspunkt geworden. "Sie antichambrierten bei den Altproduzenten, verdingten sich als Kabelträger, schrieben Filmkritiken, überfüllten die Schauspiel-

---

[1] Fischer Film Almanach 1993, S. 136.

schulen und klauten, wie Werner Herzog, ganze Filmausrüstungen aus dem Universitäts-Institut."[1]

Die Altbranche aber gab sich gegen diesen potentiellen Nachwuchs als geschlossene Gesellschaft. So wich dieser auf Nebenschauplätze aus, den Industriefilm etwa, oder drehte mit auf abenteuerlichen Wegen besorgtem Material Kurzfilme. Nach dem "Oberhausener Manifest", in dem die ältesten dieser meist in München angesiedelten (ihre Gegner nannten sie deshalb spöttisch die "Obermünchhausener") Jung- und Kurzfilmer ihren Anspruch verkündet hatten, den jungen deutschen Film zu schaffen, dauerte es noch fast ein halbes Jahrzehnt, ehe sie mit ihren ersten Langfilmen in die Kinos kommen konnten. Aber wie Georg Alexander 1967 zugleich resümierte und prognostizierte: "Der 'Junge Deutsche Film' - das sind auch diejenigen, die noch kommen und (wie es Patalas genannt hat) nach gehabter Revolution für 'Elektrifizierung' sorgen werden. *Das günstigste Klima für solche Entwicklungen herrscht offenbar in München.* Bei Bier, Beat und Flipper braut sich etwas zusammen."[2] Daß man im Zusammenhang mit diesen in München angesiedelten Jungfilmern von einer "Münchner Schule" sprach, ja zwischen den Münchner Oberhausenern und den wenige Jahre später mit ersten Kurzfilmen hervortretenden Regisseuren, die vorher meist für die Zeitschrift "Film" geschrieben hatten (Lemke, Schmidt, Thome, Zihlmann) als einer "alten" und einer "neuen" Münchner Gruppe unterschied, war ziemlich umstritten.[3]

Ihr Anspruch auf Realitäts- und Gegenwartsbezug wie ihre kümmerlichen Produktionsbedingungen nun verwiesen diese jungen Filmemacher auf ihre unmittelbare Umgebung, München, als Drehort und Schauplatz. Wie schon erwähnt, konnten die Kurzfilme, die in München spielen, aus Platzgründen wie auch wegen der mangelhaften Dokumentation des filmischen Schaffens in der Bundesrepublik[4], nicht ansatzweise vollständig erfaßt werden. Dennoch sei wegen der überragenden Bedeutung dieses Zeitraums wenigstens eine Auswahl der wichtigsten auf München bezogenen hier angeführt: "Schicksal einer Oper" (1957) von Bernhard Dörries, Stefan Meuschel und Edgar Reitz, "Stunde X" (1959) von Dörries, "Arme Leute" und "Madeleine - Madeleine" (beide 1963) von Vlado Kristl, "Versöhnung" (1964) von Rudolf Thome, "Frühstück in Rom" (1965) von Max Zihlmann, "Die Flucht" (1965)

---

[1] Reinhold Rauh: Edgar Reitz, S. 85.

[2] Lemke und andere. In: Film (Friedrich-Verl.) 7/67, S. 24. Hervorhebung von mir.

[3] Zuerst Wilfried Berghahn in Filmkritik 4/63, der einen heftigen Widerspruch des Komponisten Hans Loeper, Mitunterzeichner des Oberhausener Manifests, provozierte ("Die 'Münchner Schule' - ein Phantom?". In: Filmkritik 6/63, S. 301-304). Loeper tat den Begriff als allzu griffige Erfindung eines Boulevardjournalisten ab. Von "Neue Münchner Gruppe" spricht Enno Patalas 1967 ("Ansichten einer Gruppe". In: Filmkritik 5/66, S. 247-249), ebenso Georg Alexander ("Lemke und die anderen". In: Film (Friedrich-Verl.) 7/67, S. 24-27), vorsichtiger nur von "Münchner Cinéasten" Klaus Eder ("Mit dem Kino leben". In: Film (Friedrich-Verl.) 6/66, S. 30-32). Doch noch Thomas Brandlmeier hat in seinem 1992 erschienenen Artikel für den Katalog des Deutschen Filmmuseums "Abschied vom Gestern" den Begriff "Münchner Schule" aufgegriffen, wobei er weniger scharf zwischen alter und neuer Münchner Gruppe unterscheidet.

[4] Meines Wissens gibt es nur einen Versuch, einen zeitlichen Teilbereich der Kurzfilmproduktion in Deutschland vollständig und umfassend zu dokumentieren: Günther Knorr: Deutsche Kurz-Spielfilme 1929-1940. Eine Rekonstruktion. Ulm, 1977.

von Eckhart Schmidt, "Kleine Front" (1965) und "Henker Tom" (1966, Werner Enke übt schon für "Zur Sache, Schätzchen"[1]) von Klaus Lemke, "Die Kapitulation" (1967) von Martin Müller, "Stadtstreicher" (1966) und "Das kleine Chaos" (1967) von Rainer Werner Fassbinder, "Flug 601" (1966), "Auftrag ohne Nummer" (1967) und "Einsamer Morgen" (1967) von Niklaus Schilling. Schilling, damals noch hauptsächlich als Kameramann tätig, führte, zum Teil gemeinsam mit Hubs Hagen, auch bei einem Großteil der Kurzfilme der Münchner Jungregisseure die Kamera.

Die Umtriebigkeit der Jungfilmer gibt sehr hübsch eine Anekdote - wahr oder nicht - nun schon vom Ende dieses Zeitraums, der Zeit der ersten Spielfilme 1966/67, wieder, wie sie die Zeitschrift "Film" kolportiert: "Bei Dreharbeiten in Schwabing fuhr Gossov [Marran Gosov! Man drehte "Engelchen", d. Verf.] mit der auf einen Citroën montierten Kamera um eine Straßenecke und stieß dabei fast mit einem anderen Citroën zusammen, auf den ebenfalls eine Kamera montiert war. Das Team war gerade auf der Flucht vor einer dritten Gruppe, die eine Ecke weiter filmte."[2] Wilfried Berghahn meinte schon 1963 in der "Filmkritik": Die Jungfilmer "bevorzugen ... die gleichen Drehorte. Fast könnte man eine Topographie des münchener Kurzfilms entwerfen, in der zum Beispiel der Königsplatz als Symbol der Leere oder neuerdings die Autobahnauffahrten von Freimann als Schlupfwinkel 'unter den Brücken' eine beachtliche Rolle spielen würden."[3] Bis auf den Königsplatz war es das moderne München, waren es moderne Architektur (und ihre Baustellen!), Schaufenster und Plakatwände (und eine Geräuschkulisse aus moderner Musik und Alltagsgeräuschen wie bevorzugt Radiosendungen), das diese Jungfilmer in eine neue filmische Form und Aussage zu bringen versuchten. Das aber entbehrt nicht einer gewissen Beliebigkeit, da ist München nicht allzu spezifisch. War also München für sie doch nur ein mehr oder minder zufälliger Schauplatz, war München einmal mehr nur Gegenstand von Filmen, weil es ein so bedeutender Produktionsort war? Ich meine nein.

Zeitgeist

In seinem Film "Oh Happy Day" zeigt Zbynek Brynych während Vor- und Nachspann und häufig auch dazwischen ausgesprochene Postkartenansichten von München, ohne daß dies durch die Handlung motiviert wäre. Ähnlich ist es mit Alfred Vohrers "Herzblatt". Man mag dies für "penetrante Touristenwerbung" halten, wie sie ja das "Lexikon des Internationalen Films" schon dem Film "In München steht ein Hofbräuhaus" vorgeworfen hat. Dazu fehlt

---

[1] Das tut Enke, noch stärker, auch in dem gemeinsam mit May Spils geschriebenen Kurzfilm "Manöver" (1966/67, Regie und zweite Darstellerin: May Spils), aber der spielt ausschließlich in einer Wohnung und hat nicht einmal soviel Münchenbezug wie Spils' "Portrait" (1966), wo durch das Fenster der Wohnung immerhin - nein, nicht die Frauenkirche, aber die Erlöserkirche in der Ungererstraße schimmert.

[2] Film (Friedrich-Verl.), 9/1967, S. 8.

[3] Wilfried Berghahn: Ansichten einer Gruppe. In: Filmkritik 4/63, S. 158.

Christof Wackernagel (Mitte) in "Der Bettenstudent"

"Stehaufmädchen"

aber gerade eine Ansicht von ebendiesem, und zumindest auch eine Szene auf dem Oktoberfest müßte man erwarten. Die scharfsinnige Satirezeitschrift "Pardon"[1] bemerkte seinerzeit in einer Sammelbesprechung von "Die goldene Pille", "Jet-Generation" und "Zur Sache, Schätzchen": "Wen das Schicksal mit Adloff und Schmidt geschlagen hat, der dankt dem Himmel für May Spills [sic!]. Vor allem auch, weil sie es fertiggebracht hat, auf die obligaten Münchner Postkarten-Ansichten zu verzichten." Immerhin hat auch der "Pardon"-Besprecher (Walter Tecklenburg) erkannt, daß "Zur Sache, Schätzchen" ebenfalls in München spielt. Die Hinweise waren also in diesem Fall eindeutig genug. Daß sie bei den beiden anderen Filmen vielleicht aus bestimmten Gründen eindeutiger ausfallen mußten, hat er übersehen.

Die naheliegendste Erklärung für diese Überbetonung des Handlungsortes ist, daß damit gesagt werden soll, München sei *der* Schauplatz für die in dem Film angesprochenen Probleme, sei der repräsentative Ort für den im Film gezeigten Geist der späten sechziger und frühen siebziger Jahre.

Und tatsächlich, zu keiner Zeit wurde München so oft und so bewußt als Handlungsort für Filme gewählt, wie zu dieser Zeit, als in Filmen unterschiedlichster Machart und Qualität versucht wurde, die die Zeit bewegenden Themen darzustellen, sei es prätentiös oder pseudotiefsinnig, wie in dem genannten "Oh Happy Day", oder schick, wie in "Jet Generation" von Eckhart Schmidt, sei es humoristisch, wie in dem berühmten "Zur Sache, Schätzchen" und seinem durchaus gleichwertigen Nachfolger "Nicht fummeln, Liebling" oder auch in "Der Griller" von George Moorse, sei es satirisch, wie in den Filmen von Michael Verhoeven aus dieser Zeit ("Engelchen macht weiter, hoppe, hoppe Reiter", "Der Bettenstudent").

Es ging um Themen wie Generationenkonflikt, Überdruß an der einseitig geld- und leistungsorientierten Wohlstandsgesellschaft ("Mord und Totschlag", "Zur Sache, Schätzchen", "Nicht fummeln, Liebling", "Liebe so schön wie Liebe", "Oh Happy Day"), Politisierung des Alltags ("Liebe und so weiter"), Hippie-Flower-Power-LSD-Jugend ("Hurra, ein toller Onkel wird Papa"), sexuelle Befreiung ("Engelchen - oder Die Jungfrau von Bamberg", "Der Kerl liebt mich, und das soll ich glauben?", "Die goldene Pille") oder was man dafür hielt (als Persiflage darauf "Engelchen macht weiter, hoppe, hoppe Reiter" und die Möchtegernpersiflage "Herzblatt", aber auch die Sexfilmwelle mit München als dem zentralen Handlungsort[2] schwappte auf diesem Zeitgeist-Trend daher).

Zu dieser Zeit hatte Schwabing auch seine letzte Blüte nicht als Stadtteil, sondern als Zustand. Folgerichtig waren die meisten der genannten Filme in Schwabing angesiedelt, wobei es nur dem Kenner auffallen dürfte, daß Schwabing hier schon gleich hinter der Feldherrnhalle anfängt. Das ist aber auch nicht ganz verkehrt, denn zu Schwabing als Zustand, als Lebensgefühl gehört die Universität mit ihrer unmittelbaren Umgebung ohne Zweifel hinzu.

---

[1] Pardon 7. Jg., Nr. 3, 1968, S. 49.

[2] 1972-74, auf dem Höhepunkt dieser Welle, waren mehr als die Hälfte aller Kinofilme, die in München spielen, Sexfilme (20 von 37 der von mir bisher festgestellten; mit einer Dunkelziffer ist zu rechnen). Das entspricht in etwa auch dem Anteil der Sexfilme am gesamten deutschen Filmschaffen dieser Jahre - nach Titeln, nach dem Einspielergebnis gerechnet war ihr Anteil wesentlich höher.

Werner Enke (Mitte) und Rainer Basedow (rechts) in "Zur Sache, Schätzchen"

Unbekannte Darstellerinnen an der Isar (beim Volksbad) im 1. Teil des "Schulmädchen-Report"

Mit manch einer modischen Mogelpackung beteiligten sich auch die Alt"meister" des deutschen Films an diesem Zeitgeisttrend. So müssen 1968 in einem Film um den seinerzeit weit über München hinaus berühmten Freizeittempel "Blow Up" die Komiker Gunther Philipp und Eddi Arent Verständnis für die Jugend heucheln und Monika Lundi als "Go-Go-Girl vom Blow Up", so der Titel des Films, hauptsächlich hübsch ausschauen, animieren und den Kopf über demonstrierende Studenten schütteln (während sie selbst natürlich "ernsthaft" studiert). Regie führte Rolf Olsen, der hauptsächlich durch dümmliche und schmuddelige Filmchen hervorgetreten ist. "Ich betone, oben ohne" heißt denn auch der Alternativtitel des Films, womit eine seiner Hauptqualitäten benannt wäre.[1]

Franz Marischka, der Sexfilm-Spezialist aus der Marischkafamilie, drehte 1969 "Der Mann mit dem goldenen Pinsel", einen Film, der mit seinem spekulativen Blick auf die flippige Jugend dieser Jahre diese Jugend weniger ausbeutet als denunziert und daher auch mit seiner behaupteten Kritik an einer überkandidelten Schicki-Micki-Gesellschaft unglaubwürdig ist. Immerhin: Weder der österreichische Regisseur noch der italienische Co-Produzent dürften je daran gedacht haben, daß dieser Film anderswo spielen könnte, als in München. So ist selbst dieser unsägliche Film noch ein Indiz für den Stellenwert Münchens in dieser Zeit.

Weniger geschmacklos als diese beiden Beispiele ist Alfred Vohrers "Herzblatt oder Wie sag ich's meiner Tochter" (1969), der sich allerdings vergeblich als Persiflage auf den Sex- und Aufklärungsrummel der Zeit geriert und (mit dem Alt-Star Georg Thomalla als eigentlichem Helden) die Jugend nicht weniger denunziert als diese.

Olympia

Zu dem, was den Ruf Münchens Ende der sechziger, Anfang der siebziger Jahre ausmachte, gehören sicher auch die Olympischen Spiele, das herausragende Ereignis in der neueren Münchner Stadtgeschichte, und die in ihrem Vorfeld entstandene Aufbruchstimmung. Die Spiele fanden eher geringen, aber immerhin einigen Niederschlag im Filmschaffen. Noch im Vorfeld entstand Vlado Kristls "gegen die Olympiade und für die Anarchie", aber weder für noch gegen und kaum über München gedrehte Filmgroteske "Film oder Macht". Das kunstgewerbliche Midlife-Crisis-Drama "Schmetterlinge weinen nicht" bedient sich der Bauarbeiten auf dem Olympiagelände eher unauffällig (der Held ist Bauunternehmer und seine Firma gehört zu den ausführenden), um die Geschichte mit etwas Aktualität zu würzen. Fast noch während der Spiele kam der stellenweise nach "Report"-Manier gedrehte Film über "Das geheime Sexleben der Olympiastadt" heraus; einige der "Mädchen, die nach München kommen" (so der Haupttitel) beginnen hier ihre erotischen Eskapaden auf dem Olympiagelände. Auf die Spiele wird kaum Bezug genommen.

---

[1] In Helmut Dietls satirischer Fernsehserie über die Münchner Schickeria "Kir Royal" spielt Olsen in der dritten Folge eine (unfreiwillige?) Parodie seiner selbst, einen Regisseur, der fiebernd darauf wartet, daß seine Hauptdarstellerin sich auszieht (was diese aber partout nicht tun will, nicht etwa, weil sie prüde wäre, sondern weil sie schwanger ist).

Dies tun nur zwei Filme (mit dem üblichen Vorbehalt, daß ich nicht alle sehen konnte) ausdrücklich: So gab es auch bei diesen Spielen einen offiziellen Olympiafilm, der angesichts der immer stärker werdenden Präsenz des Fernsehens nicht, wie früher meist, über die Ereignisse bei den Spielen berichtete, sondern sieben renommierten Regisseuren und einer Regisseurin aus acht Ländern Gelegenheit gab, persönliche Schwerpunkte zu setzen, Impressionen von den Spielen künstlerisch umzusetzen. Ein regelrechter Dokumentarfilm ist also "München 1972" nicht, aber er ist doch eher dem dokumentarischen Bereich zuzuordnen. Ganz dokumentarisch gibt sich dagegen ein Spielfilm über das Massaker an den israelischen Sportlern, "Die 21 Stunden von München", und ist doch nur ein Reißer mittelmäßiger Hollywood-Machart.

Was die Spiele für die Stadt bedeuteten, wird in keinem dieser Filme deutlich. Am meisten Olympiaatmosphäre vermitteln noch die Filme aus der Zeit vor den Spielen, die bei ihren Dreharbeiten im Alltags-München immer wieder auf U-Bahnbaustellen stoßen und so, meist wohl ungewollt, die Bau- und Aufbruchsstimmung Ende der sechziger, Anfang der siebziger Jahre erahnen lassen, Michael Verhoevens "Hoppe, hoppe Reiter, Engelchen macht weiter" etwa oder Rudolf Thomes "Rote Sonne" oder auch Alfred Vohrers "Herzblatt oder Wie sag ich's meiner Tochter", in dem nebenbei auch ein Anti-Olympiaplakat (mit Fritz Teufel) in einem von Mitarbeitern einer Schülerzeitung benutzten Klassenzimmer hängt.

Neonstadt

Bei aller darin geäußerten Kritik bedurfte es für die (echten) Jugend-Zeitgeist-Filme einer gewissen Sympathie, sie entstanden aus einem Gefühl der Zugehörigkeit. Edgar Reitz hat die erste Phase dieser Zeit in seiner vielschichtigen Filmserie "Die zweite Heimat" - nun bereits historisch - dokumentiert. Schon nach der Mitte der siebziger Jahre aber war es mit dieser Art der Sympathiebekundungen für München weitestgehend vorbei. Über seinen Film "Halbe-Halbe" sagt Uwe Brandner: "Ich zeige in dem Film das Bild von einem Klima, einem ganz konkreten, Deutschland im Sommer 1977. Und in diesem Klima leben Leute, die ein Schicksal, eine Krise haben, keine Allensbacher Durchschnittsmenschen, sondern Menschen mit einer sehr persönlichen Geschichte, denen das alltägliche Leben zur Überlebensfrage wird. Es gab Ende der 60er Jahre eine Atmosphäre, die an der Oberfläche, auf der Straße erschien. Die Leute haben miteinander geredet, gelacht, gestritten und es wurde politisch sehr viel in Gang gebracht, Stellung bezogen, spontaner gelebt. Das ist verkümmert. Es gibt kein Gruppengefühl mehr. Jeder sucht nur noch nach privatem Glück und merkt gar nicht, wie sehr er zwischen Oberpollinger und Kaufhof in der Fußgängerzone auf dem Holzweg ist. Mir läuft es in der Fußgängerzone immer kalt über den Rücken: Das ist Beton-Freiraum, in dem nichts funktioniert."[1]

München leuchtete auch damals, sogar manchmal stellvertretend für den ganzen Westen ("Der Westen leuchtet" von Niklaus Schilling 1981), aber es war das kalte Leuchten einer "Neonstadt" (Episodenfilm 1981). "Die Vertreibung aus dem Paradies" lautete ein anderer

---

[1]Kino 78, S. 75.

Hans Peter Hallwachs in "Halbe-halbe"

Neonleuchtendes München: Hypopassage. Armin Mueller-Stahl in "Der Westen leuchtet".

vielsagender Titel am Anfang dieses Zeitraums (1976), in dem es um die Desillusionierung eines Schauspielers in München geht, "Inflation im Paradies" hieß ein Episodenfilm von 1982, der versuchte, "Leben und Gefühle einer Teenie-Generation zwischen Eis-Café und Neonlicht, Disco-Öde und Vespa-Chic widerzuspiegeln".[1] Ob das Leben der Penner beleuchtet wurde ("Gefundenes Fressen" 1976, "Fünf Minuten Ende der Welt" 1979) oder die Rivalität von Jugendbanden ("Die Nacht der Wölfe" 1981) bzw. "Die letzten Jahre der Kindheit" (1979) in einer herzlosen Betonwüste, ob ein Film seine Helden auf die Strichplätze der Stadt führte ("Trokadero" 1980), München als Ort der Agententätigkeit ("Quelle Günther" 1980) oder Tummelplatz der Drogenmafia zeigte ("Die Story" 1983), die Stadt verlor ihren Charme und zunehmend auch ihre Individualität, ihre Unverwechselbarkeit. Sie stand stellvertretend für jegliche Art von Großstadtgefühl in Deutschland, aber nicht für sich selbst.

Besonders symptomatisch ist dies in Beate Klöckners "Kopfschuß" von 1981, dessen Außenaufnahmen fast ausschließlich nachts gedreht sind. München, das der Nicht-Münchner nur an den Straßenhinweisschildern und den Autokennzeichen, allenfalls noch an den beiden Kinos "Goetheplatz-Lichtspiele" (gedreht im Royal) und Mathäser Filmpalast erkennt, präsentiert sich als Stadt glitzernder Neonreklamen und langer Straßenschluchten und -tunnels. Aber dieses Bild ist vermittelt durch die Filme, die die Protagonistin gesehen hat, steht für den Großstadtdschungel amerikanischer Metropolen, New York in Oberbayern.

Zwar versuchten May Spils/Werner Enke (bis "Mit mir nicht, du Knallkopp" 1982) und Klaus Lemke (vor allem mit "Sweethearts" 1977 und "Ein komischer Heiliger" 1978) noch das Bild von den liebenswerten Münchner Originalen aufrechtzuerhalten. Aber Enke war immer weniger der "pseudophilosophische" Verweigerer aus "Zur Sache, Schätzchen" und auch noch "Nicht fummeln, Liebling", er wurde fast zum Aktivisten in dem Maße, in dem die beiden die aggressiv-satirischen Elemente in ihren Filmen auf Kosten der distanziert-amüsierten verstärkten. Ob das ein Rekurs darauf ist, daß die "studentische Verweigerungsstrategie", als deren Ausdruck Klaus Kreimeier "Zur Sache, Schätzchen" ansieht[2], schon Anfang der siebziger Jahre überwunden ist, wie derselbe Autor konstatiert, kann ich nicht feststellen. Auf jeden Fall trafen ihre Filme nach "Nicht fummeln, Liebling" nicht mehr in dem Maße den Nerv der Zeit, wie die beiden ersten. Und München wurde in ihnen immer ungemütlicher, bis Spils/Enke die Stadt in ihrem letzten Film erstmals für einen großen Teil der Handlung verließen. Und auch Klaus Lemke verlegte das Wirken seiner sympathischen, unkonventionellen Helden wie Cleo Kretschmer und Wolfgang Fierek immer stärker aus München heraus, teils aufs Land, teils in andere Städte von Berlin bis Rio ("Flitterwochen" 1980, "Wie die Weltmeister" 1981, "Arabische Nächte" 1979, letzterer ganz ohne Bezug zu München). In Lemkes "Der Kleine" (1982) dagegen ist München ebenfalls eine kalte, unpersönliche Großstadt, in der der Junge vom Land sich gegen Unterweltelemente behaupten muß. Einen ähnlich bitteren Grundton hat Lemkes Spielermelodram "Zockerexpreß" von 1988. Rudolf Thome hatte sich schon 1972 mit dem vielsagenden Titel "Fremde Stadt" aus München verabschiedet und dreht seither vornehmlich in Berlin. Geradezu symptomatisch ist,

---

[1] Bodo Fründt in der "Zeit", zitiert nach: Filmjahr 1984.

[2] Klaus Kreimeier: Kino und Filmindustrie in der BRD, S. 258.

daß Mitte der siebziger Jahre Herbert Achternbusch mit seiner Haßliebe zu Bayern und München zu filmen begonnen hat. Nirgends wird die Entfremdung Münchens (und Bayerns) von sich selbst so konsequent und ausdauernd thematisiert wie bei ihm.

Merkwürdigerweise wird so gut wie nie Münchens Aufstieg zu Deutschlands bedeutendster Medien- und High-Tech-Stadt thematisiert, der sich in dieser Zeit vollzog und wohl zu der in den Filmen Ende der siebziger, Anfang der achtziger Jahre angesprochenen Entfremdung der Stadt von sich selbst, zu dem Gefühl der Kälte, das sie auf die Filmemacher ausstrahlte, beitrug. Niklaus Schilling, der selbst viel mit neuen Kommunikationsformen und -techniken experimentiert, zeigt sich von dieser Welt fasziniert, ohne unkritisch zu sein, und macht München folgerichtig zum Schauplatz entsprechender Filmhandlungen ("Zeichen und Wunder" 1981, "Die Frau ohne Körper und der Projektionist" 1983, "Der Atem" 1987-89). Daneben ist eigentlich nur das intelligente satirische HFF-Gesellenstück "Der Rekord" (1984) zu erwähnen, wenn man nicht den (ver)harmlosen(den) Blödelfilm "Piratensender Powerplay" (1981) einbeziehen will.

Mehr Beachtung findet, fast möchte man sagen: naturgemäß, München als führende Stadt des Show-Biz in so extrem unterschiedlichen Filmen wie "Der Hauptdarsteller", "Johnny West" und "Sweethearts" (alle 1977), "Der Fan" (1981), "Die Sehnsucht der Veronika Voss" (1982, allerdings historisch), "Die Spider Murphy Gang" (1983) oder "Wie treu ist Nik?" (1986). Auch "Piratensender Powerplay" gehört eher in diese Rubrik. Die Ende der sechziger, Anfang der siebziger Jahre mit Filmen wie "Zur Sache, Schätzchen", "Jet-Generation" oder "Der Mann mit dem goldenen Pinsel" zaghaft begonnene Darstellung und Kritik der Münchner Schickeria, die eigentlich mit der Darstellung des Show-Biz einhergehen könnte, setzt dagegen in der hier geschilderten Periode völlig aus, wenn man nicht Fassbinders am Übergang stehende "Faustrecht der Freiheit" (1974) und "Satansbraten" (1975/76) dafür in Anspruch nehmen will. Erst am Ende dieses Zeitraums greift Eckhart Schmidt diese Schickeria-Kritik mit "Die Story" (1983) wieder auf. In Helmut Dietls satirischer Fernsehserie "Kir Royal" (1986) findet sie ihre angemessenste, ich bin versucht zu sagen: ultimative, Form, wird von Gerhard Polt nostalgisch (nostalgisch in Bezug auf die Beschwörung des alten München) aufgegriffen in "Herr Ober!" (1991) und ist in Komödien wie "Kleine Haie" (1991), "Wir Enkelkinder" (1992) oder "Japaner sind die besseren Liebhaber" (1994) nur noch ein Aperçu am Rande.

Konjunktur von Komödie und Satire in den achtziger und neunziger Jahren

Etwa Mitte der achtziger Jahre ist es mit dieser überragenden Rolle Münchens als positivem wie negativem Schauplatz im Film vorbei. Die Zahl der Filme, die ganz oder hauptsächlich in München spielen, nimmt deutlich ab. Und selbst wo München als Handlungsort eingebracht wird, geschieht dies meist beiläufig und unauffällig wie vor allem in den teils eher humoristischen, teils satirischen Komödien "Wie hätten Sie's denn gern?" (1983), "Seitenstechen" (1984), "Männer" (1985), "Geld" (1988), selbst "Café Europa" (1990) und in neuester Zeit "Looosers!" und "Japaner sind die besseren Liebhaber" (beide 1994/95), oder es ist auf die Herkunft der Macher zurückzuführen wie vor allem bei den kabarettistisch geprägten Satiren von Gerhard Polt ("Kehraus" 1983 und "Herr Ober!" 1991) und Bruno

Katja Riemann und Nina Kronjäger an der Isar (nahe der Maximiliansbrücke) in "Abgeschminkt"

Jonas ("Wir Enkelkinder" 1992), andererseits auch bei den Filmen, die an der Münchner Hochschule für Fernsehen und Film entstanden sind ("Der Rekord" 1984, "Unter Kollegen" 1991, "Abgeschminkt" 1992).

Allenfalls in historischen Filmen ist München noch der unverwechselbare, durch das Thema notwendige Schauplatz ihrer Geschichte. In den achtziger Jahren (mit einigen Vorläufern in den Siebzigern) liegt sogar ein Schwergewicht auf historischen Filmen, und zwar zeithistorischen Filmen, die in München spielen, während es in den fünfziger Jahren bei diesem Genre noch Berlin war. Aber greifen wir etwas weiter aus.

Exkurs: Das historische München im Film

Historische Filme mit München als Schauplatz sind fast immer monarchistisch, oder etwas weniger ideologiekritisch ausgedrückt, haben fast immer einen bayerischen Herrscher zur Hauptfigur bzw. zum Mittelpunkt einer München-Episode, wie etwa Ludwig I. in "Lola Montez". Von den vielen Filmen um Ludwigs Enkel, den "Märchenkönig", oder dessen beherrschender Position in den München-Episoden der Richard-Wagner-Filme gar nicht zu reden. Aber auch in "Marie Ward" oder "Mozart - Aufzeichnungen einer Jugend" steht im Mittelpunkt der jeweiligen München-Episode der bayerische Kurfürst mit seinen Möglichkeiten der Hilfe für die Protagonisten. "Mönche, Mädchen und Panduren" ist zwar ganz auf Joe Stöckel und seine Figur des pfiffigen Bruder Barnabas zugeschnitten, aber fast ebenso großes Gewicht haben die Sorgen des väterlichen, arg von den bösen Österreichern und ihren noch böseren Panduren geplagten Kurfürsten. Das heißt, die Panduren plagen eigentlich nur die Bevölkerung, sogar die Münchens (nicht jedoch die Nymphenburgs!), aber der Kurfürst nimmt halt argen Anteil am Wohl und Wehe seiner Untertanen. Wie gut, daß sein Name nicht genannt wird, so daß ein Vergleich mit dem historischen Original so schnell nicht möglich ist. Apropos Original: Auch im Mittelpunkt der München-Episode von "Geheimakte WB 1" steht ein Original, äh ein bayerischer Herrscher, Gustl Waldau als trotteliger König, dessen Name ebenfalls wohlweislich nicht genannt wird. Und selbst in den beiden "Königswalzer"-Versionen, wo es um die Gott sei Dank nicht mehr so problematische Liebe eines Grafen zu einer Bürgerlichen geht, ist es der König, der sich Sorgen machen muß um die diplomatischen Schwierigkeiten bei der Verheiratung von Sissi und um die Moral seines Offizierskorps'.

In den achtziger und neunziger Jahren aber überwiegt, wie gesagt, die Darstellung von zeithistorischen Themen (daneben gibt's noch den "Kaspar Hauser", wo im Mittelpunkt der München-Episoden wieder ein König steht, Ludwig I., diesmal aber ganz kritisch dargestellt). Besonders Widerstand und Verfolgung waren jetzt ein gefragtes Thema, zweimal die "Weiße Rose" (neben dem Film dieses Titels noch "Fünf letzte Tage" und ein Vorläufer 1971 "Studenten aufs Schafott"), zweimal Georg Elser (wieder ein Film mit diesem Titel und "Der Attentäter"), je einmal der völlig unbekannte Schweizer Hitler-Attentäter Maurice Babaud ("Es ist kalt in Brandenburg") und Pater Rupert Mayer ("Flammenzeichen"), etwas vor dieser Zeit (1975) ein Fernsehspiel über die letzte Widerstandsbewegung im Dritten Reich, die Freiheitsaktion Bayern ("Kennwort: Fasanenjagd München 1945") und nicht

Lena Stolze und Wulf Kessler (rechts) in "Die Weiße Rose"

Gedeon Burkhard, Kai Wiesinger und Jürgen Vogel (von links) in "Kleine Haie"

zuletzt der "Ochsensepp" ("Der X-Bericht")[1]. Hinzu kommen so unterschiedliche Blicke auf Münchens jüngste Vergangenheit wie die Feuchtwanger-Adaption "Erfolg", die Trümmerzeit-Geschichte "Rama dama" und das mißglückte japanische "Cabaret"-Imitat "Die Frau mit dem roten Hut", und selbst die DEFA in ihren letzten Jahren verlegt in ihren zeitkritischen Filmen über die NS-Zeit einen Großteil der Handlung nach München ("Die Sprungdeckeluhr", "Die Schauspielerin"). Und wie gesagt, ausgerechnet in dieser Zeit, 1985-1993, machte Edgar Reitz das München, das für den deutschen Film Ende der sechziger, Anfang der siebziger Jahre zum wesentlichsten seiner Schauplätze wurde, zum Gegenstand seines zeithistorischen Monumentalopus "Die zweite Heimat", einer liebevoll-kritischen Hommage, die in der Filmgeschichte ihresgleichen sucht.

Daß München mit der Wiedervereinigung Deutschlands und der Wiederbelebung von Babelsberg etwas von seiner überragenden Rolle als Produktionsstätte verloren hat, ist sicher ein wichtiger Grund dafür, daß es auch nicht mehr so häufig Schauplatz ist. Andererseits bietet das die Chance, daß München als Schauplatz nicht mehr für alles mögliche andere stehen muß oder gar nur zufälliger Schauplatz ist, sondern daß die Wahl dieser Stadt als Handlungsort ganz bewußt und wegen seiner spezifischen Eigenart geschieht, daß München wieder ganz für sich selbst steht. Und es bleibt zu hoffen, daß dies nicht ein Klischee ist, wie im Film der dreißiger bis fünfziger Jahre.

Eine gewisse Sympathie für München kann man trotz der Beliebigkeit des Schauplatzes in den Komödien seit Mitte der achtziger Jahre durchaus feststellen, zum Teil kräftig bestärkt durch die bayerische Filmförderung (die Wahl des Schauplatzes München in "Café Europa" war z.B. Bedingung für die Vergabe entsprechender Fördermittel). Und seien wir ehrlich: Wo sonst wäre eine solche Ansammlung unterschiedlichster Typen wie Gerhard Polts Gabelstaplerfahrer samt Firmenbelegschaft in "Kehraus" und sein verhinderter Dichter Ernst Held in "Herr Ober!", der Yuppie und der Aussteiger im Clinch in Doris Dörries "Männer" wie die beiden Yuppies zweierlei Geschlechts im ganz anders gearteten Clinch in Weinges' "Japaner sind die besseren Liebhaber", die biedere Hausfrau als Geiselnehmerin in Dörries' "Geld", Bruno Jonas' ewiger Verlierer und dessen Widerpart, der Karrierist, in "Wir Enkelkinder", Katja von Garniers selbstironische Heldinnen in "Abgeschminkt", Sönke Wortmanns sympathische Schauspielschüler in "Kleine Haie" oder Christopher Roths etwas verschlafene Werbe"experten" in "Looosers!" mit annähernd der gleichen Glaubwürdigkeit möglich wie in München. Doch sollte die Wahl Münchens als Schauplatz einmal wirklich nur erfolgen, weil die Macher die Stadt mögen, wäre dies auch nicht das schlechteste Motiv. "München find' ich geil", sagt der Schauspielschüler Ali in "Kleine Haie". Dem ist nichts hinzuzufügen.

---

[1] Es ist symptomatisch, daß in diesem im Stil der fünfziger Jahre gestalteten Fernsehspiel über den militärischen Widerstand München nur ganz am Rande vorkommt, während Berlin (neben Rom) der Haupthandlungsort ist. Im Kinofilm der fünfziger Jahre hatte die Behandlung des militärischen Widerstands (so es eine Behandlung der NS-Zeit überhaupt gab) überwogen und war Berlin folgerichtig der wesentlichste Schauplatz. Es darf also spekuliert werden, was diese Konzentration auf München verursacht, ob nur eine Verlagerung des Interessenschwergewichts innerhalb der Widerstandsthematik oder eine Zuwendung zu Münchner Themen.

Peter Carsten in "Heiße Ware". Die Frauenkirche ist auf diesem Aushangfoto durch einen Graphiker noch besonders hervorgehoben.

"Wahrzeichen" und Schauplätze

Als Alfred Hitchcock seinen Film "The Secret Agent" in der Schweiz spielen ließ, fragte er sich: "Was gibt es in der Schweiz?" Seine Antwort: "Milchschokolade, die Alpen, Volkstänze und Seen. Mit diesen Elementen, die für die Schweiz typisch sind, habe ich meinen Film gefüttert."[1] Will man zeigen, daß ein Film in Paris spielt, zeigt man den Eiffelturm, in Venedig den Markusplatz mit Campanile, Dogenpalast, Piazzetta und San Marco. Genügt für den Eiffelturm aber schon eine einzige kurze Einstellung, so muß es beim Markusplatz-Komplex schon eine längere Kamerafahrt oder eine Montage aus mehreren der Elemente dieses Komplexes sein, beispielsweise eine Gondelfahrt im Becken von San Marco oder Taubenfüttern auf dem Markusplatz. Es empfiehlt sich also, im einen Falle von Erkennungsmerkmalen, sogenannten Wahrzeichen zu sprechen, im anderen Falle von typischen Schauplätzen. Selbstverständlich kann ein Wahrzeichen, ein architektonisches zumindest, gelegentlich auch zum Schauplatz werden wie zum Beispiel die Münchner Feldherrnhalle in Achternbuschs "Olympiasiegerin".

Womit also hätte Hitchcock, hätte er in München gedreht - einen Film, der auch dort spielt, denn mit "The Pleasure Garden" und "The Mountain Eagle" war er ja in den zwanziger Jahren in den Bavaria Ateliers, aber die Außenaufnahmen fanden in Italien bzw. in den Alpen statt - womit also hätte Hitchcock einen München-Film gefüttert? Oder, um anders zu fragen: Was sehen Regisseure an der Stadt als so charakteristisch an, daß sie es den Zuschauern zwecks Wiedererkennungseffekt vorsetzen, was halten sie für typisch, um damit Lokalkolorit zu erzielen?

Das auch im Film bei weitem am häufigsten verwendete "Wahrzeichen" Münchens ist? - richtig, die Frauenkirche. In "Das doppelte Lottchen" (1950) wird ein Szenenwechsel von Wien nach München mit einem kurzen Blick auf die Frauenkirche angezeigt (im umgekehrten Falle übrigens mit einem Blick auf den Stephansdom). Der Rest spielt in Innenräumen oder an unspezifischen Schauplätzen. Und wenn in "Italienreise - Liebe inbegriffen" der Reisebus nur ganz kurz am Stachus hält, wird, um zu zeigen, daß man in München ist, mit der Kamera aus erhöhter Position von den Frauentürmen auf den Platz heruntergeschwenkt. Wenn in "Sissi - Schicksalsjahre einer Kaiserin" der Herzog Max in Bayern seinem ältesten Sohn Ludwig die Leviten liest, weil dieser eine Bürgerliche heiraten will (bzw. schon geheiratet hat, aber das erfährt der Vater erst im Laufe des Gesprächs), und wenn das Ganze (wohl aus Kostengründen, Außenaufnahmen für eine so kurze Szene in einer weiteren Stadt sind nicht einmal in einer österreichischen Großproduktion der 50er Jahre selbstverständlich) in einer bürgerlichen (Kulissen-)Wohnung stattfindet, so ist, um zu zeigen, daß man sich in München befindet, hin und wieder durchs Fenster ein nicht einmal sonderlich gut gemalter Prospekt der Frauenkirche zu sehen. Ähnlich ist es bei "Vater sein dagegen sehr". Auch hier schimmert zur Identifikation des - episodischen - Handlungsortes die Frauenkirche durch ein

---

[1]Truffaut, François: Mr. Hitchcock, wie haben Sie das gemacht?, S. 94. Die Schokolade wird übrigens in Form einer Schokoladenfabrik eingebracht.

Durch Atelierfenster schimmert die Frauenkirche besonders häufig. Heli Finkenzeller und Hannes Keppler in "Münchnerinnen".

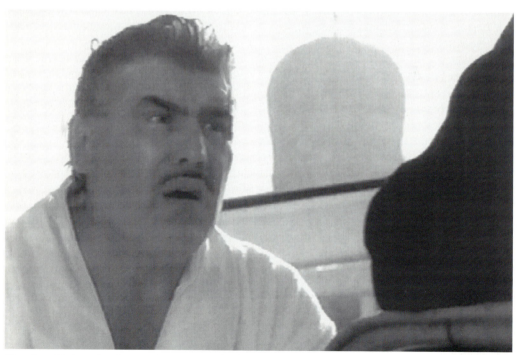

Münchens Wahrzeichen kann ganz schön bedrohlich wirken. Eine ironische Einstellung aus "Kir Royal".

Wohnzimmerfenster. Was sonst von München gezeigt wird, ein Friedhofsausgang und eine Ausfallstraße, könnte überall gedreht sein. Dazu mußte man den Hauptdrehort, eine Kleinstadt in Franken, nicht verlassen.

Fast überflüssig, zumindest redundant erscheint der Einsatz des Bauwerkes in Ophüls' "Lola Montez". Die Kirche schimmert durch ein Atelierfenster, als der Schauplatz München längst gründlich eingeführt ist. Mir scheint, hier spielt der Regisseur, ironisch wie im gesamten Film, auch mit Münchens Wahrzeichen. (Sonderlich genau nimmt er es mit den lokalen Gegebenheiten ohnehin nicht; ich darf auf die Anmerkungen zum Film in der Filmographie verweisen.) Eine ähnliche Ironie waltet in Axel von Ambessers "Frau im besten Mannesalter", in dem die Frauentürme formatfüllend die Rückseite einer Zeitung zieren, die die Titelfigur wg. Stellenanzeigen studiert zu einem Zeitpunkt, als auch hier der Nebenschauplatz München verbal längst vergegenwärtigt ist.

In "Solang' es hübsche Mädchen gibt", einer verunglückten Kreuzung aus Trümmerfilm und Revuefilm, schimmert die Frauenkirche durch den von Bomben zerstörten Dachstuhl eines Hauses (ein "malerisches" Motiv, das in seiner Niedlichkeit nur *ein* Symptom für die Verlogenheit des Films ist), redundant auch dies, da die Protagonisten schon zu Beginn während einer Stadtrundfahrt (unter anderem) ihr "Städtchen" (damit ist wirklich München gemeint!) besingen.

Für historische Filme wie die genannten "Sissi" und "Lola Montez" gäbe es dennoch in München genügend Schauplätze, die man real abfilmen kann. Das in Trümmern liegende München aber, das in einigen Filmen nach 1945 ("Zwischen gestern und morgen", "Zweimal verliebt", "Herr Satan persönlich") authentisch gezeigt wird, ist in den 90er Jahren nur noch im Atelier zu rekonstruieren, so daß ein historischer Spielfilm wie "Rama dama" den Blick auf die Frauentürme (die, wie auch die genannten Filme zeigen, damals die Ruinen weithin sichtbar überragten) einsetzt, um in den anonymen Studiotrümmern ein wenig architektonisches Lokalkolorit zu erzeugen.

Die interessanteste Verwendung des Motivs Frauenkirche hat Edgar Reitz in seiner "Zweiten Heimat" gefunden. Er zeigt, quasi als continuo ecclesiastico, immer wieder kurze Einstellungen der Frauenkirche aus verschiedenen Perspektiven und von verschiedenen Standorten, auch wenn dies nicht dem tatsächlichen Eindruck von der Wirkung dieses Bauwerks im Stadtbild entspricht. Aber: "Das Heimat-Gefühl hängt für mich mit der Vorstellung zusammen, daß die Kirche mitten im Dorf steht. In der 'Zweiten Heimat' ist München eine Stadt, in dessen [sic!] Mitte die Frauenkirche steht. ... Mein München wird - wie Schabbach [der fiktive Handlungsort von Reitz' erster berühmter Filmserie "Heimat", d. Verf.], nur eben in größeren Dimensionen - vom Kirchturm dominiert. Es ist keine Metropole, sondern - diese Bezeichnung hat man in den sechziger Jahren für München geprägt - ein 'Millionendorf'."[1] Natürlich ist eine solche Vielzahl von Einstellungen, ohne penetrant zu wirken, nur in einem Mammutwerk wie der 26stündigen "Zweiten Heimat" möglich.

Habe ich im zweiten Absatz einige Beispiele genannt, in denen die Frauenkirche der alleinige ikonographische Verweis auf München als Handlungsort ist, so gibt es einige Dutzend weitere Filme, in denen das Bauwerk neben anderen diesem Zweck dient. Oft stimmt, wie etwa in "Zwischen gestern und morgen" oder "Herr Ober!", ein kleiner Rund-

---

[1] Drehort Heimat, S. 213.

gang des Helden zu Beginn seines München-Aufenthalts den Zuschauer auf die Stadt ein, der mit kurzen Einstellungen auf prägnante Bauwerke wie die anderen Kirchen (Theatiner-, Peters-, Ludwigskirche), wie Rathaus, Karls-, Isar- oder Siegestor, Feldherrnhalle oder Oper, Justizpalast, Universität oder Glyptothek angedeutet wird. Zum alleinigen Verweis auf den Handlungsort aber wird kaum eines dieser Bauwerke je verwendet, größtenteils wohl, weil sie über München hinaus nicht bekannt genug sind, ihnen mithin der Wahrzeichen-Charakter fehlt.[1] So kann schon auch einmal eines von ihnen "zweckentfremdet" werden, kann die Kunstakademie etwa zum (real nicht mehr erhaltenen) Parlamentsgebäude ("Onkel Filser") oder (überflüssigerweise) zur Universität ("Das Go-Go-Girl vom Blow Up"), der Königsbau der Residenz (ebenso überflüssigerweise) zur Staatsbibliothek ("Der Maulwurf") mutieren. (Wenn dagegen Herbert Achternbusch in "Der junge Mönch" zahlreiche öffentliche Gebäude "umwidmet", so dient das der Satire und macht dramaturgisch Sinn.) Mit dieser Zweckentfremdung ist man immerhin noch in München geblieben, während in anderen Filmen zum Beispiel schon auch einmal aus der Pagodenburg im Nymphenburger Schloßpark ein Lustschlößchen im Schloßpark des Herzogs von Orléans gemacht wird ("Liselotte von der Pfalz", aber mit dieser Art von nicht in München spielenden Filmen wollen wir uns ja nicht befassen). In den letztgenannten Fällen wie in vielen anderen Filmen fungieren diese Bauwerke nicht als Wahrzeichen, sondern als Schauplatz, was vermutlich am häufigsten bei der Universität der Fall ist. Nie aber ist dagegen, so weit ich sehe, die Frauenkirche als Schauplatz verwendet worden, obwohl das ja auch bei ihr möglich wäre.

Anders als potentielle Wahrzeichen wie Universität oder Oper, die auch zu Schauplätzen werden können, ist das Oktoberfest nicht mit nur einer Einstellung zu erfassen und wiederzugeben. Folglich wird es in jedem Fall zu einem Schauplatz der Handlung gemacht. Und das Oktoberfest ist wohl (genau quantifizieren kann ich es nicht, da ich zu viele Filme nicht sehen konnte) der mit Abstand am häufigsten in dieser Weise als Erkennungsmerkmal verwendete Schauplatz in München. Viele Regisseure scheinen nur deshalb einen Teil ihrer Filmhandlung nach München verlegt zu haben, um eine Szene auf dem Oktoberfest spielen lassen zu können ("Inspektor Clouseau - der 'beste' Mann bei Interpol", "Das Auge des Bösen", "Drei Lederhosen in St. Tropez"). In dieser Hinsicht ist München ein exotischer Schauplatz, wie es für viele Filmhandlungen Venedig oder Rio ist.

Ein besonders beliebter Schauplatz ist der Englische Garten, als Drehort relativ unproblematisch, weil ohne Straßenverkehr und zu gewissen Tages- und Jahreszeiten (die dann zugegebenermaßen für das Drehen auch nicht sehr geeignet sind) fast menschenleer, durch zwei Jahrhunderte kaum verändert, so daß man ihn auch als Originalschauplatz in historische Filme einbauen kann. Ja selbst fälschen kann man ihn ziemlich unbemerkt. Als "Sub-Wahrzeichen" könnte man in diesem Zusammenhang Monopteros und Chinesischen Turm bezeichnen. Sie dienen nicht der Identifizierung Münchens als Handlungsort, sondern der des Englischen Gartens, dienen zur Unterscheidung des Parks, der ja sonst mit jedem beliebigen anderen verwechselt werden könnte, während der Nymphenburger Schloßpark zum Beispiel

---

[1] Selbst das Rathaus ist nur ganz selten einmal alleiniger Verweis auf München als Handlungsort. Mir ist nur das nicht sehr ansprechende Beispiel "Prostitution heute" erinnerlich. Gerne wird im Zusammenhang mit dem Rathaus, wie im letztgenannten Film, das Glockenspiel herausgestellt. Weit häufiger aber ist die bekannte "Postkarten"-Einstellung vom Marienplatz aus (oft etwas erhöht) schräg auf das Rathaus mit den dahinterstehenden Frauentürmen.

Rudolf Rhomberg, Michl Lang und Hansi Kraus (von links) vor der als Parlamentsgebäude verkleideten Kunstakademie in "Onkel Filser - Allerneueste Lausbubengeschichten"

Gabriele Reismüller und Hans Holt tun so, als stünden sie im Englischen Garten vor dem Monopteros ("Münchnerinnen").

nicht als Schauplatz per se identifiziert werden muß, sondern immer nur Teil des als Schauplatz unverwechselbaren Schlosses Nymphenburg ist.

Das Hofbräuhaus ist, sowohl als kurz gezeigtes "Wahrzeichen" à la Frauenkirche wie als Schauplatz, weit seltener Bestandteil eines Films, als man es bei dem etwas zweifelhaften Ruhm dieser Institution vermuten sollte. In "Herr Satan persönlich" steht es in einer kurzen Szene fast unbeachtet im Hintergrund. In "Liebe will gelernt sein" dient eine kurze Einstellung auf seine Front nicht dem ikonographischen Verweis auf den Handlungsort, sondern der ironischen Konterkarierung der Äußerung einer der weiblichen Hauptpersonen. Ihr Mann, sagt sie, während man ihn eilends dem Hofbräuhaus zustreben sieht, sei in die Pinakothek gegangen, wie er überhaupt sonntags immer etwas Kulturelles unternehme.

Dennoch: Daß irgendwann ein Film mit dem Titel "In München steht ein Hofbräuhaus" entstehen würde, war wohl unvermeidlich. Das tatsächliche Entstehen paßt wie die Qualität der Ausführung zu den fünfziger Jahren. Ein abstinenzlerischer Berliner Limonadenhersteller lernt darin in München bei einem Verwandten, dem Wirt des Hofbräuhauses, das Bier-Saufen. Das "Lexikon des Internationalen Films" mißversteht den Streifen als "penetrante Touristenwerbung", aber die Stadt München möcht' sich schön bedanken für solche Werbung. Übrigens spielt selbst in diesem Film das Oktoberfest als Schauplatz eine größere Rolle als das Hofbräuhaus.

Den vorläufigen ironischen Schlußpunkt unter die Behandlung des Hofbräuhauses im Film hat Herbert Achternbusch gesetzt mit "I know the way to the Hofbrauhaus", ein wundervoller Titel, der alles impliziert, was diese Einrichtung für den Münchner bedeutet, die liebevolle psychische Hinwendung ebenso wie eine gewisse physische Zurückhaltung, was den Besuch dieser Institution angeht ("I know the way..." heißt soviel wie: "Ich könnte, aber ich tu's nicht unbedingt."), wie auch eine weitgehende, nicht zuletzt auch sprachliche, Offenheit den Touristen gegenüber. Auf Achternbusch selbst bezogen darf man den Titel wörtlich nehmen. In seinen Filmen gibt es wohl mehr Hofbräuhaus-Szenen und Anspielungen auf das Hofbräuhaus als in allen anderen Filmen zusammen. Das Hofbräuhaus ist für ihn der Inbegriff des Biertrinkens. Und Bier brauchen seine Film-Ichs. Sie brauchen es, um mit ihrer bayerischen Umwelt fertigzuwerden, sie brauchen es, um zu vergessen. "Ich trinke Bier", sagt Nil in "Das letzte Loch" (kein München-Film, aber trotzdem...). "Ich brauche Bier, damit ich die Juden vergesse. Mit einem jeden Bier vergesse ich 500000 Juden. Aber in der Nacht kommen sie alle auf einmal: nach 12 Halbe Bier kommen mir 6000000 Juden." Wie viele große Künstler verkennt Achternbusch selbst die wahre, die tiefere Bedeutung seines Werks. In einem Interview sagt er: "Mit dem Saufen hab ich unheimlich gern angegeben, gegen eine gewisse Hoch- oder Kunstgestochenheit der Bildungsträger. Ich hab genau gewußt, wenn ich vom Bier schwärm oder wenn ich vom Saufen red, dann gehen schon viele weg, dann sagen die schon aha, das hat mit Bildung nichts zu tun."[1]

Kaum einmal für sich selbst stehen darf der alte Nazibau, in dem heute die Musikhochschule untergebracht ist. Abgesehen von den Fällen, in denen er die nicht mehr vorhandenen Nazibauten anderer Städte, vornehmlich Berlins (z.B. "Aus einem deutschen Leben", Lili Marleen"), doubelt, ist er das Amerikahaus in "Der letzte Akkord", das Hauptquartier eines amerikanischen Geheimdienstes in "Big Deal" und ein Spielclub in "Zockerexpreß". Dagegen

---

[1] "Herbert Achternbusch", S. 64.

spielen Gebäude und Institution eine ganz zentrale Rolle als sie selbst in "Die zweite Heimat".

Daß Schauplätze wie der Bahnhof oder der Flughafen eher eine Ankunft als eine Abreise zeigen, erscheint zunächst logisch. Wenn München der Handlungsort ist, erwartet man, daß Menschen hier ankommen, deren Weg man dann verfolgen kann. Warum aber nicht zumindest am Schluß auch in gleicher Häufung Abreisen auftreten, ist nicht recht einsichtig. Tatsächlich ist der Hauptbahnhof in München (manchmal auch der Ostbahnhof, z.B. in "Liebe ist kälter als der Tod") um ein Vielfaches häufiger Ort einer Ankunft als einer Abreise.

Eine Abreise wird vor allem gezeigt, wenn München ein episodischer Schauplatz ist, sei es, wenn der Knabe Ludwig gleich zu Beginn von "Tante Frieda - Neue Lausbubengeschichten" endlich seinen Rauswurf aus der ungeliebten Erziehungsanstalt des Hauptmanns Semmelmaier bewerkstelligt hat und nun nach einem triumphierenden Marsch durch München die Heimreise nach Obermingharting antritt (wobei übrigens von München alles mögliche, nur nicht der Hauptbahnhof zu sehen ist), sei es, wenn der todkranke Jonathan in "Der amerikanische Freund" in München seinen zweiten Auftrag als Killer erledigt hat und nach Hamburg zurückkehrt (auch hier ist der Hauptbahnhof nicht als solcher zu identifizieren). Eine Flucht kann wie in "Georg Elser" ebenso ein Abreisegrund sein, wie eine Einberufung in "Die Weiße Rose". Oder das Drehbuch will einfach nur die Tätigkeit einer (Aushilfs-)Taxifahrerin zeigen, die eben auch (Ab-)Reisende zum Bahnhof fährt ("Schlüsselloch-Report"). Etwas Episodisches haftet auch diesen Szenen im letzteren, ganz in München spielenden Film an, da sie eher beiläufig zwischen die den "eigentlichen" Gehalt dieses Sexfilms ausmachenden Bettszenen eingestreut sind.

Den wenigen Abreisen nun stehen Ankünfte en masse gegenüber, seien sie nun hoffnungsvoll wie die von Michael Rott in "Zwischen gestern und morgen", Luise Körner in "Das doppelte Lottchen", der amerikanischen Sekretärin in "Der letzte Akkord", dem "Bettenstudenten", Ernst Held in "Herr Ober!", den Kriegsheimkehrern in "Rama dama" (den für diesen Film rekonstruierten Atelier-Bahnhof müssen wir als gezeigten Schauplatz schon gelten lassen) oder der parodierten Heidi im Sexfilm "Heidi-Heida", seien sie beiläufig, wie die in "Der erste Kuß", "Beruf Reporter" oder "Faustrecht der Freiheit", seien sie ambivalent wie in "Liebe ist kälter als der Tod" oder "Der Westen leuchtet". Daß der Hauptbahnhof auch episodischer Umsteigeort wie in "Fanfaren der Liebe" sein kann oder bloßer Aufenthaltsort ohne An- oder Abreise wie in "Geld", wo sich der arbeitslose Werner Müller hier die Zeit vertreibt, sei nur am Rande vermerkt. Arbeitsplatz schließlich, wie in "Lucky Star" (der Vater der Protagonistin ist Lokomotivführer) bzw. "Arbeitsplatz" (der Titelfigur) wie in "Max, der Taschendieb", ist der Hauptbahnhof besonders selten.

Ganz im Gegensatz zum Bahnhof aber kommt es auf dem Flughafen München (-Riem; Erding hatte bisher meines Wissens außer als Baustelle in "Der Rausschmeißer" nur in "Japaner sind die besseren Liebhaber" die Ehre, in einem Spielfilm vorzukommen[1]) weit häufiger zu einem Abflug als zu einer Ankunft, sei es, daß die hoffnungsvollen Helden von

---

[1] Außerdem entstand 1990 ein interessanter Dokumentarfilm über naturschützerische Maßnahmen im Erdinger Moos: "Was übrigbleibt, wird Museum" von Hans Prockl. Die Kritik am Großflughafen-Projekt in "Der Rausschmeißer" dagegen ist inkonsequent, eine aufgesetzte Attitüde.

Der in Trümmern liegende Hauptbahnhof mußte für "Rama dama" natürlich im Atelier nachgebaut werden.

"Mädchen, die nach München kommen" bei ihrer für den Pressefotografen gestellten Ankunft am Flugplatz und am Hauptbahnhof

"Rio das Mortes" in eine ebenso utopische wie zweifelhafte Zukunft in Peru aufbrechen, sei es, daß Guy van Stratten am Münchner Flughafen Mr. Arkadin abhängen, dessen Tochter von dem verbrecherischen Treiben ihres Vaters informieren und den anders nicht zu fassenden vielfachen Mörder so in den Selbstmord treiben kann ("Herr Satan persönlich"), sei es, daß ein junges Paar schon zu Beginn des Films in höchst strapaziöse "Flitterwochen" aufbricht und der Münchner Schauplatz damit (angemessenerweise) Episode bleibt, ebenso wie dies in "Chinesisches Roulette" mit seinen schon zu Beginn München per Flugzeug verlassenden Helden der Fall ist, oder sei es, daß der Schriftsteller Andreas Hartmann in "Das Auge des Bösen" von hier zu einer Reise aufbricht, während derer ihn seine Frau (auf dem Oktoberfest!) betrügt und dabei von dem auf den Erfolg Hartmanns neidischen Albin Mercier beobachtet wird. Unter dem hier allein interessierenden Gesichtspunkt des Abreisemotivs geht es also um einen Abflug zwecks lediglich vorübergehender Abwesenheit von München, ebenso wie übrigens in der Ehekomödie "Ich und du". Die in diesen Fällen notwendigerweise ebenfalls auf dem Flughafen erfolgende Wiederankunft wird aber in beiden Filmen nicht gezeigt! In "Die 21 Stunden von München", einem Film über das Attentat während der Olympischen Spiele von 1972, handelt es sich bei der Flughafenszene ebenfalls um einen Abflug, wenn auch nur um einen versuchten. Aber ich will nicht zynisch sein.

Daß "Mädchen, die nach München kommen", zu Wasser, auf dem Lande und - eben auch in der Luft hierherströmen, um ihre sexuellen Abenteuer zu erleben, darf man dagegen als Thema ebensowenig ernst nehmen wie das zugehörige Publicityfoto, das kein Handlungselement des Films wiedergibt. Diese rare filmische Ankunft auf dem Münchner Flughafen ist also nicht einmal echt.

Da es in anderen Filmen durchaus Ankünfte auf Flughäfen gibt, ebenso wie Abreisen auf dem Bahnhof, muß man sich doch fragen, woher diese Einseitigkeit bei den München-Filmen kommt. Soll damit etwa suggeriert werden, daß man *nach* München eher aus der Provinz kommt, wofür die Eisenbahn reicht, während man *von* München aus in die große weite Welt geht, und das dann notwendigerweise eher mit dem Flugzeug? Man wird ja nochmal fragen dürfen.

Geradezu eine sarkastische Paraphrase auf das hier Beobachtete ist in einigen Szenen die Kriminalkomödie "Café Europa": Zwei Kriminalbeamte sind an den Münchner Hauptbahnhof strafversetzt und hoffen, sich durch die Aufdeckung eines Drogendeals rehabilitieren zu können. "Wo kommen die großen Dinger [gemeint sind die großen Dealer mit ihren Koffern voller Rauschgift, d. Verf.] an? Am Bahnhof!" sagt der eine zu seinem Kollegen. Es folgt ein ironischer Schnitt auf ein Flugzeug, das zur Landung ansetzt und den großen Killer aus Italien nach München bringt. (Vom Flughafen wird übrigens nur für Sekundenbruchteile ein Abfertigungsschalter gezeigt.)

Ihren Zuschauern trauen die Filmemacher erfreulicherweise mehr Kenntnis Münchens zu, als ihren Filmfiguren. "Wo treffen wir uns?" fragt Karin Hardt in "Fasching" ihre Zugbekanntschaft Hans Nielsen kurz vor der Einfahrt in den Münchner Hauptbahnhof. "Da", sagt der und weist auf ein Bild des Marienplatzes, das im Abteil hängt. Er präzisiert noch etwas, indem er auf die Mariensäule zeigt. "Aber wo ist das?" fragen die beiden den älteren Bayern (Wastl Witt), der bisher in ihrem Abteil vor sich hingeschnarcht hat. Der fühlt sich (zu Recht) verschaukelt und verläßt raunzend das Abteil. Szenenwechsel: "Wir treffen uns um 20 Uhr an der Frauenkirche" sagt kurz hinter Essen der Schauspielschüler Johannes zu seinem neu gewonnenen Freund Ingo. "Ist das leicht zu finden?" meint der. "Ich glaube schon." Die Probe aufs Exempel wird in "Kleine Haie" im Gegensatz zu dem vorherigen Film nicht gemacht; die beiden treffen schon vorher wieder aufeinander.

Eine besondere, wenn auch nicht leicht zu erklärende Vorliebe für den Wittelsbacher Brunnen scheint der deutsche Sexfilm zu haben. Ist der Brunnen in "Liebe in drei Dimensionen", dem 4. Teil des "Schulmädchen-Report" und "Graf Porno bläst zum Zapfenstreich" lediglich malerischer Hintergrund für eine Szene, so wird er schon zum betonten Schauplatz, als Rainer Basedow, Freund und Manager des "Mannes mit dem goldenen Pinsel", sein schlüpfriges "Tastkino" (eine "Parodie" auf das Tastkino aus dem Wiener Underground) davor aufbaut, Mädchen, nur bekleidet mit großen Kartons, in die an passender Stelle Löcher zum Tasten geschnitten sind. Im Gegensatz zu dieser widerwärtig sexistischen Szene ist Ingrid Steeger von geradezu keuscher Offenheit, als sie in "Mädchen, die nach München kommen" auf dem Brunnen nackt für einen Fotografen posiert. Nicht Steegers nackte Okkupation des Brunnens ist so unpassend, denn auch einige der Brunnenfiguren sind unbekleidet. Aber diese sind allegorisch gemeint, und Ingrid Steeger hat nun einmal gar nichts Allegorisches an sich. In der halbherzigen Persiflage auf Sex- und vor allem Aufklärungsrummel "Herzblatt" schließlich wird der Wittelsbacher Brunnen - auch in der Veralberung noch konsequent - zum nachdrücklich vorgeführten Ausgangspunkt der Handlung.

Kein Wunder, daß sich Karin Hardt und Hans Nielsen bei diesem Trubel auf dem Marienplatz verfehlen.

Ingrid Steeger verschönt in "Mädchen, die nach München kommen" den Wittelsbacher Brunnen.

Personalia

Karl Valentins München

"Mag net. Ich möcht in München sterben", soll der hypochondrische und daher reiseverdrossene Karl Valentin telegrafiert haben, als ihn die UFA etwa 1931/32 für einen in Berlin zu drehenden Film verpflichten wollte.[1] (Wie man weiß, war er doch in Berlin, zu Kabarettgastspielen, und auch sein Film "Straßenmusik" von 1936 ist dort entstanden.) Valentin ist zwar vielleicht nicht der münchnerischste unter allen Komikern, aber bestimmt der am stärksten mit München verbundene. Nur einer seiner fünf Langfilme, "Der Sonderling", spielt allerdings in München. Es ist aber (neben dem in einem preußifizierten Oberbayern spielenden, thematisch eng verwandten "Donner, Blitz und Sonnenschein") auch der einzige, in dem er die unbestrittene Hauptrolle spielt. Seine Kurzfilme, in denen sich seine spezifische Komik weit besser entfaltet, spielen vermutlich fast alle in München. Doch abgesehen davon, daß es in ihnen immer nur Hinweise sozusagen auf den Mikrokosmos, den Handlungsort Photoatelier oder Apotheke oder was auch immer gibt, sind Außenaufnahmen, der Herkunft dieser Filme aus Bühnen-Sketchen entsprechend, selten und zeigen ein allenfalls sehr Eingeweihten entschlüsselbares Vorstadt-München. Aber das macht nichts. München wird durch die Person Valentins so unverwechselbar eingebracht, daß kaum ein Zweifel bestehen kann.[2]

Es war, 1973, ein guter Einfall, ein fürs Kino neu zusammengestelltes Valentin-Kurzfilm-Programm in dokumentarische Filmaufnahmen aus dem München vor und nach dem Krieg einzubetten. Nur leider sind die Kurzfilme Valentins arg verstümmelt worden: "Ewig junger Valentin". Der von Franz Seitz 1977 gedrehte Film "Die Jugendstreiche des Knaben Karl" rekonstruiert zwar liebevoll das München aus Valentins Jugend, erinnert aber allzu fatal an des Autors und Produzenten Seitz Lümmelfilm-Serie. Zugegebenermaßen sind Valentins "Jugendstreiche", die dem Film zugrundeliegen, auch nicht gerade ein Werk vom Rang der "Lausbubengeschichten" Ludwig Thomas, spiegeln allerdings sehr deutlich des Autors Verbundenheit mit München wider, die der Film denn doch trotz seiner liebevollen Rekonstruktion nicht überzeugend genug vermittelt.

Fassbinders München

Rainer Werner Fassbinder zeigt kaum markante, leicht identifizierbare Punkte von München, nichts Touristisches, sondern ein schäbiges München der Hinterhöfe und armseligen

---

[1] Unter anderen teilt diese Geschichte Max Ophüls in seinen Erinnerungen "Spiel im Dasein" (S. 157) mit.

[2] Eine vielsagende Fehlleistung hat Alfred Bauer in Band 1 seines Deutschen Spielfilm-Almanach in Bezug auf "Straßenmusik" produziert: Er charakterisiert diesen Film, in dem von vorn bis hinten nur berlinert wird und in dem Valentin (und Liesl Karlstadt) wie Fremdkörper wirken, als "Münchner Volksstück". Wir wollen es ihm nachsehen, denn der Film ist von der Bavaria produziert.

Hanna Schygulla, Hans Hirschmüller, Harry Baer, Rudolf Waldemar Brem und Lilith Ungerer (von links) in "Katzelmacher"

Annamirl Bierbichler und Herbert Achternbusch in "Die Olympiasiegerin"

Mietskasernen. Außenaufnahmen sind ohnehin selten. Fassbinder drehte bevorzugt in dumpfen Innenräumen, die den Menschen zum Gefängnis werden. Die Hinterhöfe und engen Seitenstraßen entsprechen der Enge und Gefängnishaftigkeit, die Fassbinders Räumen anhaftet und ein Spiegelbild der Enge im Hirn, des geistigen Eingemauertseins seiner Personen ist. München ist als Schauplatz ganz beliebig, es ist die Stadt, in der Fassbinder aufgewachsen ist und mithin seine prägenden Erfahrungen gemacht hat. Es kommt daher vor allem in den frühen Filmen vor, fünfmal in den zehn Filmen der Jahre 1969/70, seltener in den mittleren, nämlich nur noch viermal in den dreizehn Filmen bis 1975 und kaum noch in den späten, einmal als Haupthandlungsort und zweimal als ganz kurze Episode in vierzehn Filmen. Und es wäre gegen fast jede andere Großstadt austauschbar.

Eine Großstadt allerdings muß es sein; fast alle Filme Fassbinders spielen in der Großstadt, aber nicht in einer urbanen, offenen, meinetwegen anonymen Großstadt (letzteres allenfalls in den frühen Gangsterfilmen), sondern in der kleinbürgerlich-kleinstädtischen Enge der Vorstädte mit ihrer rigiden sozialen Kontrolle - Nachbarschaft wird nicht als System möglicher Subsidiarität, sondern als eines tratschsüchtiger Bespitzelung gezeigt. So ist etwa der Stoff von "Katzelmacher" vom Dorfmilieu des Theaterstücks bruchlos in die Münchner Vorstadt - "Giesing vielleicht"[1] - verlegt.

Achternbuschs München

Im Gegensatz zu Fassbinder zeigt Herbert Achternbusch ein sehr konkretes, deutlich identifizierbares München mit allen touristischen Highlights wie Marienplatz mit Rathaus, Viktualienmarkt mit Altem Peter, wie Feldherrnhalle, Wittelsbacher Brunnen, Deutsches Museum, Antikensammlung oder Haus der Kunst und vor allem Hofbräuhaus. (Auf Achternbuschs besonderes Verhältnis zum Hofbräuhaus bin ich im Abschnitt "'Wahrzeichen' und Schauplätze" schon näher eingegangen.) Er will deutlich machen: Das ist München, die Hauptstadt Bayerns, jenes Bayern, an dem er so leidet, dem er aber nicht entfliehen kann. Es ist also auch nicht das wie immer geartete Großstädtische, um das es Achternbusch bei München geht, sondern das Bayerische, aber auch seine Funktion als Hauptstadt, als Sitz einer verhaßten Regierung.

Der Film "Mix Wix" spielt überwiegend auf dem Dach eines Kaufhauses am Rathauseck. Von dort hat man einen sehr schönen Blick auf München. Aber der Kommentator sagt über die Frau des Kaufhausbesitzers: "Es mochte noch keine Stunde vergangen sein, daß sie ihr Anwesen im Süden der Stadt am Starnberger See verlassen hatte, bis jetzt, da sie auf dem Dach des ungeliebten Kaufhauses stand und sich über die gräßliche Stadt hinweg am Gedanken ihrer Heimat erfreute und erwärmte."

Kein anderer Regisseur ist Bayern und seiner Hauptstadt als Schauplatz so treu geblieben, wie Achternbusch, kein Regisseur hat so viele Filme gedreht, die in München spielen, wie Achternbusch. Diese "Treue" ist allerdings von einer Art Haßliebe geprägt. "Diese Gegend hat mich kaputt gemacht, und ich bleibe solange, bis man ihr das anmerkt", sagt er in "Servus Bayern", und auch wenn dieser Film als einer der wenigen von Achternbusch keine München-Episode enthält, spricht dies nicht gegen die Gültigkeit des Spruchs auch für die

---

[1] Wilhelm Roth in: Rainer Werner Fassbinder, S. 125.

Hauptstadt dieser "Gegend". Achternbusch "zeigt, daß der Heimatfilm und der Katastrophenfilm, wenn man in Bayern lebt, verwechselbar werden."[1]

Klaus Lemkes München

Neben Achternbusch und Fassbinder hat Klaus Lemke am meisten Spielfilme gedreht, die in München spielen. München ist ihm die Welt, und die Welt ist ihm auch nicht viel anders als München. Lemke über "48 Stunden bis Acapulco": "In gewisser Weise hätten wir auch alles in München spielen lassen können, in einem einzigen Hotelzimmer, und die Leute wären immer reingekommen und rausgegangen." Dazu Drehbuchautor Max Zihlmann: "Lemke hat Rom und Mexiko gezeigt, als ob es die Leopoldstraße wäre."[2] Das läßt sich in gewisser Weise auch für das Berlin in "Wie die Weltmeister" und erst recht den im Münchner Bernheimer Palais gedrehten Orient in "Arabische Nächte" (ein Film, der überhaupt nicht in München spielt) sagen. Ponkie charakterisierte Lemke in der Abendzeitung: "...festgewachsen in der Leopoldstraße, geliebt von Halbirren".[3] Und zwanzig Jahre später heißt es an anderer Stelle: "Wie einst in den 70er Jahren versucht Klaus Lemke immer wieder einmal, ein Naturtalent... aus der bayerischen Provinz ins Münchner Babylon zu schicken und mit ihr [sic!] Komödie zu machen."[4]

May Spils' und Werner Enkes München

Der Sensationserfolg von "Zur Sache, Schätzchen", des ersten und für lange Zeit einzigen Films der Jungfilmer, der Kasse machte, ist, abgesehen von seinem beträchtlichen Unterhaltungswert, darauf zurückzuführen, daß er den Nerv der Zeit traf. Werner Enkes sanfte Verweigerung, sein Unterlaufen jeglicher bürgerlicher Normen ist der perfekte Ausdruck des Lebensgefühls einer Jugend vor der 68er Explosion (Uraufführung 4.1.1968). Zugleich verkörpert der Film wie kaum ein anderer das quasi silberne Zeitalter von Schwabing als Zustand. Verweigerung und Politisierung liefen noch eine Weile nebeneinander her. Der gleichartige und gleichwertige Nachfolger "Nicht fummeln, Liebling" verkörpert das erstere. Er konnte hochgespannte Erwartungen erfüllen, aber keine Sensation mehr sein. Das haben ihm viele Kritiker übelgenommen. In den nächsten Filmen wird Enke vom müden "Pseudophilosophen" geradezu zum destruktiven Aktivisten. Schon seine Diogenes-Idylle im Hinterhof in "Hau drauf, Kleiner" läßt erkennen, wieviel Mühe im Gegensatz zu den kargen Zimmern der vorherigen Filme ihre Einrichtung gekostet hat. Als das Militär ihn sich schnappt, wirft er zunächst nur in der alten Verweigerungshaltung sein Gewehr weg und geht nach Hause. Als man ihn da aber nicht in Ruhe läßt, coiffiert er einen General zur Vogelscheuche. Und in

---

[1] Helmut Schödel in "Herbert Achternbusch", S. 134, dort bezogen auf "Der junge Mönch".

[2] Beide Zitate nach Fischer/Hembus: Der Neue Deutsche Film, S. 204.

[3] Zitiert nach Fischer/Hembus: Der Neue Deutsche Film, S. 232.

[4] Fischer Film Almanach 1987, S. 32, bezogen auf "Bibo's Männer".

Werner Enke und Henry van Lyck in "Nicht fummeln, Liebling"

Niklaus Schilling bei den Dreharbeiten zu "Die Frau ohne Körper und der Projektionist" in der Sonnenstraße

"Wehe, wenn Schwarzenbeck kommt" rüstet er gar mit Benno Hoffmann zum Sturm aufs Finanzamt - mit höchst erfreulichen Folgen: Der Computer druckt Steuerrückzahlungen für alle aus. Ob auch für die Zwicks und Konsorten bleibt im Film unerwähnt.

May Spils und Werner Enke sind ungeachtet ihrer weit nördlicheren Herkunft noch immer tief in Schwabing verwurzelt. Aber Schwabing ist nicht mehr vermittelbar. Ob das der tiefere Grund dafür ist, daß sie sich vom Film zurückgezogen haben?

Niklaus Schillings München

"Ich wollte in einer Stadt leben, in der viele Filme gemacht werden", sagt Niklaus Schilling über seine Übersiedlung aus seinem Geburtsland Schweiz nach München 1965. Da ihm die jüngere deutsche Geschichte zur Erklärung der bundesdeutschen Gegenwart wichtig ist, hat die geschichtsträchtige Stadt München für ihn Bedeutung nicht nur als Wohnort, sondern auch als Schauplatz. Dazu, über sein Verhältnis zum Drehort München hat Schilling mir freundlicherweise einen Text überlassen, den ich hier, obwohl er etwas aus dem Rahmen meiner Darstellung fällt, vollständig abdrucke:

Die Kulissen von München

Sommer 1974:
Wieder einmal passiere ich jenes Haus in der Thierschstraße, in dem ein junger Mann namens Hitler in den 20er-Jahren zur Untermiete wohnte. Ecke Prinzregentenstraße streife ich dann erneut an jener seltsamen Mauer am ehemaligen Luftgaukommando vorbei. Ganz ungeniert finden sich dort nämlich mehrere eiserne Hakenkreuze. Geschickt in ein Gitter eingeflochten, haben sie bisher alle geschichtlichen Windungen überstanden. Kaum im Englischen Garten angekommen, begegne ich einem älteren Herrn. Es ist der einstmalige Architekt und Reichsminister Speer, der sich einen solch schönen Sommertag ebenfalls nicht entgehen lassen will und gemütlich vorbeischlendert. Hinter ihm jenseits des künstlichen Wasserfalls strahlt ein hellgrauer Koloß - das Grab der deutschen Kunst, heute Haus der Kunst genannt.
Endlich greife ich zu meiner Lektüre: Otto Julius Bierbaums 'Prinz Kuckuck'. In einem Antiquariat erstanden, gewöhne ich mich erst wieder an die altdeutsche Schrift. Aber ich muß nur die Augen erheben und schon kann ich in der Ferne das Dach jener berühmt berüchtigten Villa am Siegestor erahnen, in welcher der skandalöse - von Paul Leni 1919 verfilmte - Roman seinen Ursprung hat, um schließlich in ganz Europa seine Spuren zu hinterlassen.
Ich brauche den Kopf wiederum um nur 120 Grad nach rechts zu drehen und sehe den unscheinbaren Hügel mit dem kleinen Tempel namens Monopteros, der in Ophüls' unglaublichem Film 'Lola Montez' auftaucht. Und wenn ich diesen 'Schwenk' noch weiter fortsetze - zu meinem Ausgangspunkt zurückkehre - sehe ich die sich sonnenden und badenden nackten Menschen, die man allgemein als den Ausdruck einer neuen Schamlosigkeit empfindet.
Eben dreht wieder der Wind, sodaß mich Fetzen der Blasmusik vom 'Chinesischen Turm' erreichen. Über den Gipfeln der Bäume, die den Englischen Garten zur Ludwigstraße hin begrenzen, grüßt die Theatiner-Kirche. Ich erinnere mich, daß ich vor kurzem die Abbildung eines biederen Aquarells derselben Kirche sah - es war mit A.Hitler signiert.
Nun ist plötzlich ein langsam fahrender BMW-Streifenwagen aufgetaucht. Er zieht eine trä-

ge Staubfahne hinter sich her. Ganz eindeutig hat man eine ganz bestimmte Gruppe plaudernder Jugendlicher im Auge... Ich entschließe mich, ins Kino zu gehen. Allerdings weiß ich noch nicht in welches. Ins Türkendolch, Leopold, ins Arri, ins Filmmuseum, ins Mathäser, in den Goethe-Palast oder gar ins Schiller?

Soweit der Text von Niklaus Schilling. Darüberhinaus hat mir Schilling meine These bestätigt, daß für ihn, der viel mit neuen Kommunikationsformen und -techniken experimentiert, München als bedeutendste Medienstadt der Bundesrepublik auch über seine Bedeutung als Filmstadt hinaus das ideale Arbeitsfeld war und daß bei der aus seinen speziellen Interessen resultierenden Sujetwahl sich die Wahl des Schauplatzes München fast zwingend ergab.

Darsteller

Auffällig an fast allen in München spielenden Filmen ist, daß, im Gegensatz etwa zu den Berlin-, Wien- oder selbst Hamburg-Filmen kaum eine der Hauptrollen, vor allem wenn es um gehobenere Schichten geht, erkennbar mit einem/einer Einheimischen besetzt ist. Selbst in dem Urmünchner Stück "Münchnerinnen", in dem die beiden weiblichen Hauptrollen vorzüglich mit den Münchnerinnen Heli Finkenzeller und Gabriele Reismüller besetzt sind, mußte das Personal in den übrigen Hauptrollen mit Österreichern (Hans Holt, Oskar Sima, Annie Rosar) und der Fränkin Margarete Haagen aufgefüllt werden. Erfreulich ist immerhin, daß endlich einmal eine Hauptrolle für Adolf Gondrell abfiel. Neben Norddeutschen wie Karin Baal, Dieter Borsche, Ernst Fritz Fürbringer, Carola Höhn, Gustav Knuth, Johanna von Koczian, Klaus Löwitsch, Hubert von Meyerinck, Susanne Uhlen, Grethe Weiser und Rolf Zacher, Ostdeutschen wie Dieter Augustin, Friedrich Domin, Heinz Erhardt, Willy Fritsch, Kurt Raab und Gila von Weitershausen, Mittel- und Westdeutschen wie Rainer Basedow, Fita Benkhoff, Iris Berben, Harald Leipnitz, Ruth Leuwerik, Peer Schmidt und Karl Michael Vogler spielten vor allem immer wieder Österreicher die Rollen von mehr oder weniger einheimischen Münchnern der gehobenen Stände, neben den Genannten Siegfried Breuer, Heidemarie Hatheyer, Paul Hörbiger, Georg Marischka, Winnie Markus, Susi Nicoletti, Rudolf Prack, Ellen Umlauf, Barbara Valentin und Peter Weck. (Erwähnt habe ich nur Darsteller, die in mehreren München-Filmen in tragenden Rollen aufgetreten sind!) Der vermeintlich naheliegende Kniff, Österreicher als Bayern auszugeben, dürfte auch außerhalb Bayerns (und Österreichs) als Mogelei entlarvt werden.

Für die gebürtigen MünchnerInnen bzw. Altbayern Hannelore Elsner, Heli Finkenzeller, Uschi Glas, Adolf Gondrell, Fritz Kampers, Marianne Koch, Gabriele Reismüller, Fritz und Elmar Wepper[1] und Carl Wery blieb da wenig übrig (im Durchschnitt knapp drei Rollen), wohingegen sie sich in anderen Gauen, von Salzburg und Wien über Berlin bis zu Winnetous Jagdgründen reichlich tummeln durften. Den prononciert bayerischen Münchner Schauspielern, den Beppo Brem, Josef Eichheim, Liesl Karlstadt, Franz Muxeneder, Wastl Witt oder

---

[1] Elmar Wepper ist zwar, als Sohn einer Münchner Familie, in Augsburg geboren, aber in München aufgewachsen.

Rosl Mayr[1] blieben, von der Sonderstellung Karl Valentins abgesehen, die Wurzen, die Dienstboten und Unterschichten - und die oberbayerischen Bauern. Eins der wenigen Beispiele, in denen die Rolle eines typischen Münchners mit einem Bayern besetzt ist, ist "Der Herr Senator". Fritz Kampers ist geradeheraus und etwas grobschlächtig, kurz ein Fremdkörper in den vornehmen Hamburger Patrizierkreisen. Hier war aber nur *eine* Rolle zu besetzen. (Adele Sandrock lebt zwar in diesem Film in München, stammt aber aus der Hamburger Familie ab, ist lediglich ein schwarzes Schaf, das es - deshalb? - nach München verschlagen hat.) In "Bal paré" dagegen ist Kampers der einzige Münchner Darsteller in einer Vielzahl von Rollen Einheimischer, und er ist der unsympathischste Typ, weshalb wir die in Batavia geborene Ilse Werner als herziges Münchner Bürgerskind gerne annektieren.

Joe Stöckel taucht zwar in vielen teils sehr hübschen, öfter aber klischeehaften Rollen als Bayer auf. Wenn es aber ein Münchner ist, dann einer aus den Unterschichten wie in "Peterle". Auch sein Bruder Barnabas in "Mönche, Mädchen und Panduren" ist ja im Gegensatz zu einigen seiner Mitbrüder ein eher derber, wohl den Unterschichten entstammender Typ von Mönch. Immerhin, auch hier handelt es sich wenigstens um Hauptrollen, ebenso wie bei seiner Partnerin Elise Aulinger und ihrer Filmtochter Gabriele Reismüller in "Peterle" (während Stöckels Traunsteiner Nichte von der Österreicherin Elfriede Datzig gespielt wird).

Die Tatsache, daß in München-Filmen so selten die tragenden Rollen mit Darstellern besetzt sind, die als Münchner identifizierbar sind (ganz anders als z.B. bei Berlin und Wien), liegt vielleicht auch daran, daß die Eigenart Münchens von den "Nordlichtern" des 19. Jahrhunderts über die "Flüchtlinge" der Nachkriegszeit bis zu den "Zuagroasten" (nicht zuletzt der Filmbranche!) von heute zu einem großen Teil von Nicht-Münchnern und Nicht-Bayern geprägt wird.[2] Dieser Umstand hat die Stadt nur allzuoft ihrem Umland (in den Berg-, Bauern- und sonstigen Provinzfilmen spielen bayerische Darsteller selbstverständlich den größten Teil der Rollen, vor allem auch die Hauptrollen!) und dem Land, dessen Hauptstadt sie ist, entfremdet, aber auch die Münchner Gesellschaft gespalten. Eines der traurigsten Beispiele ist die Münchner Räterepublik, die eine Erscheinung der in München ansässigen, aber nur zum geringen Teil aus München stammenden Intelligentsia war und keinerlei Rückhalt im übrigen Bayern besaß. Deren Darstellung im Film übrigens war zunächst von rechtskonservativer Denunziation geprägt ("Um das Menschenrecht" 1934, eine Episode in "Sauerbruch" 1954). Erst um 1970 und nur im Fernsehen kam es zu Rehabilitation bzw. differenzierterer Darstellung ("Rotmord" 1969, "Die Münchner Räterepublik" 1971 und am Rande "Der Hitler/Ludendorff-Prozeß" 1971).

---

[1] Ein besonders trauriger Fall: Sie ist im deutschen Sexfilm der weibliche Trottel oder die Beißzange vom Dienst.

[2] Wenn allerdings das Lexikon des Internationalen Films bei der Besprechung zu "Der doppelte Ehemann" vermerkt, daß der "urbayerische Komiker Joe Stöckel ... im städtischen Münchner Milieu ebenso deplaciert wirkt wie die Berlinerin Grethe Weiser", muß man doch fragen, womit denn München bevölkert sein soll, damit es paßt. Nur von Zamperln? Oder von Marsmenschen? Daß im übrigen im Film keinerlei Hinweis auf einen Schauplatz München zu finden ist, die Zuweisung also auf einer Mutmaßung beruht (und der Film deshalb auch nicht in unsere Dokumentation aufgenommen werden konnte), sei nur am Rande vermerkt.

München im Animationsfilm

Von der Hauptrolle bis zur winzigen Nebenrolle, auch in diesem Genre gibt es für München alles. Der fiktionale Animationsfilm ist in Deutschland allerdings nicht sehr reichhaltig vertreten, abendfüllende Filme gar haben Seltenheitswert. Aber just in einem der berühmtesten von ihnen gibt es eine winzige Nebenrolle für München. Als zu Beginn von Curt Lindas "Konferenz der Tiere" (nach Kästners Kinderbuch) in aller Welt die Zeitungsausträger die Schlagzeile von der soundsovielten Weltfriedenskonferenz ausrufen, radelt auch ein bayerischer Austräger - in Lederhose und Sepplhut samt (etwas gerupftem) Gamsbart - vor einer mittelalterlich anmutenden Stadtkulisse mit den Frauentürmen vorbei. Ein wohlgefüllter Maßkrug schwebt hinter ihm drein. Der Dackel als Standardattribut für den Durchschnitts-Münchner war zwar seinerzeit schon eingeführt (und hat etwa zu der Zeit, als der Film herauskam, das Olympiamaskottchen "Waldi" inspiriert), aber das wäre wohl ein zu naturalistisches Motiv gewesen. Im Zeichentrickfilm muß man zeigen, daß man ohne Anstrengung zu Übernatürlichem fähig ist.

In dem berühmten Zeichentrick-Kurzfilm von Walter und Traudl Reiner, unterlegt mit der mindestens ebenso berühmten Lesung Adolf Gondrells von Ludwig Thomas noch berühmterem "Münchner im Himmel" spielt die Stadt eine (kleinere) Hauptrolle. Zu Beginn der Hauptbahnhof, wo den Dienstmann Alois Hingerl der Schlag ereilt, ist noch nicht so recht zu erkennen. Irgendwie bekannter kommt selbst denen, die noch nicht dort gewesen sind, der Himmel, der Hauptschauplatz, vor. Aber dann kommt ein fulminanter monacensischer Schluß: Ein kurzer Blick aufs Maximilianeum, mehr ist nicht gerechtfertigt, denn der Engel Aloysius schenkt ihm nicht einmal diesen, obwohl doch sein Auftrag dorthin lautet. Dann die Frauentürme und den Rathausturm liebevoll umkreist, und ab geht's ins Hofbräuhaus, wo der Engel Aloysius leicht glasigen Blicks "heit no" sitzt.

Bier, Hofbräuhaus, Frauentürme, wie soll man auch München prägnant, mit - wir sind im Zeichentrickfilm - kurzen Strichen und für jeden erkennbar andeuten. Die Ironie ist in beiden Fällen erkennbar, wir wollen daher das Klischee entschuldigen.

Nur zum Teil in die hier behandelte Rubrik gehören die beiden Kinofilme, die auf der Erfolgswelle der Kinder-Fernsehserie "Meister Eder und sein Pumuckl" zu schwimmen versuchten. Es sind Mischungen aus Real- und Zeichentrickfilm um einen gemütlich-gemütvollen Schreinermeister und einen ihm zugelaufenen Kobold, der nichts als Unsinn anstellt, eben den Pumuckl, wobei sich das Zeichentrickelement fast ausschließlich auf die Figur des Pumuckl beschränkt. Der erste der beiden Filme, der den Titel der Fernsehserie trägt und auch deren Episodenstruktur aufweist, spielt wie die Serie in München, was aber nur durch einige Postkartenansichten im Vorspann und eine wie gemalt wirkende Stadtsilhouette gegen Schluß (in beiden dominiert natürlich die Frauenkirche!) deutlich gemacht wird. Das Milieu, augenscheinlich hinter der Heilig-Geist-Kirche neben dem Viktualienmarkt angesiedelt, hat kleinstädtischen Charakter. Der zweite Film, "Pumuckl und der blaue Klabauter", hat München nur noch zum Ausgangspunkt. Pumuckl zieht es fort zu seinen Verwandten, den Klabautern, mit denen er einige Abenteuer erlebt, ehe er reumütig zu seinem Meister Eder zurückkehrt. Immerhin gibt es in diesem Film eine zweite Zeichentrickfigur, eben den blauen

Die Konferenz der Tiere

Klabauter. Diese Verbindung von Trick- und Realfilm gab es übrigens schon vorher in einem mehrfach preisgekrönten kurzen Film-Feuilleton von Ferdinand Khittl über die Achthundertjahrfeier Münchens: "Eine Stadt feiert Geburtstag". Ein von Reiner Zimnik gezeichnetes Männchen erlebt in einem kommentarlosen Film die Aktivitäten bei dieser Feier.

Die Sucht, alles und jedes in die vermeintlich bei Kindern so beliebte Zeichentrickform (vielleicht ist das ja in Japan wirklich so) zu pressen und zugleich zu einer Serie auszuwalzen, macht auch vor den ungeeignetsten Stoffen nicht halt. Als Kuriosität nur am Rande erwähnt sei daher eine erst vor wenigen Jahren entstandene japanische Zeichentrick-Fernsehserie nach Kästners "Doppeltem Lottchen", das ja zwischen München und Wien spielt. Die Serie ist nicht in Deutschland gelaufen. Ich konnte zwar eine Videokopie der japanischen Originalfassung sehen, habe mich aber auf die über elfstündige, miserabel animierte, klischeehaft gezeichnete, breit ausgewalzte, mit nicht von Kästner stammenden, albernen bis knalligen Handlungselementen vollgestopfte Version zugegebenermaßen nur mäßig stark konzentriert. Dennoch glaube ich feststellen zu können, daß von München nur ein einziges identifizierbares Motiv vorkommt, nämlich für Sekundenbruchteile im Vorspann das Karlstor. (Von Wien ist etwas mehr zu sehen: Staatsoper und Stephansdom, beide immerhin auch ausführlicher innerhalb der Handlung.)

München im ausländischen Film

Ausgesprochen wenig hat sich der ausländische Film um München gekümmert. Aus unserer Filmliste sind es zwar immerhin rund 50, die mit ausländischer Beteiligung entstanden sind. Zieht man aber die Werke ab, in denen der deutsche Produktionspartner den Ton angibt, bleiben 34. Davon wiederum sind sieben österreichische Filme oder deutsch/österreichische Co-Produktionen, bei denen das Übergreifen nach dem benachbarten München nahelag, so daß man gar nicht so recht von ausländischen Filmen sprechen mag.[1] Dreimal spielt die Kombination der Schauplätze Salzburg oder Wien mit München eine Rolle, einmal ist München nur sehr kurze Reisestation und zweimal kommt es wegen der Biografie der von den Österreichern vereinnahmten bayerischen Prinzessin Sissi vor. (Die Bayern haben sich mit einer zweimaligen "Königswalzer"-Variante revanchiert, in der einen lieben langen Film hindurch in *München* um Sissi geworben werden muß!) Die beiden einzigen Schweizer Filme mit München als Handlungsort - unter anderen Schauplätzen! -, sind Sexfilme um die internationale Prostitution: "Blutjunge Masseusen" und "Heißer Mund auf feuchten Lippen". Es ehrt München natürlich ungemein, hier so selbstverständlich vertreten zu sein.

Nur rund zwanzig Filme sind rein ausländische Produktionen (ohne Österreich und Schweiz). Warum und in welcher Weise sie München zum Handlungsort wählen, ist sicher interessant zu sehen, doch dürften sich daraus kaum aussagekräftige Schlüsse über Konstanten und die dahinterstehenden Sichtweisen ableiten lassen. Zu unterschiedlich sind Entstehungszeit, Produktionsländer (bis auf Afrika sind alle Kontinente vertreten; es handelt sich um insgesamt zehn verschiedene Länder) und Genres.

Vor 1945 haben sich, so weit es für mich eruierbar war, überhaupt nur einmal die Österreicher um München gekümmert, schnell noch vor dem "Anschluß" 1938 mit "Prinzessin Sissy". Auch danach waren vor allem sie es, die deutlich machten, daß es in Deutschland eine Stadt namens München gibt. Doch schon 1952 entdeckten die Amerikaner die Faszination der "Hauptstadt der Bewegung" und konstruierten eine verworrene Geschichte von einer in München, Salzburg und Hitlers Berghof aktiven Nazi-Nachfolgeorganisation ("Des Teufels Erbe"). Die Deutschen waren so erschrocken, daß sie, wie üblich bei solchen Themen, den Film in ihrem Land verschwiegen. Aber nur selten wird sonst noch München mit den Nazis in Zusammenhang gebracht. Claude Chabrol läßt die Stadt in "Das Auge des Bösen" von seinem auch nicht gerade engelhaften Protagonisten "die Geburtsstätte des Nazismus" nennen (dies die Formulierung der deutschen Synchronisation, das Original war mir nicht zugänglich). In dem 1923 spielenden, japanisch dominierten Film "Die Frau mit dem roten Hut" fahren gegen Ende Horden von Nazis auf Lastwägen durch die Stadt. Vielleicht sind sie unterwegs zur Feldherrnhalle. Aber Genaueres erfährt man nicht. Und 1983 kommt in dem in

---

[1] Wohl aber kann man, angesichts der Abschottung dieses Staates gegenüber der Bundesrepublik, den einzigen DDR-Film, der ganz in München spielt, "Abschied" von Egon Günther (1968), als ausländischen Film bezeichnen. Da es sich um ein isoliertes Beispiel handelt und die Wahl des Handlungsortes durch das Sujet, die Biografie des jungen Johannes R. Becher, bedingt ist, mag seine Abhandlung in einer Fußnote erlaubt sein.

Die Aula der Universität als Schauplatz einer pompösen militärischen Zeremonie in "Die Schlange"

der Gegenwart spielenden australischen Film "Hölle der Gewalt" ein Neonazi nach München. Das *muß* aber nun wirklich nicht München sein. Oder? (Der englische Film "Hannibal Brooks" spielt im Zweiten Weltkrieg. Ich konnte ihn aber nicht sehen, so daß ich den Stellenwert des Handlungsortes München nicht einschätzen kann.)

Bei einer Reihe von Filmen bedingt es die Biografie einer dargestellten historischen Persönlichkeit, daß München den Schauplatz bildet oder zumindest einbezogen wird. Da geht aber natürlich die Faszination von der Persönlichkeit aus und nicht von der Stadt. Genannt seien neben den angesprochenen Sissi-Filmen und dem Johannes-R.-Becher-Film "Abschied" "Lola Montez", "Ludwig II." (der ja nicht nur viele Male in Deutschland Filmheld war, sondern auch Luchino Visconti faszinierte) und Richard Wagner ("Frauen um Richard Wagner" von Wilhelm Dieterle, damals, 1955, als William Dieterle schon bzw. noch ein amerikanischer Regisseur).

In einigen Fällen scheinen spektakuläre Verbrechen, die in München passierten, unmittelbar oder zumindest indirekt eine Filmstory und damit auch die Wahl des Schauplatzes beeinflußt zu haben, so bei "Blutiger Freitag", der ziemlich unverhohlen auf den ersten Banküberfall mit Geiselnahme in Deutschland, 1971 in der Münchner Prinzregentenstraße, Bezug nimmt, allerdings vom deutschen Co-Produktionspartner dominiert scheint[1], bei "Parker", in dem auf den Oetker-Entführungsfall angespielt wird, und ganz direkt bei "Die 21 Stunden von München" (USA 1976), der die Geschehnisse beim Massaker während der Olympischen Spiele 1972 nachstellt[2], während die Wahl Münchens für die Ausgangssituation von "Der zweite Mann", ein Terroristenüberfall auf das amerikanische Konsulat in München, wohl indirekt ebenso von diesem Ereignis inspiriert ist,[3] wie 1981 für die Wahl Münchens als Hauptquartier der deutschen Terroristenszene in dem französischen Film "Der Maulwurf" die geistige Fernwirkung dieses Ereignisses eine Rolle gespielt haben dürfte.

Auch das Vorhandensein einer passenden Institution kann für die Wahl Münchens in einschlägigen Filmen ausschlaggebend sein. So ist in dem Spionagethriller "Die Schlange", der an den Hauptorten der westlichen Geheimdienste, New York, Paris, London spielt, für die Auswahl des deutschen Schauplatzes sicher die Ansiedlung des einen - nicht genannten - deutschen Geheimdienstes in Pullach ausschlaggebend, ähnlich vielleicht als zweites Motiv für die Wahl des Nebenschauplatzes München bei "Der Maulwurf", der ja in erster Linie ein Agententhriller, kein Film über Terrorismus ist. Doch hatte all dies nicht genug Sogwirkung, daß München im internationalen Film als Stadt des Verbrechens und der internationalen Gangster- und Geheimdienstverbindungen stilisiert worden wäre, auch nicht, wenn Michelan-

---

[1] Jüngst wurde über den seinerzeit überlebenden, zu lebenslänglich Gefängnis verurteilten und nach 22 Jahren freigelassenen Geiselnehmer ein Dokumentarfilm gedreht, auf den hier nur kurz verwiesen sei: "Todorov - ein Gangsterfilm". Deutschland 1993-95. Regie: Uli Kick.

[2] "Gideons Schwert" (Kanada/Frankreich 1986) nimmt sie zwar zum Ausgangspunkt seiner Handlung, zeigt die Ereignisse aber nur in einigen kurzen Vorspannszenen und spielt dann nie mehr in München.

[3] Der Film "Schwarzer Sonntag" (Black Sunday, USA 1976, R: John Frankenheimer) dagegen ist noch deutlicher vom Münchner Massaker inspiriert, hat den Schauplatz aber in der richtigen Erkenntnis, daß bei diesem Massaker das publicityträchtige sportliche Großereignis, nicht die Stadt München die Terroristen angezogen hat, in ein Footballstadion in Miami verlegt.

gelo Antonioni es in seinem nicht zum Genre gehörigen "Beruf: Reporter" zu einem Schauplatz des internationalen Waffenhandels macht und einer der ganz wenigen Filme - der ausländischen zumal - die den Namen Münchens auch im Titel führen ("Assignment Munich" 1973)[1] ein Gangsterfilm ist. Und Orson Welles dürfte für das Ende seines "Mr. Arkadin" (deutsch "Herr Satan persönlich" 1955), dieses früheste Beispiel eines ausländischen Filmverbrechers in München, vor allem die morbide Ruinenlandschaft gereizt haben, die die Stadt damals immer noch bot. Die hätte es zwar anderswo in Deutschland auch gegeben, aber München bot eben daneben auch mit Geiselgasteig die besten Filmproduktionsmöglichkeiten.

Spät, aber nicht zu spät entdeckte der ausländische Film die touristischen Qualitäten Münchens. Nachdem Hollywood seine Künstler, Studenten und kleinen Sekretärinnen schon nach Paris ("Ein Amerikaner in Paris" u.a.), Rom ("Drei Münzen im Brunnen" u.a.), Venedig ("Traum meines Lebens" u.a.) und wer weiß wohin geschickt hatte, war 1957 "Der letzte Akkord" der längst fällige Tribut der Filmmetropole an die bayerische Landeshauptstadt. Und so wird von der Stadt und ihrer Umgebung (diese reicht wieder einmal bis Salzburg!) denn auch in schönen, ständig sonnenbeschienenen Aufnahmen (mit Ausnahme eines Sturm- und Hochwasserdramas am Starnberger See) so gut wie alles gezeigt, was der Tourist sich anzuschauen hat. Vor allem zu Beginn fährt die eben eingetroffene June Allyson mit ihrem Taxi nicht etwa schnurstracks zu ihrer Unterkunft, sondern - in dieser Reihenfolge! - vorbei an Siegestor (stadtauswärts), Stachus, Marienplatz, Isartor (stadtauswärts), Elisenstraße nahe Stachus (stadteinwärts), Max-II.-Denkmal (stadtauswärts) und Haus der Kunst (stadteinwärts). Es wäre allerdings unfair, diese Rundfahrt dem Taxifahrer anzulasten.

Was die James-Bond-Filmreihe sträflich verabsäumt hat, nämlich München in seine Vielzahl exotischer Schauplätze von den Schweizer Alpen bis zum Mond einzubeziehen, hat Blake Edwards mit seiner Inspektor-Clouseau-Reihe nachgeholt: Clouseau ist auf dem Oktoberfest Zielscheibe mehrerer, an Raffinesse nicht hinter James-Bond-Filmen zurückstehender, wenn auch durchweg mißlungener Mordanschläge in einem vollbesetzten Bierzelt. Sollen wir es angesichts dieser Wiedergutmachung etwa als ein Nicht-ernst-nehmen des Schauplatzes München verurteilen, daß es sich um eine parodistische Filmreihe handelt? Übrigens: Von der Faszination, die speziell das Oktoberfest auf Fremde auszuüben vermag, zeugt auch ein ganz anderes Beispiel, der jugoslawische Film mit diesem Titel, in dem das Spektakel für einige junge Leute der Inbegriff von den Verlockungen des goldenen Westens ist.

Eines der interessantesten Beispiele eines ausländischen München-Films ist "Roselyne und die Löwen". Obwohl kein Meter des Films in München gedreht wurde, huldigt er über 60% der Filmhandlung hinweg einer Münchner Institution. Er spielt in einem imaginären Zirkus "König" in München (welcher da gemeint ist, wissen wir schon) und zeigt fast ausschließlich unspezifische Aufnahmen aus Trainingsräumen und -manegen.

Daß es zu allem Übel auch einen Horrorfilm gibt, der in München spielt (*einen* ausländischen, aber es ist der ausgeprägteste: "Suspiria"), sei zwar nicht verschwiegen, aber zumindest übergangen.

---

[1] Die deutsche Filiale von MGM dagegen traute der Zugkraft des Schauplatzes München hierzulande offenbar nicht, da sie den Film mit dem "deutschen" Verleihtitel "Big Deal" herausbrachte und auf der Videokassette jeden Hinweis auf den Handlungsort vermied, vielmehr einen Gangsterfilm in Chicago oder New York suggerierte.

Fazit

Fragt man nach den Gründen für die vergleichsweise geringe Präsenz Münchens im internationalen Film, muß man das einheimische Filmschaffen einbeziehen, nach dem Image der Stadt im Film fragen und kommt so zu einem allgemeinen Fazit. Bei diesem Versuch muß ich allerdings einschränken, daß ich die rund 500 München-Filme nicht vollständig und nicht gründlich genug sehen konnte, um ein halbwegs gesichertes Urteil abgeben zu können. Ich kann nur Schlüsse aus unvollständigen Beobachtungen zu ziehen versuchen, Hypothesen äußern und vielleicht Anregungen geben, in welche Richtung intensivere Untersuchungen lohnend sein könnten.

Zunächst: München ist ein Schauplatz der Komödie und der Beziehungsdramen, nicht des Actionfilms in all seinen Ausprägungen. Während der Actionfilm aber ein internationales Genre ist, ein Publikum in aller Welt ansprechen kann, sind der Humor und seine künstlerische Äußerung, die Komödie, vor allem die eher privaten Beziehungskomödien (und hier ergibt sich die Ausweitung auf die Beziehungsdramen) stark von nationalen kulturellen Eigentümlichkeiten geprägt und nicht ohne weiteres für ein Publikum eines anderen Kulturkreises rezipierbar. Warum aber ist München für die eine Gattung so anziehend und für die andere so uninteressant? Es ist sein immer noch anhaltender Ruf - ob berechtigt oder nicht, sei hier dahingestellt - von Gemütlichkeit, einem ruhigeren Leben im Vergleich zu anderen Städten, aber auch einer gewissen Provinzialität. Daß München im Film als Musterbeispiel für die anonyme, seelenlose Großstadt mit ihrem gehetzten Leben gewählt wurde, beschränkt sich auf einen ganz kurzen Zeitraum, etwa die zweite Hälfte der 70er Jahre, und München ist hier auch nicht führend. Frankfurt oder Berlin scheinen mir für derartige Aussagen weitaus prononcierter eingesetzt. Das häufige Vorkommen Münchens bei dieser Art von Filmen hat wohl vor allem mit der großen Bedeutung der Stadt als Film*produktions*ort zu tun, vielleicht auch mit einer gewissen Enttäuschung der Münchner über ihre Stadt, die sich in dieser Zeit abzeichnete und dazu führte, daß diese mit dem Großstadteinerlei in einen Topf geworfen wurde.

Nur spektakuläre Ereignisse wie die Olympischen Spiele oder Verbrechen mit großer Resonanz konnten dagegen hin und wieder die Aufmerksamkeit internationaler Filmemacher auf München lenken, ohne daß, wie oben schon angesprochen, das Image Münchens bei den Filmemachern davon nachhaltig geprägt worden wäre. Aber dennoch sind nicht von ungefähr die meisten hier spielenden ausländischen Filme Actionfilme.

Der unzweifelhaft vorhandene touristische Wert Münchens dagegen hat sich zwar offensichtlich bei amerikanischen (und japanischen) Weltenbummlern, nicht aber bei den Filmemachern Hollywoods (nicht einmal während der Olympischen Spiele) herumgesprochen! Das eine Beispiel "Der letzte Akkord" ist da kein Gegenbeweis. Und, um bei dem Gesamtfazit zu bleiben: Es ist dem deutschen Film, der ja wahrhaftig mehr als genug an touristischem Konsumgut produziert hat, nicht zu verübeln, daß er dafür weiter entfernt liegende Regionen bevorzugt und nicht nur in die Stadt verreist, die vor der Haustür einer seiner wichtigsten Produktionsstätten, Geiselgasteig, liegt.

Ein weiterer Grund für die Abstinenz der Ausländer und zugleich Fortsetzung unseres allgemeinen Fazits: München ist kein Ort der Weltgeschichte. Deshalb haben Ausländer auch fast keine historischen Filme - ein im internationalen Film prozentual sehr stark vertretenes Genre - hier gedreht, Filme, die ja eine übernationale Grundkenntnis des Geschehens voraussetzen. Deshalb gibt es aber nicht einmal im nationalen Rahmen eine nennenswerte Zahl historischer Filme, die in München spielen, nur ein wenig bajuwarische Historienfolklore, von der ersten großen Prestigeproduktion "Der Schmied von Kochel" bis zu den vielen "Ludwig II."-Filmen. Ein wenig anders wird es erst mit Weimarer Republik und Drittem Reich, einem Zeitraum, in dem Hitlerputsch, Münchner Abkommen oder Weiße Rose zumindest auf nationales Interesse stoßen. Für den Rest der Welt aber liegt München immer noch am Rande des Geschehens. Und dort liegt die Stadt auch in der neueren Zeitgeschichte. Die "heimliche Hauptstadt" Deutschlands wurde in der Anteilnahme des Auslands mühelos durch die geteilte Hauptstadt in den Schatten gestellt.

Nicht exotisch genug, um wie Venedig oder Rio nur wegen seiner malerischen Reize immer wieder als Schauplatz gewählt zu werden, nicht bedeutend genug, um gegebener Handlungsort für historische und politische Filme zu sein, und wohl bald auch als Produktionsort nicht mehr so einmalig[1] wie in Deutschland nun seit mehreren Jahrzehnten, wird die Stadt München wohl in Zukunft weiter nur Handlungsort (oder gar Gegenstand) von Filmen sein, wenn sie selbst darin ihre Eigenart zu vermitteln versucht. Worin aber liegt heutzutage diese Eigenart? Vermitteln die neuesten in München spielenden Filme etwas von der Eigenart dieser Stadt? Gehen Sie ins Kino! Urteilen Sie selbst!

---

[1] Von mehreren Seiten, etwa dem Regisseur Eckhart Schmidt und der Produzentin Elke Haltaufderheide wurde mir bestätigt, als wie einmalig man die Drehbedingungen in München wie Geiselgasteigs Wert als Produktionsstätte einschätzt. Da läge es natürlich gelegentlich auch nahe, den Handlungsort hierher zu verlegen. Gerade das Werk von Schmidt und Niklaus Schilling (dessen ausschließliche Produzentin Elke Haltaufderheide seit 1971 ist), zeigt aber, daß München, wo als solcher gewählt, wohlbedachter Ort der Handlung ist.

Die Filme

Filmographie

Die Filme sind nach ihren gebräuchlichsten deutschen Titeln (unter Übergehung der Artikel) aufgelistet. Original- und Alternativtitel sind (aus Platzgründen ohne weitere Erläuterungen) unmittelbar dahinter in der Klammer vor dem/den Entstehungsland/-ländern aufgeführt. Die Abkürzungen bedeuten: P=Produktion, R=Regie, D=Darsteller. Abbildungen ohne Bildunterschrift stammen aus dem darüber- bzw. davorstehenden Film.

Ab nach Tibet (Deutschland 1993). P: Herbert Achternbusch Filmprod./Kuchenreuther-Film. R: Herbert Achternbusch. D: Herbert Achternbusch, Judith Tobschall, Dagmar Sachse, Annamirl Bierbichler, Christian Lerch.

Der Kaminkehrer Hick hat mit einer Klosterschwester ein uneheliches Kind namens Su. Su liebt Hick und träumt von einem gemeinsamen Leben in Indien. "Hick leidet an der engen Münchner Welt." (Film-Jahrbuch 1995) Er wird auf dem Münchner Viktualienmarkt direkt vor dem Valentinbrunnen vom Blitz erschlagen, Su von ihrer Mutter erstochen. Sie finden sich in Tibet im Jahre 1662 wieder.

*

Abelard - Die Entmannung (Bundesrepublik Deutschland 1975). P: Franz-Seitz-Film. R: Franz Seitz. D: Christian Kohlund, Susanne Uhlen, Anita Mally, Christiane Buchegger, Helmut Qualtinger.

Der Münchner Tierarzt Dr. Rauh unterhält sexuelle Beziehungen zu zwei Freundinnen und wird von diesen, als er sich einer Schauspielerin zuwendet, entmannt.

*

Ein **Abend, eine Nacht, ein Morgen** (Bundesrepublik Deutschland 1974). P: Sender Freies Berlin. R: Ludwig Cremer. D: Doris Kunstmann, Peter Mosbacher, Anne-Marie Blanc, Ulrich von Dobschütz, Egon Balder.

"Dies ist eine moderne Liebesgeschichte - erlebt von Brigitte, jung und emanzipiert, mit Carlo, alternd und mehr der bürgerlichen Behaglichkeit ergeben. Dort in München in kalten Wintertagen ein Zimmer, eine Küche, ein Bett, hier zu Hause in Berlin die Anwaltspraxis, die sich sorgende Frau, der erwachsene Sohn." (Zeutzschel)

*

Abgeschminkt (Deutschland 1992). P: Vela X/ Hochschule für Fernsehen und Film, München/ Bayerischer Rundfunk. R: Katja von Garnier. D: Katja Riemann, Nina Kronjäger, Gedeon Burkhard, Max Tidof, Daniela Lunkewitz.

Frenzy hilft ihrer hoffnungslos verknallten Freundin Maischa dabei, ihren Märchenprinzen zu umgarnen, der sich allerdings als übler Macho entpuppt. Frenzy dagegen verliebt sich in dessen ihr zunächst furchtbar unsympathischen Freund und macht nun selbst durch, worüber sie sich vorher bei der Freundin lustig gemacht hat. München ist immer ein guter Platz für eine Beziehungskomödie, vor allem, wenn sie von einer Absolventin der Münchner Hochschule für Fernsehen und Film gedreht wird. Entsprechend unauffällig ist der Schauplatz eingebracht.

*

Abschied (DDR 1968). P: DEFA. R: Egon Günther. D: Jan Spitzer, Andreas Kaden, Rolf Ludwig, Katharina Lind, Doris Thalmar.

Der Sohn eines Münchner Oberstaatsanwalts rekapituliert zu Beginn des Ersten Weltkriegs seine repressive Erziehung in einer militaristischen und verlogenen bürgerlichen Gesellschaft und beschließt, diesen Krieg nicht mitzumachen. Das führt dazu, daß er sein Elternhaus verlassen muß. In dieser Verfilmung des autobiografisch gefärbten Romans von Johannes R. Becher ist der Schauplatz durch die Vorlage und die Biografie des Autors bedingt. Der Film macht fast den Eindruck, als habe man dem Regisseur erlaubt, im kapitalistischen Ausland zu drehen. Es dürfte sich bei den wenigen münchenspezifischen Ansichten (Feldherrnhalle, Wittelsbacher Brunnen) aber wohl um wer weiß woher bezogene Aufnahmen handeln, die geschickt in den Film einmontiert wurden. Ein Hintergrund mit Frauenkirche und Heilig-Geist-Kirche in einer Szene dürfte ein Foto sein.

*

Ach du lieber Harry (Bundesrepublik Deutschland 1980). P: Bavaria. R: Jean Girault. D: Dieter Hallervorden, Iris Berben, Lisa Helwig, Jacques Martin, Manfred Lehmann.

Ein Münchner Detektiv bekommt von einer schrulligen alten Dame den Auftrag, ein Zuchtkaninchen zu einer Ausstellung in die Schweiz zu bringen. Als zwei Ganoven einen geklauten Renoir vor der Zollkontrolle im Käfig des Kaninchens verstecken, kommt es zu den unvermeidlichen Turbulenzen, bei denen auch eine Versicherungsdetektivin kräftig mitmischt. Ähnlich wie in "Zwei Nasen tanken Super" ist München austauschbarer Ausgangspunkt einer Art slapstickhaften Road-Movie-Klamotte (kombiniert mit einer Krimi-Verfolgungsjagd-Groteske). Spezifisches (Olympiastadion, Theatinerkirche) wird nur im Vorspann gezeigt.

*

Achtundvierzig Stunden bis Acapulco (Bundesrepublik Deutschland 1967). P: Seven Star. R: Klaus Lemke. D: Dieter Geissler, Christiane Krüger, Monika Zinnenberg, Alexander Kerst, Rod Carter.

Ein junger Münchner erhält den Auftrag, in Rom wichtige Dokumente zu übernehmen, beschließt mit seiner Freundin, die Dokumente meistbietend zu verkaufen, bringt den Mann um, der sie ihm übergibt, flieht nach Acapulco und wird bei dem Versuch, die Dokumente einem Amerikaner zu verkaufen, erschossen.

*

Adele Spitzeder (Bundesrepublik Deutschland 1972). P: Filmverlag der Autoren. R: Peer Raben. D: Ruth Drexel, Ursula Strätz, Monika Bleibtreu, Peter Kern, Rosemarie Fendel.

Die Münchner Köpenickiade um Adele Spitzeder, die, hoch verschuldet, auf die Idee kommt, daß sie im Grunde nichts anderes tut als die Banken, nämlich Geld aufnehmen und dafür Zinsen zahlen. Sie eröffnet also selbst eine Bank, zahlt enorme Zinsen, wird zur Volksheldin, bis sie schließlich von den vereinten bayerischen Banken zu Fall gebracht wird. München als Schauplatz ist durch die historischen Tatsachen bedingt.

*

Alarmstufe V (Deutschland 1941). P: Bavaria. R: Alois Johannes Lippl. D: Heli Finkenzeller, Ernst von Klipstein, Charlotte Dalys, Bruno Hübner, Albert Lippert.

Ein Oberwachtmeister bei der Feuerschutzpolizei in München überführt einen Industriespion in einem chemischen Großbetrieb und gewinnt die Chefsekretärin für sich, nachdem er sie in letzter Sekunde aus großer Gefahr gerettet hat. Der Titel bezieht sich auf die höchste Alarmstufe der Feuerschutzpolizei beim Großbrand in dem chemischen Betrieb.

*

Alle lieben Willy Wuff (Deutschland 1995). P: Bavaria. R: Maria Theresia Wagner. D: Nadja und Esther Rüpprich (in derselben Rolle), Marie-Charlott Schüler, Oliver Stritzel, David Cesmeci, Michael Schreiner.

Der sprechende Hund Willy Wuff lernt auf der Zugfahrt nach München ein Mädchen aus besseren Kreisen kennen, hilft ihr bei ihren Schwierigkeiten in der Schule und mit ihren Eltern und läßt mit ihr und ihrem Freund eine "Hundefängermafia" auffliegen. Als der tierische Held in München ankommt, tut er nichts anderes als seine menschlichen Kollegen, er streunt durch München, dessen Schauwerte damit dem Publikum nahegebracht werden. Ansonsten ist wieder einmal nur der Sitz der Produktionsfirma für die Wahl des Handlungsortes ausschlaggebend. Wäre es anders, müßte man es schon als arge Denunziation werten, daß in der Zamperl-Stadt par excellence außer den beiden Kindern eigentlich niemand Willy Wuff liebt.

*

Der **Allerletzte** (Bundesrepublik Deutschland 1978). P: Bavaria. R: Klaus Lemke. D: Ingeborg Maria (Cleo) Kretschmer, Thomas Heitkamp, Axel Regnier, Ginny Enroe, Denis Heinrich.

Eine Barfrau aus einer Münchner Discothek zwischen zwei Männern, einem Amateurforscher und einem Ex-Friseur und Discjockey, den sie eigentlich für den "Allerletzten" hält.

*

Alles umsonst (Deutschland 1916). P: MLK. D: Pepi Ludl, Wilhelm Diegelmann, Marga Köhler.

"Geizhals wird vom Stammtisch nach München geschickt." (Vorausinformation von Herbert Birett aus seinem im Erscheinen begriffenen Buch "Das Filmangebot in Deutschland 1912-1920")

*

Alles weg'n dem Hund (Deutschland 1935). P: S. & Wuellner. R: F. Sauer. D: Weiß Ferdl, Dieter Borsche, Edith Oss, Willi Schaeffers, Trude Hesterberg.

Ein armer Postassistent aus der Provinz macht in München eine Millionenerbschaft, weil der Hund der verstorbenen Erbtante unter allen anwesenden Verwandten ausgerechnet ihm zuläuft. Als ihm der Hund gestohlen wird, muß er die Erbschaft wieder hergeben, erfährt nun aber die Solidarität seiner Freunde und Vereinskameraden aus der Kleinstadt. Schließlich findet er den Hund wieder, und ein zweites Testament wird wirksam, das ihn endgültig zum Erben macht. Daß ein Film mit einem bayerischen Komiker in Bayern spielt, ist selbstverständlich, daß die Erbtante in München wohnt, ist plausibel. Etwas unmotiviert ist dennoch zu Beginn die typische Einstellung auf Rathaus und Frauentürme, als von München noch längst nicht die Rede ist. Die übrigen Münchenmotive (Viktualienmarkt, Ludwigstraße, Chinesischer Turm) dagegen sind sinnvoll bei Weiß Ferdls Spaziergängen mit dem Hund und seiner Suche nach ihm eingearbeitet. Eine Einstellung der Universität wird kurz gezeigt zur Einstimmung darauf, daß Dieter Borsche als zukünftiger Schwiegersohn Weiß Ferdls jetzt fertig studiert und promoviert hat.

*

Der **amerikanische Freund** (Bundesrepublik Deutschland 1977). P: Road Movies/WDR/Les Films du Losange. R: Wim Wenders. D: Bruno Ganz, Dennis Hopper, Lisa Kreuzer, Gerard Blain, Nicholas Ray.

Ein zwielichtiger amerikanischer Geschäftsmann vermittelt den jungen Hamburger Handwerker Jonathan als scheinbar idealen Killer, weil dieser todkrank ist, also nichts zu verlieren hat, aber für seine Familie vorsorgen möchte. Als nach zwei ausgeführten Aufträgen Jonathan selbst ins Schußfeld der Organisation gerät, springt ihm der Amerikaner bei. Jonathan bricht am Steuer seines Fluchtautos tot zusammen. München kommt fast nur verbal vor: B. Ganz fährt hin zu einer angeblichen Untersuchung und soll auf der Rückfahrt im Zug einen Mann erschießen. Zu sehen sind die Detailaufnahme von einer Klinik und ein EC im Bahnhof (von welch letzterem man sonst nichts sieht). Angeblich haben auch Dreharbeiten in München stattgefunden. Das wäre für das zu Sehende nicht nötig gewesen.

*

Der **amerikanische Soldat** (Bundesrepublik Deutschland 1970). P: antitheater. R: Rainer Werner Fassbinder. D: Karl Scheydt, Elga Sorbas, Rainer Werner Fassbinder, Jan George, Hark Bohm.

Ein aus München stammender amerikanischer Berufskiller mit Vietnamerfahrung wird von drei Münchner Polizisten angeheuert, um einige Menschen zu töten, die ihnen im Weg sind, die sie aber wegen ihres Amtes nicht selbst töten können. Zum

Schluß stellen die Polizisten den Killer und seinen Freund und Helfer am Hauptbahnhof und erschießen sie. Nach "Liebe ist kälter als der Tod" und "Götter der Pest" ein weiteres artifizielles Spiel Fassbinders mit dem Genre des amerikanischen Gangsterfilms im Münchner Milieu.

*

Amore (Bundesrepublik Deutschland 1977). P: Bavaria. R: Klaus Lemke. D: Ingeborg Maria (Cleo) Kretschmer, Pietro Giardini, Peter Kienberger, Wolfgang Fierek, Brigitte Platzer.

Die "Rache" einer Haidhauser Gemüsehändlerstochter am Sohn eines italienischen Importeurs, der ihre beste Freundin verführt und sitzengelassen hat, führt zur Ehe der beiden. Die zweite (nach "Idole") von Lemkes München-Komödien mit Kretschmer und Fierek glänzt durch Witz und genaue Milieuzeichnung.

*

Angst (Paura, Bundesrepublik Deutschland/Italien 1954). P: Ariston/Aniene. R: Roberto Rossellini. D: Ingrid Bergman, Mathias Wiemann, Renate Mannhardt, Kurt Kreuger, Elise Aulinger.

Die Frau eines Professors in München wird von einer Erpresserin, die von einer Affäre weiß, fast in den Wahnsinn getrieben. Dann aber stellt sich heraus, daß die Erpressung nur ein Manöver ihres Mannes war, der von ihrer noch anhaltenden Leidenschaft weiß und sie zur Umkehr bewegen will. Im letzten Moment kann er sie von einem Selbstmord zurückhalten. Verfilmung einer Novelle von Stefan Zweig.

Angst essen Seele auf (Bundesrepublik Deutschland 1973). P: Tango. R: Rainer Werner Fassbinder. D: Brigitte Mira, El Hedi Ben Salem, Barbara Valentin, Marquard Bohm, Irm Herrmann.

Die etwa 60jährige Putzfrau Emmi lernt den mehr als 20 Jahre jüngeren marokkanischen Gastarbeiter Ali kennen. Beide sind einsam, suchen ein wenig menschliche Wärme, verlieben sich ineinander und heiraten. Ihre Ehe scheint an Unverständnis und Bosheit ihrer Umwelt zu scheitern, doch am Schluß steht ein kleiner Hoffnungsschimmer. München ist der typisch fassbindersche großstädtische Handlungsort mit seiner Kombination aus anonymer Kälte und eher dörflich/kleinstädtischem sozialen Druck. Er ist aber dennoch austauschbar, die Drehorte sind demgemäß nur wenig spezifisch. In Großaufnahme wird gezeigt ein Schild "Standesamt II München" (Mariahilfplatz, Platz und Kirche sind ebenfalls kurz zu sehen). Zum Hochzeitsmahl geht Emmi mit Ali in das Lokal in der Schellingstraße, in dem Hitler von 1929-33 immer gegessen habe, da habe sie schon immer mal hin wollen. Jetzt ist es ein stinkvornehmes italienisches Speiserestaurant, in dem sie sich deplaziert vorkommt und unwohl fühlt. Noch schlechter aber wird sie behandelt in dem gutbürgerlichen Gartenlokal, in dem sie ganz allein mit Ali sitzt und aus der Ferne von Bedienungen und Gästen angestarrt wird.

*

Anna (Bundesrepublik Deutschland 1988). P: TV-60/ZDF. R: Frank Strecker. D: Silvia Seidel, Patrick Bach, Jan Peterson, Eberhard Feik, Ilse Neubauer.

Die junge Tänzerin Anna wird in München von einer bedeutenden Ballettlehrerin entdeckt und darauf vorbereitet, dem großen Ballettguru aus New York vorzutanzen. Als ein übergangener Kollege Selbstmord begeht, versagt sie bei dem Auftritt. Doch unterstützt von ihrem behinderten Freund Rainer fängt sie sich wieder und erhält in New York eine zweite Chance. Zentraler Schauplatz (neben Ingolstadt, dem Herkunfts- und Arbeitsort Annas; New York spielt relativ kurz im Finale - und natürlich als Ort der Karrieresehnsüchte Annas - eine Rolle) ist München, dort die Staatsoper, die auch kurz von vorn, mit Treppenhaus und Zuschauerraum gezeigt wird. Daneben sieht man an Spezifischem nur noch ein Isarpanorama (Praterinsel). Der Film setzt zum Verständnis der Hauptfiguren die Kenntnis der Fernsehserie voraus.

*

Annas Mutter (Bundesrepublik Deutschland 1983). P: Planet/CCC-Filmkunst/G & J Film. R: Burkhard Driest. D: Gudrun Landgrebe, Rolf Zacher, Verena Corinna, Isolde Barth, Roger Fritz.

Die Vorgeschichte des Falles Bachmeier, der Frau, die den Vergewaltiger und Mörder ihrer Tochter im Gerichtssaal erschoß. Der Schauplatz der ursprünglich in Lübeck stattgefundenen Ereignisse wurde nach München verlegt. Das ist allerdings nur an wenigen Indizien erkennbar, spielt aber für den Film auch keinerlei Rolle.

*

Der **Atem** (Bundesrepublik Deutschland/Schweiz 1988/89). P: Visual (Elke Haltaufderheide)/Hans-Jürgen Seybusch GmbH/Bayerischer Rundfunk/Xanadu/DRS/ORF. R: Niklaus Schilling. D: Ian Moorse, Karina Fallenstein, Charles Brauer, Ankie Beilke, Franz Boehm.

Ein junger Computerspezialist versucht mittels Computer-Simulation das Gesicht eines Mannes zu rekonstruieren, der einst ihn und seine Schwester als Kinder entführt und seine Schwester ermordet hatte, nachdem er selbst hatte fliehen können. Eine junge Frau assistiert ihm und veranlaßt ihn, auch das Gesicht ihres seit zwanzig Jahren verschollenen Vaters zu rekonstruieren. Es stellt sich heraus, daß der Vater der Mörder ist. Für diese Reflexion über den Einfluß des Computers auf unser Leben im Rahmen einer spannenden Science-Fiction-Geschichte (die Handlung spielt 1995!) wählte Schilling folgerichtig den High-Tech-Standort München zum Schauplatz, zumal er von einer bedeutenden Computerfirma in der Nähe Münchens wichtige technische Unterstützung erhielt.

*

Die **Atlantikschwimmer** (Bundesrepublik Deutschland 1975). P: Herbert Achternbusch Filmprod. R: Herbert Achternbusch. D: Herbert Achternbusch, Heinz Braun, Alois Hitzenbichler, Sepp Bierbichler, Ingrid Gailhofer.

Als es Heinz trotz der Unterstützung seines Freundes Herbert nicht gelingt, sich in der Isar zu ertränken, beschließen die beiden, der quälenden Enge ihrer Heimat zu entfliehen, indem sie den Atlantik durchschwimmen. Aber zuvor müssen sie noch trainieren, im Nordbad und im Walchensee. Zum Schluß zieht es Heinz vor, die Rollen eines Klopapierfabrikanten mit Herberts Gedichten attraktiver zu gestalten. Herbert transformiert in seine Mutter, eine Schwimmlehrerin, und schwimmt alleine los.

*

Der **Attentäter** (Bundesrepublik Deutschland 1969). P: Bavaria/O.R.T.F./R.A.I./ORF. R: Rainer Erler. D: Fritz Hollenbeck, Ulrich Matschoss, Ingeborg Lapsien, Lothar Grützner, Doris Denzel.

Preisgekröntes Fernsehspiel um das Attentat Georg Elsers auf Hitler 1939 im Münchner Bürgerbräukeller. Im Gegensatz zu Klaus Maria Brandauer ("Georg Elser"), der sich auf die Vorbereitung des Attentats in München konzentriert, geht Erler auch auf die langfristigen Vorbereitungen Elsers über mehr als ein Jahr hin in seiner schwäbischen Heimat ein. Formal ist das Geschehen in Rückblenden innerhalb der Verhöre Elsers im Gestapo-Hauptquartier im Münchner Wittelsbacher Palais aufgelöst, was dem Film seinen nüchternen, halbdokumentarischen Charakter gibt (wieder im Gegensatz zu Brandauer, der z.B. eine Liebesgeschichte einbaute). Daß Erler mehr von München zeigt, als Brandauer, hat vielleicht mit der früheren Entstehungszeit seines Films zu tun (er entstand zum 30. Jahrestag des Attentats, der Brandauers zum 50.), als noch etwas mehr von dem alten München der Handlungszeit stand, u.a. der Bürgerbräukeller.

*

Au Pair (Deutschland/Großbritannien 1993). P: Bayerischer Rundfunk/Teliesyn, Wales. R: Angelika Weber. D: Clare Woodgate, Justin Chadwick, Anna Nieland, Elizabeth Schofield, Karl Tessler.

Eine junge Waliserin, die in München als Au-Pair-Mädchen arbeitet, verliebt sich in einen jungen Deutschen und gerät in Turbulenzen unterschiedlicher Beziehungen.

Auch Ninotschka zieht ihr Höschen aus (Bundesrepublik Deutschland 1973). P: CTV 72. R: Claus Tinney. D: Rinaldo Talamonti, Elma Karlowa, Franz Muxeneder, Kristina Wanka, Jürgen Feindt.

"Drei sibirische Kolchosearbeiterinnen entfalten während einer Landwirtschaftsmesse in München vor allem sexuelle Aktivitäten." (Lexikon des Internationalen Films)

*

Aufbrüche (Bundesrepublik Deutschland 1987). P: Medien Operative. R: Hartmut Horst, Eckart Lottmann. D: Deniz Seyhun, Tuncel Kurtiz, Özay Fecht, Ilona Lewanowski, Nina Schultz.

"Ein 17jähriges türkisches Mädchen in Berlin soll von ihrem Vater verheiratet werden, ohne daß es ein Mitspracherecht hätte;... In München wird ein neuer Mann für sie gefunden." (Lexikon des Internationalen Films)

*

Das Auge des Bösen

Das Auge des Bösen (L'oeil du malin, Frankreich 1961). P: Rome/LuxLux. R: Claude Chabrol. D: Jacques Charrier, Walther Reyer, Stephane Audran, Michael Münzer, Daniel Boulanger.

Der mittelmäßige französische Schriftsteller und Journalist Mercier zerstört Ehe und Leben seines berühmteren deutschen Kollegen Hartmann. Spielt "in der Nähe von München". Es gibt zwei nächtliche Fahrten durch ein unspezifisches München, eine längere Szene auf dem Oktoberfest, wo Mercier Helene Hartmann folgt, und eine Szene beim "Platz der Opfer des Nationalsozialismus". Die Stadt wird "die Geburtsstätte des Nazismus" genannt.

*

Babystrich im Sperrbezirk (Bundesrepublik Deutschland 1982). P: Otto Retzer Produktion. R: Otto Retzer.

Angepriesen als "der erste wirklich ehrliche Strich-Report", "an Original-Schauplätzen zwischen St. Pauli und München, zwischen Berlin, Frankfurt und Köln gefilmt." (Die deutschen Filme 1983) Darsteller werden nicht genannt (wie z.B. auch in den ersten Schulmädchen-Reports), um die vorgebliche Authentizität des Films zu unterstreichen.

*

Bal paré (Münchner G'schichten, Deutschland 1940). P: UFA. R: Karl Ritter. D: Ilse Werner, Paul Hartmann, Hannes Stelzer, Käthe Haack, Fritz Kampers.

Ein schwerreicher Industrieller aus dem Ruhrgebiet wird auf dem Münchner Bal paré von einer Ballettelevin bezaubert und fördert sie danach (fast) uneigennützig. Als die Elevin sich in seinen in München studierenden Sohn verliebt, tritt er nach einigen allgemeinen emotionalen Turbulenzen vornehm zurück. Der Film spielt (kriegsbedingt?) fast ausschließlich in Innenräumen, auch das Deutsche Theater als Schauplatz der Ballszenen ist im Atelier nachgebaut. Die einzige "Außenaufnahme" (eine Szene vor dem Elternhaus der Elevin) ist ebenfalls in Kulissen gedreht.

*

Bei Thea (Bundesrepublik Deutschland 1988). P: Bavaria. R: Dominik Graf. D: Marianne Hoppe, Hannes Jaenicke, Ida Ehre, Herta Schwarz, Wolfried Lier.

Ein junger Jude bekommt von seiner Großmutter und einem befreundeten Emigrantenehepaar ein Studium in deren alter Heimat München finanziert. Dort findet er in der Wirtin der Kneipe "Bei Thea" seine zweite Großmutter, die einst ihren jüdischen Mann verlassen und einen Nazi geheiratet hatte und von der man ihm viel erzählt hatte. Nach anfänglicher Distanzierung versöhnt er sich mit ihr.

*

Beim nächsten Kuß knall ich ihn nieder (Deutschland 1994). P: Hans-Christoph Blumenberg, Patrick Brandt. R: Hans-Christoph Blumenberg. D: Peter Fitz, Jörg Holm, Patricia Thielemann, Lutz Herkenrath, Ilja Richter.

Das Leben des Regisseurs und Schauspielers Reinhold Schünzel. "Obwohl der Film teilweise in Kairo, Karlsstadt, München, Berlin und Hollywood spielt, sind sämtliche Szenen in Hamburg gedreht worden. 'Wir haben für jeden Ort passende Locations gefunden', erklärt der Hamburger Regisseur, 'den Garten von Thomas Mann haben wir beispielsweise im Tropenhaus in Planten und Blomen gedreht.'" (Filmecho/Filmwoche 48/94, S. 12) Der Film war bei Abschluß des Manuskripts noch nicht im Kinoeinsatz.

*

Beiß mich Liebling! (Bundesrepublik Deutschland 1970). P: New Art. R: Helmut Förnbacher. D: Eva Renzi, Patrick Jordan, Amadeus August, Rainer Basedow, Dieter Augustin.

"Der neue Briefträger kann in seinem Revier bestimmte Wünsche so gut erfüllen, daß der Sex- und Eheberater an der Ecke um seine Praxis bangt." (Lexikon des Internationalen Films) "Der Film spielt in München - heute. Aber es geschehen ganz ungeheuerliche Dinge." (Die deutschen Filme 1969/1970)

*

Die Bekenntnisse eines möblierten Herrn (Bundesrepublik Deutschland 1962). P: NDF. R: Franz Peter Wirth. D: Karl Michael Vogler, Maria Sebaldt, Cordula Trantow, Françoise Prevost, Alexandra Stewart.

Ein gutaussehender Münchner Junggeselle wohnt vorzugsweise möbliert, hat regelmäßig mit den attraktiven Vermieterinnen ein Verhältnis und wird von Freunden davor bewahrt, zwecks Eheschließung eingefangen zu werden.

*

Bengelchen liebt kreuz und quer (Bundesrepublik Deutschland 1968). P: Rob Houwer. R: Marran Gosov. D: Harald Leipnitz, Sybille Maar, Renate Roland, Marianne Wischmann, Monica Lundi.

"Liebestoller Weinvertreter stürzt sich von einem Abenteuer ins andere, erleidet einen Kollaps, wird im Krankenhaus hochgepäppelt und beginnt seine Spiele aufs neue." (Lexikon des Internationalen Films)

*

Die Bernauerin (Bundesrepublik Deutschland 1958). P: Bayerischer Rundfunk. R: Gustav Rudolf Sellner. D: Margot Trooger, Maximilian Schell, Hans Clarin, Rolf Castell, Willy Anders.

Carl Orffs "bairisches Stück" von der Augsburger Baderstochter Agnes Bernauer, die heimlich Albrecht, den Sohn des Herzogs Ernst von Baiern, heiratet und auf Befehl des Herzogs in der Donau ertränkt wird, als Fernsehinszenierung. München ist zwar nicht der Hauptschauplatz, kommt aber als Residenz des Herzogs, in der u.a. die Bürger das Handeln der Herrschenden am Stammtisch diskutieren, auch vor. Das Stück ist allerdings ganz in Kulissen inszeniert.

*

Beruf: Reporter (Professione: Reporter, Italien/ Frankreich/Spanien 1975). P: Champion/ Concordia/C.I.P.I. R: Michelangelo Antonioni. D: Jack Nicholson, Maria Schneider, Ian Hendry, Jenny Runcare, Chuck Murehill.

Ein Fernsehjournalist nimmt in einer persönlichen Krise die Identität eines Verstorbenen, eines Waffenhändlers (doch das weiß er nicht) an und gerät dadurch in entsprechende Kreise, in denen er schließlich umkommt. München ist ein Ort der internationalen Waffenhändlerszene unter anderen, wie London, Genf (nicht gezeigt) oder Barcelona, welch letzteres notabene wesentlich ausführlicher - auch touristisch (A. Gaudi; seine Architektur ist Anknüpfungspunkt mit der Architekturstudentin M. Sch.) - gezeigt wird. Kontakt mit den Kunden des Waffenhändlers findet allerdings nur in München (in einer kleinen Barockkirche) statt.

*

Der **Bettenstudent** (Bundesrepublik Deutschland 1969). P: Rob Houwer. R: Michael Verhoeven. D: Christof Wackernagel, Gila von Weitershausen, Hannelore Elsner, Karl Dall, Henry van Lyck.

Ein junger Mann kommt aus der Provinz zum Studium nach München. Seine Cousine, bei der er zunächst wohnt, versucht ihn mit Einverständnis ihres Mannes zu verführen und ihre kleine Tochter, für die er Babysitter spielen soll, tobt ihre gesamte antiautoritäre Erziehung an ihm aus. So verpaßt er schließlich den Einschreibungstermin an der Uni, schließt sich aber zwei ausgeflippten Typen an, die ihm doch noch zur Immatrikulation verhelfen. Er findet ein Zimmer in einer Nobelwohngegend, und als er feststellt, daß das Mädchen, das ihm gleich am ersten Tag aufgefallen ist, nicht nur nebenan wohnt, sondern auch willig ist, und als seine ausbeuterischen, sadistischen Vermieter im Irrenhaus landen, sodaß er in Ruhe Schlagzeug üben kann, ist er am Ziel aller Wünsche. Diese Mischung aus Ulk und Satire ist die Übertragung eines dänischen Romans ins Münchner Milieu, doch man hat bei diesem Stoff zu dieser Zeit immer das Gefühl, daß er hierhin, und nur hierhin gehört.

*

Bibo's Männer (Bundesrepublik Deutschland 1986). P: Klaus Lemke/KF-Kinofilm/Bayerischer Rundfunk. R: Klaus Lemke. D: Tanja Moravsky, Nikolaus Vogel, Dominic Raacke, Andy Kistner, Emel Wahl.

"Ein kratzbürstig-selbstbewußtes Mädchen eckt mit seiner Umwelt immer wieder an und findet schließlich in der großen Stadt seine Liebe." (Lexikon des Internationalen Films) "Wie einst in den 70er Jahren versucht Klaus Lemke immer wieder einmal, ein Naturtalent ... aus der bayerischen Provinz ins Münchner Babylon zu schicken und mit ihr Komödie zu machen." (Fischer Film Almanach 1987)

Bierkampf (Bundesrepublik Deutschland 1977). P: Herbert Achternbusch Filmprod./ZDF. R: Herbert Achternbusch. D: Herbert Achternbusch, Annamirl Bierbichler, Sepp Bierbichler, Heinz Braun, Gerda Achternbusch.

Herbert tritt, in einer gestohlenen Uniform, auf dem Münchner Oktoberfest als Polizist auf, provoziert unterschiedlichste Reaktionen, identifiziert sich zunehmend mit seiner Rolle und erschießt sich am Schluß, weil er es nicht ertragen kann, kein Mensch, sondern nur ein Polizist zu sein. Der Film spielt, von einigen kurzen Rückblenden abgesehen, an einem einzigen Tag auf dem Oktoberfest. Die Kamera fängt zum Teil halbdokumentarisch entlarvende Reaktionen von Bierzeltbesuchern ein.

*

Big Deal (Assignment Munich, USA 1973). P: MGM. R: David Lowell Rich. D: Roy Scheider, Richard Basehart, Werner Klemperer, Lesley Warren, Robert Read.

Ein als Barbesitzer in Schwabing getarnter amerikanischer Geheimagent jagt drei Komplizen eines verstorbenen Gangsters die Millionenbeute aus einem Raubüberfall auf einen Militärtransport ab. Die Amerikaner - Gangster, Geheimdienstler und ein Auslandskorrespondent - sind in diesem Münchenfilm ganz unter sich; ein deutscher Kriminalkommissar als einzige größere Rolle eines Einheimischen, natürlich auch von einem amerikanischen Darsteller gespielt, stört kaum. Für ein vollkommenes "Charade"-Plagiat fehlt dem Film der Witz der Vorlage (während den Schlußgag des Films Hitchcock sich für sein "Familiengrab" geistreich anverwandelte). München als äußerst malerischer Hintergrund kann es dagegen mit dem Paris aus "Charade" durchaus aufnehmen. In einer Hinsicht ist es diesem sogar überlegen: Ist es in "Charade" ein Kasperletheater, das eine Gruppe (Film-)Kinder vor Vergnügen quietschen läßt, so ist es hier das Glockenspiel auf dem Rathausturm.

*

Bilder vom Herkomer-Automobilrennen bei München am 12.8.1905 (Deutschland 1905). P: Messter.

Die ersten Filmaufnahmen, die sich nachweislich mit München in Zusammenhang bringen lassen. Es dürften aber nur Aufnahmen vom Rennen, nicht von München zu sehen gewesen sein.

*

Birdie - ein Fratz entdeckt die Liebe (Bundesrepublik Deutschland 1970). P: Paramount/Orion. R: Hubert Frank. D: Susanne Uhlen, Walter Wilz, Eckart Aschauer, Inga Seyric, Hans Quest.

Ein Computer ermittelt ein 15jähriges Mädchen aus Berlin und einen Starfotografen aus München als ideales Paar. Das Mädchen fliegt nach München und angelt sich den zunächst Widerstrebenden, indem es sich in sein Bett legt, wo sie die zuvor verständigten Eltern empört finden und die Konsequenzen fordern.

*

Die **blonde Carmen** (Deutschland 1935). P: Cine-Allianz. R: Viktor Janson. D: Marta Eggerth, Wolfgang Liebeneiner, Ida Wüst, Leo Slezak, Hans Leibelt.

Eine Operettendiva spielt im Urlaub in den bayerischen Bergen einem Theaterdichter ein einfaches Mädchen vor, um ihn von seiner schlechten Meinung über Schauspielerinnen zu kurieren. Die beiden werden ein Paar. München ist nur eine kurze Episode, die Stadtszenen spielen hauptsächlich in Budapest und Berlin.

*

Blutiger Freitag (Violenz contro violenz, Bundesrepublik Deutschland/Italien 1972). P: Lisa/Divina/Daunia. R: Rolf Olsen. D: Raimund Harmstorf, Amadeus August, Gianni Macchia, Gila von Weitershausen, Christine Böhm.

Ein aus dem Gefängnis geflohener Schwerverbrecher und zwei junge Männer, die eher in diese Sache hineingeschliddert sind, begehen in München einen Überfall auf eine Bank, fliehen mit zwei jungen Frauen als Geiseln, vergewaltigen eine von ihnen und enden schließlich im Kugelhagel der Polizei. Ein Schnellschuß, mit dem die Produktion auf das erste Auftreten dieser Art von Überfällen Anfang der 70er Jahre, insbesondere den ersten Banküberfall mit Geiselnahme in München, 1971 in der Prinzregentenstraße, reagierte.

*

Blutjunge Masseusen (Schweiz 1972). P: Afiba. R: Michael Thomas. D: Nadine de Rangot, Rena Bergen, Karin Hoffmann, Chitta Coray, Claudia Fielers.

"Erfahrungen und Erlebnisse in den Massagesalons von Rom, Bangkok, Paris, Kopenhagen, Wien, Zürich, Stockholm, Berlin, Nizza und München..." (Neues Filmprogramm 6226)

*

Bolero (Bundesrepublik Deutschland 1983). P: Monika Nüchtern/Artus/Trio/Radio Bremen. R: Rüdiger Nüchtern. D: Katja Rupé, Michael König, Maxi Nüchtern, Kurt Raab, Paul Hubschmid.

"Die Ehe eines Musikers und einer Galeristin droht am Aufbau der individuellen Karrieren zu scheitern. Am Ende opfert die Frau ihre eigenen Bedürfnisse der Familie." (Lexikon des Internationalen Films) Ein Beziehungsdrama im gehobenen Mittelstand, für das München nicht nur hier den idealen Schauplatz abgibt.

*

Boni (Bundesrepublik Deutschland 1966). P: Bayerischer Rundfunk. R: Theodor Grädler. D: Margitta Scherr, Louis-Eduard Smart, Erni Singerl, Fritz Strassner, Siegfried Fetscher.

Evi, die Tochter eines Münchner Metzgermeisters, hat sich in den schwarzen Studenten Boni, der bei ihren Eltern zur Untermiete wohnt, verguckt und findet es sehr romantisch, "Fürstin der Bamileke" zu werden. Aber ihre Tante findet heraus, daß es nicht nur das Recht, sondern sogar die Pflicht eines Fürsten der Bamileke ist, mehrere Frauen zu haben, und kuriert damit ihre Nichte.

*

Die Braut war wunderschön (La sposa era bellissima/A Menyasszony Gyönyörü, Italien/Ungarn 1986). P: Intra/A.M.A./Mafilm. R: Pal Gabor. D: Angela Molina, Massimo Ghini, Marco Leonardi, Stefania Sandrelli, Simona Cavallari.

Film um sizilianische Frauen, deren Männer in der Fremde Arbeit fanden ("weiße Witwen"). Einer der Männer lebt in München. Sein Sohn leidet unter der schon 15 Jahre dauernden Trennung vom Vater. Nach dem Tod der Mutter macht er sich auf, seinen Vater zu töten, gibt den Plan aber auf, als er sieht, wie bemitleidenswert dieser mit einer neuen Familie lebt.

*

Der Brief

Der Brief (Bundesrepublik Deutschland 1966). P: Peter Genée. R: Vlado Kristl. D: Vlado Kristl, Mechtild Engel, Eva Hofmeister, Horst Manfred Adloff, Peter Berling.

"T. findet einen Brief. Anstatt ihn einfach in den Postkasten zu werfen, entschließt er sich, pflichtbewußt, wie er ist, ihn persönlich zu übergeben. Er wandert darum durch die ganze Welt, findet erstaunliche Formen der Existenz, läßt sich aber nicht aufhalten und sucht so lange weiter, bis er endlich die Adresse findet. Dort erfährt er, daß er sein eigenes Urteil mitgebracht hat. Er wird hingerichtet." (Vlado Kristl, zit. nach: Fischer/Hembus, S. 188) "Groteske Odyssee durch München." (Prinzler: Chronik des deutschen Films, S. 254)

*

Buddenbrooks (Bundesrepublik Deutschland 1959). P: Filmaufbau. R: Alfred Weidenmann. D: Liselotte Pulver, Nadja Tiller, Hansjörg Felmy, Lil Dagover, Werner Hinz.

Glanzzeit und Niedergang der Lübecker Patrizierfamilie Buddenbrook im 19. Jahrhundert in zwei Teilen. Von München ist zwar schon im ersten Teil viel die Rede (Toni reist nach ihrer gescheiterten Ehe mit Bendix Grünlich dorthin, die Hochzeitsreise von Gerda und Thomas Buddenbrook führt über München nach Venedig), aber nur eine kurze, im Atelier gedrehte (Rückblenden-)Szene im zweiten Teil spielt da: Toni Buddenbrook heiratet nach München, flieht aber schon bald vor den groben Manieren und der Trunksucht ihres Mannes Alois Permaneder (diese schildern die genannten Rückblenden) in den Schoß der Familie zurück.

*

Café Europa (Bundesrepublik Deutschland 1990). P: Roxy. R: Franz Xaver Bogner. D: Jacques Breuer, Barbara Auer, Mario Adorf, Elmar Wepper, August Zirner.

Zwei Kriminalbeamte, die in ihrem Übereifer die Überführung einer Heroinhändlerbande haben platzen lassen, werden an den Münchner Hauptbahnhof strafversetzt, decken dort durch Zufall - weil der eine den vermeintlichen Liebhaber seiner Frau stellen will, der in Wirklichkeit ein italienischer Killer ist - einen großen Drogencoup auf und verhindern einen Bombenanschlag auf das Café Europa im Hauptbahnhof.

*

Das Chamäleon (Bundesrepublik Deutschland 1970). P: ZDF. R: Hans Stumpf. D: Herbert Fleischmann, Konrad Georg, Karin Schröder, Dieter Eppler, Gernot Duda.

TV-Dokumentarspiel um den Hochstapler Gaston Oulman, der unmittelbar nach dem Zweiten Weltkrieg als angeblicher Verfolgter des Naziregimes in München auftauchte und Medienkarriere machte.

*

Chinesisches Roulette (Bundesrepublik Deutschland 1976). P: Albatros. R: Rainer Werner Fassbinder. D: Margit Carstensen, Anna Karina, Alexander Allerson, Ulli Lommel, Andrea Schober.

Zwei reiche Ehepartner, die München mit verschiedenen Zielen verlassen hatten, treffen mit Liebhaber bzw. Geliebter in einem Schloß aufeinander, wo sich auch ihre behinderte Tochter einfindet, die ein Gesellschaftsspiel - Chinesisches Roulette - inszeniert, bei dem sich die Teilnehmer entlarven. Der Film spielt in einem luftleeren Raum. München, der Münchner Flughafen ist nur funktionsloser Ausgangspunkt für die Handlung.

*

Cream - Schwabıng-Report (Bundesrepublik Deutschland 1970). P: Trans-Globe/United. R: Leon Capetanos. D: Sabi Dorr, Eva Christian, Rolf Zacher, Barbara Klingered, Ula Kopa.

Ein Papagallo läßt sich in München von reichen Frauen aushalten, bis er sich in ein Luder verliebt, sie heiratet und von ihrem berechnenden Wesen schließlich in den Selbstmord getrieben wird. Sein Freund, der sich mit Pornofilmen über Wasser hält, würde gern ein "Disneyland für Sex" errichten, das er "Porno-City - Weltstadt mit Herz" nennen würde.

*

Danni (Bundesrepublik Deutschland 1983). P: Astral Film. R: Martin Gies. D: Brigitte Karner, Robert Hunger-Bühler, Dominik Graf, Barbara Freier, Heinz Hönig.

"Danni lernt Stefan in einer Diskothek kennen und quartiert sich bei ihm ein, in einem großen, einsamen Haus am Rande Münchens. Sie bindet den schüchternen jungen Mann immer mehr an sich, tyrannisiert ihn mit Wünschen und Verweigerungen. Sie leidet an Angstzuständen, will nicht mehr allein sein, zwingt ihn durch Selbstmorddrohungen, im Hause zu bleiben und seine Arbeit als Rundfunkautor mehr und mehr einzustellen. Es kommt zu heftigen Auseinandersetzungen und Gewalttätigkeiten." (Fischer Film Almanach 1984)

*

Dany, bitte schreiben Sie (Bundesrepublik Deutschland 1956). P: CEO. R: Eduard von Borsody. D: Sonja Ziemann, Rudolf Prack, Fita Benkhoff, Hubert von Meyerinck, Helen Vita.

Liebesgeschichte mit Hindernissen zwischen Chef und Sekretärin. Am Anfang ist, um den Schauplatz zu verdeutlichen, kurz eine Ansicht des Odeonsplatzes mit Feldherrnhalle und Theatinerkirche zu sehen. Ansonsten wird der Handlungsort München nur ein-, zweimal erwähnt. Ebenfalls nur verbal vorhanden sind das damalige Nobel-Restaurant Humpelmayr und das Hotel "Vier Jahreszeiten". Im Film dominieren Innenaufnahmen in unspezifischem Ambiente.

*

Dark Spring (Bundesrepublik Deutschland 1970). P: Hochschule für Fernsehen und Film, München. R: Ingemo Engström. D: Edda Köchl, Ilona Schult, Irene Wittek, Stefan Agathos, Lorraine Fernandez.

Der "Weg einer jungen Frau, die sich aus konventionellen Bindungen freimacht und nach neuen Formen des Zusammenlebens sucht." (Lexikon des Internationalen Films) Die Abschlußarbeit einer finnischen HFF-Absolventin spielt u.a. in der Münchner Jungfilmer-Szene.

*

Das haut den stärksten Zwilling um (Bundesrepublik Deutschland 1970). P: Lisa. R: Franz Josef Gottlieb. D: Peter Weck, Gerlinde Locker, Ulli König, Gaby König, Christian Anders.

Ein Münchner Abteilungsleiter hat Ärger mit seiner Ex-Frau und seinem Chef und verhindert ungewollt einen Postraub, weil er mit seinem Zwillingsbruder verwechselt wird, den er aus den Augen verloren hatte und der inzwischen als Kriminalkommissar tätig ist.

Der **Depp** (Bundesrepublik Deutschland 1982). P: Herbert Achternbusch Filmprod. R: Herbert Achternbusch. D: Herbert Achternbusch, Annamirl Bierbichler, Franz Baumgartner, Gabi Geist, Alois Hitzenbichler.

Ein Mann, dem im Münchner Hofbräuhaus ein Maßkrug auf den Kopf geschlagen wurde, wo er steckengeblieben ist, irrt seither als "Depp" durch eine feindselige Umwelt. Am Schluß will er sich im Hofbräuhaus mit Zyankali in einer Maß Bier vergiften, doch sein Nachbar, der ganz wie Franz Josef Strauß aussieht, beansprucht die Maß als sein Eigentum und trinkt sie aus. Im Achternbusch-Band der Hanser-Reihe "Film" wird ein Epilog zitiert: "Geht nun heim, ohne Tränen, ohne Kummer, ohne Traurigkeit." Im Filmbuch "Der Depp" fehlt er.

*

Detektive (Bundesrepublik Deutschland 1969). P: Eichberg. R: Rudolf Thome. D: Iris Berben, Marquard Bohm, Ulli Lommel, Christie Malberg, Walter Rilla.

"Zwei mittellose junge Männer betreiben eine Detektiv-Agentur. Gemeinsam mit ihrer attraktiven Sekretärin retten sie ein junges Mädchen vor ihrem mordlustigen Verehrer. Ihr nächster Klient, ein reicher Industrieller, will seine ehemalige Geliebte in eine teuflische Falle locken, um sie zur Herausgabe des gemeinsamen Sohnes zu zwingen. Der hohe Vorschuß zersplittert das Detektiv-Trio, doch am Ende wird die Intrige vereitelt und der Industrielle stirbt in der eigenen Falle." (Die deutschen Filme 1969/1970)

*

Disco-Fieber (Bienenstich und Disco-Fieber, Bundesrepublik Deutschland 1979). P: Mondial/Seven Star. R: Klaus Überall, Hubert Frank. D: Hanna Sebek, Tony Schneider, Renate Langer, Bobby May, Gisela Hahn.

"Münchener Schüler und Schülerinnen haben ihre ersten Liebeserlebnisse und verbringen einen Großteil ihrer Freizeit gemeinsam in der Discothek." (Koschnitzki: Deutsche Filme 1979)

*

Die **Distel** (Deutschland 1991/92). P: Avista Film/ Bayerischer Rundfunk. R: Gernot Krää. D: Leni Tanzer, Fabian Kübler, David Cesmeci, Katja Riemann, Eberhard Feik.

Drei Kinder-Detektive lassen eine Schutzgeld-Erpresserbande hochgehen. Die Trostlosigkeit der Großstadt wird deutlich gezeigt, scheint aber die Kinder nicht sehr zu berühren. Sie flüchten sich in Phantasien und üben sich im Verdrängen. Selbst dem widerlichen Hausverwalter wird man gemeinsam Herr. München ist zwar für Insider erkennbar (Schlachthofviertel, Heizkraftwerk Süd, eine eher an amerikanische Autostädte erinnernde Betonlandschaft am Mittleren Ring), aber nicht typisch.

*

Doktor Faustus (Bundesrepublik Deutschland 1982). P: Franz-Seitz-Film/Iduna/Bayerischer Rundfunk. R: Franz Seitz. D: Jon Finch, André Heller, Hanns Zischler, Gaby Dohm, Heinz Weiß.

Verfilmung des Romans von Thomas Mann. Die München-Aufenthalte Leverkühns sind ausschließlich in Innenaufnahmen gedreht.

*

Das **Donkosakenlied** (Bundesrepublik Deutschland 1956). P: Berolina. R: Geza von Bolvary. D: Paul Hörbiger, Sabine Bethmann, Stefan Haar, Claus Biederstaedt, Gunnar Möller.

Ein kleiner Waisenknabe, Sohn einer Sängerin, der von einem in Oberbayern lebenden Musiker adoptiert worden ist, darf sich wegen seines schwachen Herzens nicht seiner großen Leidenschaft, der Musik, widmen. Als eines Tages die Donkosaken in der Nähe Rast machen und ein Lied, das er ihnen vorgesungen hat, in München aufführen wollen, reißt er von zuhause aus, um das Konzert zu besuchen. Völlig entrückt fällt er in den Chor der Donkosaken ein und singt sein Lied zur Begeisterung des Publikums. Dann bricht er entkräftet zusammen und stirbt wenige Tage später, beseligt durch den Gesang der Donkosaken, die angereist sind, um ihm die letzte Ehre zu erweisen. München kommt recht ausführlich zur Geltung als Schauplatz zweier Nebenhandlungen, eines Flirts des Chormanagers mit der leiblichen Tochter des Adoptivvaters u.a. auf dem Oktoberfest und des Streits und der

Versöhnung des Chor-Chauffeurs mit seiner Verlobten um einen nicht aufgegebenen Lottoschein.

*

Das doppelte Lottchen (Bundesrepublik Deutschland 1951). P: Carlton. R: Josef von Baky. D: Jutta Günther, Isa Günther, Antje Weisgerber, Peter Mosbacher, Senta Wengraf.

Zwei Zwillingsmädchen werden als Babys bei der Scheidung ihrer Eltern getrennt, treffen Jahre später in einem Ferienheim aufeinander, tauschen die Rollen und führen ihre Eltern wieder zusammen. Der Film spielt, Kästners Buch folgend, nach den Ferienheimszenen zwischen München (Wohnort der Mutter) und Wien (Wohnort des Vaters), wobei das Schwergewicht der Handlung in Wien liegt, wo Gefahr von einer neuen Freundin des Vaters droht und die Elternteile wieder zusammenfinden. Ein Szenenwechsel von Wien nach München wird einmal durch einen kur- zen Blick auf die Frauenkirche angezeigt, umgekehrt einmal durch einen Blick auf den Stephansdom. Sonst gibt es, vom Münchner Hauptbahnhof bei Luises Ankunft abgesehen, keine spezifischen Ansichten der beiden Städte.

*

Das doppelte Lottchen (Japan)

Das doppelte Lottchen. Zeichentrickserie in 29 Teilen. (Watashi to Watashi/Futari no Lotte, Japan 1991). P: Tokyo Movie Shinsha. R: Yukio Okazaki, Yorimichi Nakano, Yasuichiro Yamamoto, Ayumi Tomobuki.

S.a. den Spielfilm. Die Handlung ist allerdings breit ausgewalzt und um nicht von Kästner stammende Elemente erweitert. Das einzig Spezifische, das auf den Handlungsort München hinweist, ist eine kurze Einblendung des Karlstors im Vorspann.

*

Dormire

Dormire (Bundesrepublik Deutschland 1984/85). P: Visual (Elke Haltaufderheide)/Maran/Südfunk Stuttgart. R: Niklaus Schilling. D: Sabina Trooger, Sunnyi Melles, Markus Helis, Anthony Paul, Gert Burkhard.

Zwei Frauen in einem Schlafwagenabteil auf der Fahrt von Hamburg nach München, eine Münchner Journalistin und eine geheimnisvolle Fremde ohne Gepäck, in der die Journalistin eine ehemalige Konzertpianistin wiederzuerkennen glaubt, die einst am Tod ihres Vaters mitschuldig war. Ein Film, der sein spannendes Psychodrama an einem einzigen Schauplatz entwickelt, dem Schlafwagenabteil. Lediglich am Schluß blickt die Kamera durchs Abteilfenster und zeigt die Einfahrt in den Münchner Hauptbahnhof.

*

Drei Lederhosen in St. Tropez (Bundesrepublik Deutschland 1980). P: Colena. R: Franz Marischka. D: Peter Steiner, Fred Stillkrauth, Rosl Mayr, Ursula Buchfellner, Franz Muxeneder.

Drei Vertreter eines oberbayerischen Dorfes sollen einen preisgekrönten Zuchtstier zu einer Landwirtschaftsausstellung in Avignon bringen, geraten aber nach St. Tropez, wo sie Abenteuer mit barbusigen Mädchen, trotteligen Polizisten und auch nicht viel intelligenteren Gangstern bestehen müssen. Auf dem Heimweg kehren sie beim Oktoberfest ein, wo ihre Frauen sie schließlich aufgabeln. Die Oktoberfestszene ist so an den Haaren herbeigezogen und so wenig mit der übrigen Handlung vereinbar, daß wir uns mit dem Film nicht näher befassen müssen.

*

Drei wunderschöne Tage (Deutschland 1938). P: Bavaria. R: Fritz Kirchhoff. D: Gustav Waldau, Gina Falckenberg, Hans Zesch-Ballot, Walter Janssen, Annie Markart.

Die Belegschaft einer Münchner Fabrik macht einen dreitägigen Betriebsausflug nach Berchtesgaden und Salzburg. Dabei klären sich die Schicksale einer Reihe der Betriebsangehörigen, und auch die vom Ruin gefährdete Firma kann schließlich durch den Einsatz aller gerettet werden. Die Fabrik könnte, sieht man vom Mitwirken Joseph Eichheims und Elise Aulingers in völlig untergeordneten Positionen ab, überall stehen, am wenigsten in München. Der Standort wurde wohl nur gewählt, weil von da aus der Ausflug in die malerischen bayerischen Berge am besten zu motivieren war.

*

Dr. Fummel und seine Gespielinnen (Bundesrepublik Deutschland 1969). P: Alois Brummer. R: Atze Glanert. D: Michael Cromer, Franz Muxeneder, Veronika Faber, Robert Fackler, Doris Arden.

Ein Gemischtwarenhändler aus der Provinz kommt nach München, um ein Bandscheibenleiden behandeln zu lassen, landet aber in einem als Massagesalon getarnten Bordell.

*

Du bist mein Glück (Bundesrepublik Deutschland 1936). P: Bavaria. R: Karl Heinz Martin. D: Benjamino Gigli, Isa Miranda, Gustav Waldau, Josef Sieber, Eric Helgar.

Melodramatischer Liebesfilm mit Musik um einen italienischen Arbeiter, der in München als Opernsänger entdeckt wird.

Der Durchdreher (Bundesrepublik Deutschland 1978). P: Balance. R: Helmut Dietl. D: Towje Kleiner, Mo Schwarz, Helmut Fischer, Ilse Neubauer, Herb Andress.

"Maximilian Glanz, ein ernsthafter Schriftsteller mit Ambitionen zum Boulevardjournalisten, läßt sich gegen seinen Willen von einer Frau heiraten, von der er sich dann gegen ihren Willen wieder scheiden läßt. Doch schon am selben Tag macht er eine neue Bekanntschaft, was ihn aber mit traumwandlerischer Sicherheit in neue Katastrophen treibt." (Die deutschen Filme 1979) "Komödie, die den Münchener Stadtteil Schwabing als Tummelplatz schrulliger Individualisten zeichnet". (Lexikon des Internationalen Films)

*

Echt tu matsch (Bundesrepublik Deutschland 1983/84). P: Denkmal-Film/Sender Freies Berlin. R: Claus Strigel. D: Mine Gruber, Ulrike Neumann, Michael Gehr, Astrid Bohner, O. Fischer.

An der Münchener "Dante-Schule" wird ein pädagogisches Experiment durchgeführt. Die Schüler bestimmen selbst, was und wieviel sie lernen wollen. Und sie benoten dabei ihre Lehrer. Wenn der Direktor allerdings glaubte, dabei werde es zum Chaos kommen und am Ende gar seine Autorität gestärkt werden, hat er sich getäuscht. Bei der Benotung durch die Schüler schneidet er am schlechtesten ab. Als er das Experiment beenden will, spielen die Schüler zunächst nicht mit, erweisen sich dann aber als die Klügeren und Diplomatischeren. Das Geschehen spielt sich überwiegend in den Räumen der Schule ab. Nur an einigen Details ist zu erkennen, daß diese in München steht. Und tatsächlich könnte sie auch in fast jeder anderen deutschen Großstadt stehen und das fiktive Experiment dort so oder so ähnlich ablaufen, zumal gezeigt wird, daß die bayerische Kultusbürokratie davon keine Ahnung hat. Sonst wäre es wohl gerade in Bayern nicht möglich.

*

Eine Ehe (Bundesrepublik Deutschland 1968). P: Strobel-Tichawski. R: Hans Rolf Strobel, Heinrich Tichawski. D: Heidi Stroh, Peter Graaf, Annalenah Edberg, Mischa Galle, Susanna Kindt.

Eine junge Frau flüchtet, kurz vor dem Abitur stehend, aus der Bevormundung durch die Eltern in die Ehe, findet dort aber statt der erhofften Freiheit und Partnerschaft bei dem eigentlich gutwilligen, aber ganz in seinem Beruf aufgehenden Mann nur Dominanzstreben und paschahafte Allüren. Sie läßt sich scheiden. München ist der zwar nicht zwingend gegebene, aber höchst passende Hintergrund für diese im gehobenen bürgerlichen Milieu angesiedelten Eheprobleme. Dies gilt besonders auch für das berufliche Engagement des Mannes: Er ist gelernter Architekt und Beamter im Planungsamt mit hochgestochenen Theorien zur Siedlungspolitik. Da paßt München mit der seinerzeit heftig ausgetragenen Debatte um die Trabantenstadt Neuperlach besonders gut.

*

Einer meiner ältesten Freunde (Deutschland 1994). P: Claussen + Wöbke/Bayerischer Rundfunk. R: Rainer Kaufmann. D: Richy Müller, Maria Schrader, Peter Lohmeyer, Dani Levy, Jochen Nickel.

Zwei sehr unterschiedliche Freunde kommen zum Studium nach München und verlieben sich hier in dieselbe Frau. Die heiratet den solideren, der bald Anwalt wird, entwickelt aber auch Gefühle für den anderen, einen Windhund, der bei der Aufnahmeprüfung an der Akademie durchfällt und zum Modemaler wird. Die Frau betrügt ihren Mann mit dem Freund, gesteht ihm dies nach drei Jahren und der Geburt eines Kindes, von dem sie ihm versichert, es sei von ihm, das aber, wie der Schluß des Films andeutet, von dem Freund ist. Nach weiteren vier Jahren erscheint der Freund, der in einer Notlage ist, als Bittsteller. Der Mann weist ihm die Tür, stürzt dem Verzweifelten dann aber nach und kann ihn im letzten Moment vom Selbstmord zurückhalten. Die Frau packt inzwischen ihre Koffer.

*

Die einundzwanzig Stunden von München (21 Hours at Munich, USA 1976). P: Filmways/Moonlight. R: William A. Graham. D: William Holden, Franco Nero, Edward S. Feldman, Anthony Quayle, Georg Marischka.

Rekonstruktion der Vorgänge beim Massaker während der Olympischen Spiele 1972 im Stil eines Hollywood-Reißers, an Originalschauplätzen gedreht.

*

Endstation Freiheit (Bundesrepublik Deutschland 1980). P: Bioskop/Planet. R: Reinhard Hauff. D: Burkhard Driest, Rolf Zacher, Katja Rupé, Carla Egerer, Kurt Raab.

Ein ehemaliger Strafgefangener plant mit einem Freund und ehemaligen Zellengenossen in München die Entführung eines Industriellen, beschreibt diese aber gleichzeitig in einem Roman. Als der Roman von einem Verlag angenommen wird, läßt er den Freund mit dem Coup allein. Er erfährt vom Tod des Freundes im Monitorraum einer Talk-Show, zu der er geladen ist. Der Film entstand nach einem autobiografisch inspirierten Drehbuch von Burkhard Driest. Wie auch bei "Annas Mutter" dürfte Driests Beziehung zu München das Motiv für die Wahl des Schauplatzes sein.

*

Der Engel mit dem Saitenspiel (Deutschland 1944). P: Terra. R: Heinz Rühmann. D: Hertha Feiler, Hans Söhnker, Hans Nielsen, Susanne von Almassy, Otto Graf.

Eine Holzstatuette, der "Engel mit dem Saitenspiel", führt zwei junge Menschen, die sich verloren hatten, nach Jahren wieder zusammen. "Lebt sie auch hier in München?" und "Gehen wir in den Englischen Garten" (sie tun es nicht) sind die einzigen Hinweise darauf, daß der Hauptteil der Handlung in München spielt. Kein Wunder: Dreharbeiten waren in München (wie in allen Städten des Reichsgebiets) damals wegen der Bombenangriffe nicht mehr möglich, geschweige daß man in Außenaufnahmen ein intaktes München hätte zeigen können. Der Film ist bis auf ein paar Außenaufnahmen im Gebirge im Atelier hergestellt.

*

Engel, die ihre Flügel verbrennen (Bundesrepublik Deutschland 1970). P: Caro. R: Zbynek Brynych. D: Susanne Uhlen, Jan Koester, Ellen Umlauf, Jochen Busse, Nadja Tiller.

Ein 15jähriger erschlägt den Liebhaber seiner Mutter im Schwimmbad eines Münchner Luxus-Hochhauses, wo die beiden abgestiegen waren, und wird von einem gleichaltrigen, vereinsamten Mädchen versteckt. Die Mutter will den Jungen vor der Polizei schützen. Doch als auch das Mädchen einen Liebhaber ihrer Mutter tötet, werden die beiden in die Enge getrieben und begehen Selbstmord.

*

Engelchen macht weiter - hoppe, hoppe Reiter (Bundesrepublik Deutschland 1968). P: Rob Houwer. R: Michael Verhoeven. D: Gila von Weitershausen, Mario Adorf, Uli Koch, Christof Wackernagel, Dieter Augustin.

Ein glücklich verheirateter Verkäufer versucht, durch den Sexrummel animiert, mit Partnertausch, Gruppensex und anderen einschlägigen Spielen seine Modernität zu beweisen. Dafür ist München zwar nicht der einzig denkbare, war aber seinerzeit wohl der passendste Schauplatz.

*

Engelchen oder Die Jungfrau von Bamberg (Bundesrepublik Deutschland 1967). P: Rob Houwer. R: Marran Gosov. D: Gila von Weitershausen, Uli Koch, Dieter Augustin, Gudrun Vöge, Hans Clarin.

Weil ihr scheuer Verlobter sie wegen ihrer Unschuld nicht anrührt, geht die 19jährige Katja von Bamberg nach München, um ebendiese dort zu verlieren. Sie hat in Schwabing allerlei erheiternde Erlebnisse mit skurrilen Typen, erreicht ihr Ziel aber erst nach größten Schwierigkeiten und kehrt zu ihrem Verlobten zurück, der nun keinen Makel mehr an ihr finden dürfte.

*

Erfolg (Deutschland 1991). P: Franz-Seitz-Film. R: Franz Seitz. D: Franziska Walser, Bruno Ganz, Peter Simonischek, Jutta Speidel, Martin Benrath.

Verfilmung des Romans von Lion Feuchtwanger, der am Beispiel der Rechtsbeugung im Fall des angeblichen Meineids des Galeriedirektors Martin Krüger kaum verschlüsselt die gesellschaftliche und politische Situation Münchens und Bayerns Anfang der 20er Jahre schildert. Der Lokalbezug wird durch reichlich Aufnahmen historischer Münchner Bausubstanz verdeutlicht. Der Film wurde auch zu einer etwas mehr als doppelt so langen Fernsehserie verarbeitet, die das komplexe Geschehen des Romans etwas weniger stark (aber immer noch zu stark) verkürzt. Daneben fällt der etwas akademische Inszenierungsstil vergleichsweise gering ins Gewicht.

*

Erotik im Beruf - was jeder Personalchef gern verschweigt (Bundesrepublik Deutschland 1970/71). P: Rapid-Film. R: Ernst Hofbauer. D: Peter Raschner, Christian Engelmann, Karin Field, Reinhard Glemnitz, Rosl Mayr.

In Report-Manier aufgemachter Film zum Thema Nummer eins im Münchner Berufsleben - wenn man dem Film glaubt.

*

Der **erste Kuß** (Bundesrepublik Deutschland/ Österreich 1954). P: Melodie/Donau. R: Erik Ode. D: Isa Günther, Jutta Günther, Hans Nielsen, Erich Auer, Hanna Rucker.

Zwei Salzburger Zwillinge im Backfischalter verlieben sich in denselben Mann und geraten darüber fast auseinander, sorgen dann aber dafür, daß er mit seiner Verlobten in München, mit der er sich verkracht hat, wieder zusammenkommt. Ein Salzburg-Film von geradezu touristischem Zuschnitt. Von München wird an Außenaufnahmen (neben zwei Innenszenen im Antiquitätengeschäft der Verlobten) nur das Nötigste gezeigt: Hauptbahnhof und, zur tatsächlichen Identifikation, Marienplatz mit Rathaus und Blick auf die Frauenkirche.

*

Es geschehen noch Wunder (Bundesrepublik Deutschland 1951). P: Junge Film-Union. R: Willi Forst. D: Hildegard Knef, Willi Forst, Marianne Wischmann, Werner Fuetterer, Hans Leibelt.

Eine eigenartige Melodie führt einen Schlagerkomponisten und eine Pianistin zusammen und hilft ihnen, vorübergehende Mißstimmungen zu überstehen. Außenaufnahmen in München.

*

Es ist kalt in Brandenburg (Hitler töten, Schweiz/Bundesrepublik Deutschland 1978-80). P: HMS/Filmkollektiv Zürich. R: Villi Hermann, Niklaus Meienberg, Hans Stürm. D: Roger Jendly.

Dokumentarfilm über den Schweizer Maurice Babaud, der 1939 durch einen Zufall in Deutschland ohne Geld und ohne Fahrkarte im Zug nach Paris aufgegriffen wurde, nach langer Haft der Gestapo mehrere Attentatsversuche gegen Hitler gestand und 1941 in Plötzensee hingerichtet wurde. Der Filmtitel ist ein Zitat aus einem seiner Briefe. Unter anderem wird den Spuren Babauds in München nachgegangen, wo er sich beim Erinnerungsmarsch auf die Feldherrnhalle einen Platz in der ersten Reihe erschlichen hatte. Aber der Schußwinkel war zu ungünstig und die Pistole zu klein für diesen ersten Attentatsversuch.

*

Ewig junger Valentin (Bundesrepublik Deutschland 1973). P: Terra Filmkunst. D: Karl Valentin, Liesl Karlstadt, Adolf Gondrell, O.E. Hasse, Joe Stöckel.

Szenen aus mehreren Kurzfilmen mit Karl Valentin und Liesl Karlstadt, eingebettet in Dokumentaraufnahmen, die München vor und nach dem Krieg zeigen.

*

Der **Fall Deruga** (Deutschland 1938). P: Universum. R: Fritz Peter Buch. D: Willy Birgel, Geraldine Klatt, Hans Leibelt, Dagny Servaes, Käthe Haack.

Ein leichtlebiger, aber menschenfreundlicher Arzt gerät in Verdacht, seine todkranke geschiedene Frau zur Abfassung eines Testaments zu seinen Gunsten überredet und dann vergiftet zu haben. Durch den Einsatz der Nichte seiner Frau kann vor Gericht die Wahrheit festgestellt werden: Die Frau hat Selbstmord begangen. Der Prozeß findet in Berlin, dem angeblichen Tatort, statt. Der Arzt wohnt in München und wird dort auch in seiner alltäglichen Umgebung gezeigt, allerdings ausschließlich in Innenaufnahmen. Daß es München ist, wo er lebt, hat für den Film keinerlei Bedeutung. Es könnte auch jede andere Großstadt sein.

*

Der **Fall Lena Christ** (Bundesrepublik Deutschland 1969). P: Bayerischer Rundfunk. R: Hans W. Geissendörfer. D: Heidi Stroh, Edith Volkmann, Eberhard Peiker, Peter Dornseif.

Fernsehspiel nach der Autobiografie der bayerischen Schriftstellerin Lena Christ, die in München arbeitete und hier durch Selbstmord starb.

*

Falsche Bilder (Bundesrepublik Deutschland 1979). P: Hochschule für Fernsehen und Film, München. R: Christoph Kühn. D: André Frei, Gérard Lecuelle, Ilona Schultz, Maya Speth, Karl Vögel.

"Zwei in München lebende Schweizer lernen ihre hübsche Nachbarin kennen, eine Fotografin, die ihre Arbeit verloren hat, weil sie keine falschen, verlogenen Bilder mehr machen, sondern die Realität ehrlich abbilden wollte." (Lexikon des Internationalen Films)

*

Der **falsche Paß für Tibo** (Bundesrepublik Deutschland 1980). P: FWF-Film Fritz Wagner. R: Stephan Rinser. D: Hans Kraus, Johanna Baumann, Michaela May, Marco Kübel, Franz Xaver Kroetz.

Die Versuche eines jungen Ausländers und seiner einheimischen Freundin, ihrem dumpfen Münchner Milieu zu entkommen.

*

Der **Fan** (Bundesrepublik Deutschland 1981). P: Barbara Moorse Workshop. R: Eckhart Schmidt. D: Desirée Nosbusch, Bodo Steiger, Simone Brahmann, Jonas Vischer, Helga Tölle.

Ein Mädchen mit übersteigerter Verehrung für einen Popstar reist diesem nach München nach, kann eine Begegnung herbeiführen, schläft mit ihm, erschlägt ihn, als er sie nach dieser Nacht verlassen will, und vereinigt sich endgültig mit ihm, indem sie ihn verspeist.

*

Fanfaren der Liebe (Bundesrepublik Deutschland 1951). P: NDF. R: Kurt Hoffmann. D: Dieter Borsche, Georg Thomalla, Grethe Weiser, Inge Egger, Ilse Petri.

Zwei stellungslose Musiker verkleiden sich als Frauen, um in einem Damenorchester unterzukommen. Das Orchester steigt lediglich am Münchner Hauptbahnhof, der nicht gezeigt wird, um in einen Bus, der es in ein Alpenhotel zum Engagement fährt. Die Außenaufnahmen wurden zwar in München gedreht, doch sollen die Großstadtszenen nicht diese Stadt darstellen (man fährt von hier im Schlafwagen "nach München"), sondern, dem Dialekt aller hier lebenden beteiligten Personen (bis auf Beppo Brem) nach zu schließen, eine in Norddeutschland.

*

Die **Farbe der Indios** (Bundesrepublik Deutschland 1987). P: Antares. R: Klaus Lautenbacher. D: Dotsche Ascopane, Klaus Lautenbacher, Leonore Paurat.

"In seinen Träumen begegnet ein Junge aus München einem Indiojungen im brasilianischen Urwald und erlebt dessen Alltag." (Film-Jahrbuch 1988)

*

Fasching (Deutschland 1939). P: Bavaria. R: Hans Schweikart. D: Karin Hardt, Hilde Körber, Hans Nielsen, Gusti Wolf, Lotte Lang.

Ein Architekt und eine Modeschülerin, die sich eben erst in der Eisenbahn kennen- und liebengelernt haben, verlieren sich im Münchner Fasching und finden erst nach einer langen Reihe von Mißverständnissen wieder zusammen. Zugleich gewinnt ein Unternehmer, der sich in die Modeschülerin verliebt hatte, seine Frau zurück, die ihm ein Jahr zuvor im Fasching davongelaufen war. Der Film enthält schöne Aufnahmen vom Münchner Faschingszug, Standort Marienplatz, wo sich die Liebenden verabredet hatten und nun wegen des Gedränges nicht zusammenkommen können (vgl. die Abbildung im Kapitel "'Wahrzeichen' und Schauplätze"). Die Liebenden sind aber ganz offensichtlich in die Faschingszug-Szenen nur hineingeschnitten, die letzteren Aufnahmen entstammen also wohl einer anderen Quelle.

*

Faustrecht der Freiheit (Bundesrepublik Deutschland 1974). P: Tango/City. R: Rainer Werner Fassbinder. D: Rainer Werner Fassbinder, Peter Chatel, Karlheinz Böhm, Harry Baer, Adrian Hoven.

Der schwule, proletarische Franz Biberkopf macht einen Lottogewinn. Er wird der Geliebte eines jungen Mannes aus besseren Kreisen, der ihn scheinbar bilden will, ihn aber systematisch ausplündert, um die bankrotte Buchbinderei seines Vaters zu sanieren, und der ihn, als sein Geld verbraucht ist, fallenläßt. Biberkopf begeht Selbstmord. Identifizierbare Münchner Schauplätze werden nur sehr sparsam eingesetzt. Die herzlose Wohlstandsbürgergesellschaft (Buchbinderei- und Boutiquenbesitzer, Antiquitätenhändler) läßt sich sicher nicht nur, aber offenbar besonders gut in München darstellen.

*

Die fidelen Detektive (Zwischen München und St. Pauli, Bundesrepublik Deutschland 1957). P: Königsfilm. R: Hermann Kugelstadt. D: Joe Stöckel, Beppo Brem, Ernst Waldow, Lucie Englisch, Ethel Reschke.

"Zwei bayrische Verkehrspolizisten a.D. und ein Berliner Detektiv verfolgen gemeinsam Schmuckdiebe." (Lexikon des Internationalen Films)

*

Film oder Macht (Bundesrepublik Deutschland 1970). P: Vlado Kristl, Karl Schedereit, Pitt Brockner. R: Vlado Kristl. D: Christine Maier, Marlene Zargos, Sylvia Kekulé, Heinz Badewitz, Rajo Böhm.

Kristl: "Der Film ist gedreht gegen die Olympiade und für die Anarchie." (Aus der Vorrede zum Film, abgedruckt im Drehbuch in: Fernsehen + Film, Juli 1970) Der Film ist allerdings nicht in erster Linie gedreht gegen die Olympischen Spiele in München, deshalb spielt der Schauplatz München auch keine besondere Rolle. Eine nacherzählbare Handlung oder in Kürze darstellbare Struktur gibt es bei dieser Hommage an die Anarchie nicht.

*

Flammenzeichen (Bundesrepublik Deutschland 1984). P: Franz-Seitz-Film/Bayerischer Rundfunk. R: Franz Seitz. D: Dietrich Mattausch, Hans Reinhard Müller, Martin Umbach, Gaby Marr, Claus Dieter Reents.

Halbdokumentarischer Film über den Münchner Jesuiten-Pater Rupert Mayer, seine unbeugsame Haltung gegenüber dem NS-Regime und über seine Verfolgung.

*

Das fliegende Klassenzimmer (Bundesrepublik Deutschland 1954). P: Carlton. R: Kurt Hoffmann.

D: Paul Dahlke, Paul Klinger, Bruno Hübner, Heliane Bei, Erich Ponto.

Die Rivalität zwischen Gymnasiasten und Realschülern in einer Kleinstadt und die Erlebnisse einiger herausragender Figuren unter den Gymnasiasten. Kästner, der in München lebende Autor, trifft am Schluß der Rahmenhandlung im Hofgarten zwei Figuren seiner Geschichte, Johnny Trotz und seinen Kapitän. Die eigentliche Geschichte hat mit München nichts zu tun.

*

Flitterwochen (Bundesrepublik Deutschland 1980). P: Albatros/Planet/Peter Schamoni/Popular/ZDF. R: Klaus Lemke. D: Cleo Kretschmer, Wolfgang Fierek, Dolly Dollar, Anton Zeitler, Guntram Vogl.

Die Flitterwochen eines jungen Paares in Rio mit reichlich Verwicklungen stehen im Mittelpunkt des Films. Die Helden sind Zollbeamte am Münchner Flughafen, als typische Lemkesche Helden zwar in München am richtigen Platz, für ihren Berufsstand aber nicht unbedingt repräsentativ.

*

Flotte Biester auf der Schulbank (Bundesrepublik Deutschland 1983). P: Apollo. R: Jan D. Lefpa (d.i. Jan Apfeld). D: Peter Steiner, Eleonore Melzer, Chris Parker, Sandra Nova (d.i. Uschi Karnat), Susanne Hofer.

Eine sittenstrenge Lehrerin erbt eine Fabrik für Sexartikel, verliert angesichts des hohen Umsatzes ihre Skrupel und probiert die Produktpalette mit Hilfe einer schon immer hemmungslosen Kollegin durch. Nur eine Einstellung auf das Siegestor zu Beginn deutet an, daß München als Schauplatz für diesen Film mißbraucht wurde. Schade, daß es keinen Persönlichkeitsschutz für Städte gibt. Nicht wegen des "unmoralischen" Inhalts müßte man allerdings gegen diesen Film juristisch vorgehen, sondern weil er die führende Filmstadt mit solch einem erbärmlich stümperhaften Machwerk in Verbindung bringt.

*

Der **Flüchtling aus Chikago** (Deutschland 1934). P: Atlanta/Bavaria. R: Johannes Meyer. D: Gustav Fröhlich, Luise Ullrich, Hubert von Meyerinck, Otto Wernicke, Lil Dagover.

Ein nach USA ausgewanderter Ingenieur tritt für einen im Gefängnis sitzenden Freund unter dessen Namen eine Erbschaft in München an.

*

Eine **Frau für gewisse Stunden** (Bundesrepublik Deutschland 1984). P: Hein Hoffmann Prod. R: Wolfgang Müller. D: Christiane Krüger, Manfred Lehmann, Bernd Herzsprung, Wolfgang Müller, Wolf Martinsen.

"Ein gelähmter Student verliebt sich in eine Edelnutte. Während einer Auseinandersetzung mit ihrem Zuhälter verursacht er, in Notwehr, dessen Tod. Die Tat kann vertuscht werden, dem Happy-End steht nichts im Wege...drittklassige Räuberpistole im Kölner Halbweltmilieu". (Lexikon des Internationalen Films) Einigen Quellen zufolge (Die deutschen Filme 86; Cinema 1986; Fischer Film Almanach 1986; das "Filmjahr 1986" votiert dagegen ebenfalls für Köln) spielt der Film in München. Ich konnte ihn leider nicht sehen, um mich zu überzeugen. Daher zur Sicherheit dieser Hinweis.

*

Frau im besten Mannesalter (Bundesrepublik Deutschland 1958). P: Real. R: Axel von Ambesser. D: Marianne Koch, Johannes Heesters, Bernhard Wicki, Christiane Nielsen, Boy Gobert.

Die junge Frau eines Hamburger Verlegers bekommt wegen ihrer Verschwendungssucht Streit mit ihrem Mann und läuft ihm so weit wie möglich davon - nach München. Dort findet sie nach einigen ergebnislosen Versuchen, ihren Lebensunterhalt - entgegen der Vorhersage ihres Mannes - selbst zu verdienen, eine Stelle als Chauffeuse eines Reiseschriftstellers und fährt mit ihm gen Süden, wo sich der Rest der Handlung (und die einzigen Außenaufnahmen des Films) bis zur Versöhnung mit ihrem Mann abspielt.

*

Die **Frau mit dem roten Hut** (Bundesrepublik Deutschland/Japan 1982). P: Monopteros/Wakamatsu/Herald Ace Corp. R: Tatsumi Kumashiro. D: Kristina van Eyck, Toshiyuki Nagashima, Shigeru Izumiya, Bernd Stephan, Erhard Hartmann.

Ein japanischer Schriftsteller kommt 1923 auf Aufforderung eines Freundes, der ihm vorschwärmt, wie gut es sich als Ausländer in der Inflation hier leben lasse, nach München. Er verliebt sich in eine junge Frau mit einem roten Hut, die er in Gesellschaft von Gauklern entdeckt, eine aus der Bahn geworfene Adlige, wie sich später herausstellt. Aber erst als zwei ihrer Liebhaber umgekommen sind, kommt er mit seinem hartnäckigen Werben bei ihr zum Ziel. Schon nach kurzer Zeit verläßt sie ihn wegen eines Nazis. Am Schluß findet der Japaner seinen Landsmann erhängt - Selbstmord. Die junge Frau zieht wieder mit den Gauklern umher. Die Dekadenz der Weimarer Republik gesehen mit den Augen eines Japaners und ausnahmsweise nicht am Beispiel Berlins, sondern Münchens - eine zweifach ungewöhnliche Perspektive (der Schriftsteller und die Femme fatale, "Cabaret" läßt grüßen!). Da der Film ebenso prätentiös wie dilettantisch gemacht ist, bleibt dies aber das einzig Ungewöhnliche an ihm.

*

Eine **Frau mit Herz** (Bundesrepublik Deutschland 1950). P: Venus. R: Rudolf Jugert. D: Olga Tschechowa, Rudolf Prack, Gustav Knuth, Susi Nicoletti, Siegfried Breuer.

Ein junger Werbegrafiker stört die Frau seines Chefs, eines Kaufhausbesitzers, beim Seitensprung mit dem Personalchef und verliert dadurch seine Stellung. Außerdem verärgert er seine Ex-Frau, die er eigentlich wieder heiraten wollte. Der kluge Firmenchef versöhnt das Paar und beendet unauffällig die Affäre seiner Frau. Der Film spielt ganz in München, was aber für die Handlung keinerlei Bedeutung hat. Einzig identifizierbarer Schauplatz ist der Friedensengel (vielleicht weil hier Außenaufnahmen möglich waren, ohne Bombentrümmer zeigen zu müssen). Die Darsteller stammen zu einem erheblichen Teil aus Österreich. Aber auch sie sind nicht geeignet, Münchner Lokalkolorit zu vermitteln.

*

Eine **Frau mit Verantwortung** (Bundesrepublik Deutschland 1978). P: ZDF. R: Ula Stöckl. D: Christina Scholz, Erwin Keusch, Hanna Burgwitz, Nikolaus Dutsch, Philippe Nahoun.

"Die Geschichte einer jungen Frau in München, die von Jugend an Verantwortung für andere zu tragen hatte und es nicht lernte, auch sich selbst gegenüber verantwortungsbewußt zu sein." (Koschnitzki: Deutsche Filme 1978)

*

Die **Frau ohne Körper und der Projektionist** (Bundesrepublik Deutschland 1983). P: Visual (Elke Haltaufderheide)/RTL/ZDF. R: Niklaus Schilling. D: Liane Hielscher, Gabriel Barylli, Gunther Malzacher, Elke Haltaufderheide, Alexander Osteroth.

Die Liebesgeschichte zwischen einem Filmvorführer, der um den Erhalt seines Kinos kämpft, und einer erfolgreichen Fernseh-Moderatorin, die dem Erwartungsdruck der Öffentlichkeit nicht mehr gewachsen ist. Am Schluß verschwinden beide spurlos. "Der offene Schluß ist ein Hinweis darauf, daß für Niklaus Schilling hier auch modellhaft die alten und die neuen Medien eine Verbindung eingehen, deren Zukunft noch ungewiß ist...Handlung und Darstellung vermischen sich folgerichtig zu einer intermedialen melodramatischen Komödie, die von kritischen Elementen und ironisierenden Kommentaren durchbrochen wird." (Fischer Film Almanach 1985) Dafür ist die Film- und Medienstadt München natürlich der angemessenste Schauplatz.

*

Frauen um Richard Wagner (USA 1955). P: Republic. R: William Dieterle. D: Alan Badel, Yvonne de Carlo, Rita Gam, Valentina Cortese, Gerhard Riedmann.

Das Leben Richard Wagners in schönstem Hollywoodkitsch. Da man sich bemüht, alle Aspekte zu zeigen, ist München als Handlungsort unvermeidlich. Wagner eilt, nach mehr als 70 Filmminuten von Ludwig II. gerufen, zu seinem König - ins Völkerkundemuseum. Die Residenz wirkt für Amerikaner offenbar nicht märchenkönighaft genug, wohl aber der pseudogotische Bau an der Maximilianstraße. Dort wird Wagner zwar etwas richtiger nach Nymphenburg verwiesen (kurze Postkartenansicht) doch Majestät ist schon nach Hohenschwangau weitergereist. Dennoch kommt es zur Ansiedlung Wagners in München, und der Film bewegt sich vorwiegend in seiner Luxuswohnung. Daß Ludwig II. einer Privatvorführung der "Meistersinger" in einem Theater beiwohnt, das überall steht, nur nicht in München, sei dem Film verziehen. Weder altes Residenz- noch Nationaltheater waren zu seiner Entstehungszeit wiederaufgebaut.

*

Fremde Stadt (Bundesrepublik Deutschland 1972). P: Rudolf und Karin Thome. R: Rudolf Thome. D: Roger Fritz, Karin Thome, Peter Moland, Eva Kinski, Werner Umberg.

Ein junger Mann kommt mit zwei Millionen aus einem Bankraub nach München, um das Geld bei seiner geschiedenen Frau zu verstecken. Auf seinen Fersen ist ein Gaunerpärchen, das von einem korrupten Polizeipräsidenten einen Tip bekommen hat. Auch ein Kriminalkommissar mischt sich ein. Nach einigen Turbulenzen versucht man, sich zu einigen.

*

Freut euch des Lebens (Deutschland 1934). P: UFA. R: Hans Steinhoff. D: Dorit Kreysler, Wolfgang Liebeneiner, Ida Wüst, Leo Slezak, Eugen Rex.

Gusti, die Kellnerin im Münchner "Bratwurstglöckl", wird nach einem Streit mit dem verwöhnten Sohn einer wohlhabenden Witwe entlassen und nimmt das Angebot eines pensionierten Kammersängers an, sie als seine Tochter auf eine Reise für zwei Personen auf die Zugspitze zu begleiten, die dieser bei einem Preisausschreiben gewonnen hat. Dort trifft sie den jungen Mann wieder und verliebt sich nach einiger Zeit in ihn. Aber erst nach vielen Verwirrungen und einer wilden Verfolgungsjagd im Schnee gesteht sie sich und ihm das ein.

*

Das fröhliche Dorf (Krach um Jolanthe, Bundesrepublik Deutschland 1955). P: Berolina. R: Rudolf Schündler. D: Carl Hinrichs, Hannelore Bollmann, Gerhard Riedmann, Gardy Granass, Peter Carsten.

Weil ein Bauer eine geringfügige Steuer nicht zahlen will, pfändet das Finanzamt seine preisgekrönte Zuchtsau Jolanthe. Das ganze Dorf solidarisiert sich mit ihm und befreit die Sau aus dem Polizeigewahrsam. Um das Tier endgültig dem Zugriff der Behörden zu entziehen, wird es geschlachtet und bei einer Doppelverlobungsfeier aufgegessen. Da stellt sich heraus, daß die Pfändung aufgehoben ist, weil die Tochter des Bauern die Steuer heimlich bezahlt hat und andererseits die Sache auf eine kluge Eingabe des Lehrers hin niedergeschlagen wurde. Die Sau hat es zum Glück auch überlebt, denn ein schlauer Knecht hat sie vor der Schlachtung ausgetauscht. München wird eingeführt mit der typischen Einstellungsfolge Rathaus - Frauenkirche - Ort der Handlung (=Theresienwiese mit Landwirtschaftsfest). Es adelt zwar die Sau Jolanthe aus Norddeutschland ungemein, daß sie just auf dem Münchner Landwirtschaftsfest prämiert wird, aber ansonsten hat der Nebenschauplatz München für den Film keinerlei Bedeutung.

*

Fünf letzte Tage (Bundesrepublik Deutschland 1982). P: Pelemele/Bayerischer Rundfunk. R: Percy Adlon. D: Lena Stolze, Irm Hermann, Will Spindler, Hansi Hirschmüller, Philipp Arp.

Chronik der letzten Tage der Widerstandskämpferin Sophie Scholl im Gefängnis, erzählt aus der Sicht ihrer Zellengenossin. Der Film spielt fast ausschließlich im Gefängnisinnern, enthält keine Außenaufnahmen von München.

*

Gabriele Dambrone (Deutschland 1943). P: Terra. R: Hans Steinhoff. D: Gusti Huber, Siegfried Breuer, Ewald Balser, Christl Mardayn, Eugen Klöpfer.

Eine theaterbegeisterte junge Schneiderin will nach einer Liebesenttäuschung Schauspielerin werden, wird wegen einer neuerlichen Liebe dieser Passion untreu, hat aber nach nochmaliger Liebesenttäuschung und Beinahe-Selbstmord großen Erfolg in diesem Beruf. Die Handlung spielt hauptsächlich in Wien (Burgtheater!). Der Maler, der Gabrieles zweite Liebesenttäuschung ist, hat Frau und Kinder in München, wo er auch studiert hat. Einige Münchenszenen, die es deshalb im Film gibt, spielen aber ausschließlich in der Wohnung der Frau. Nicht einmal einen Ausblick durchs Fenster auf die Frauenkirche gibt es.

*

Gastspiel im Paradies (Deutschland 1938). P: UFA. R: Karl Hartl. D: Hilde Krahl, Albert Matterstock, Gustav Waldau, Oskar Sima, Georg Alexander.

Der junge Regisseur einer Schauspieltruppe entlockt als angeblicher verarmter Graf Wetterstein einer jungen Hotelbesitzerin Geld, nachdem diese sich geweigert hatte, die Subventionierung der Truppe durch ihren leichtlebigen Vater weiterzuführen. Während die Truppe auf den Erfolg des Regisseurs wartet, hält sie sich, der Adresse auf einem Telegramm zufolge, in München auf. Gedreht wurde aber in Bayreuth, im und vor dem markgräflichen Theater.

*

Der Gauner und der liebe Gott (Bundesrepublik Deutschland 1960). P: Divina. R: Axel von Ambesser. D: Gert Fröbe, Karlheinz Böhm, Ellen Schwiers, Manfred Kunst, Lucie Englisch.

Ein oftmals vorbestrafter Einbrecher steht zum erstenmal schuldlos vor Gericht (weil er zwar am Tatort ertappt wurde, ihm aber ein anderer zuvorgekommen war), kann, als ihm dennoch die Verurteilung droht, in einem Priestergewand aufs Land fliehen, wo er unter dem Einfluß eines Priester"kollegen" und aus Liebe zu einer jungen Frau eine Wandlung zum ehrbaren Bürger durchmacht. Die Stadtszenen zu Anfang und Ende des Films spielen in München. Dieser Schauplatz ist allerdings austauschbar, die Beziehung Stadt/Land wird nicht thematisiert.

*

Die Gefahren der Großstadtstraße (Deutschland 1924). P: Kabinett-Film (Toni Attenberger). R: Toni Attenberger.

Abendfüllender dokumentarischer Aufklärungsfilm über die Gefahren, die durch Verkehr und Kriminalität auf den Straßen einer Großstadt drohen. Das ist nicht, wie zu erwarten, in Berlin hergestellt, sondern "unter Mitwirkung von Münchener Polizeibeamten in München...im Stadtinnern, besonders am Marienplatz". (Süddeutsche Filmzeitung, zit. nach Münchner Film- und Kinobuch, S. 69) Wenn halt ein Münchner wie Toni Attenberger auf solch eine Idee kommt, zeigt er, daß auch die Großstadt München ganz schön gefährlich sein kann.

*

Gefundenes Fressen

Gefundenes Fressen (Zwei irre Träumer, Bundesrepublik Deutschland 1976). P: Sentana. R: Michael Verhoeven. D: Heinz Rühmann, Mario Adorf, René Deltgen, Spomenica Petrovic, Elisabeth Volkmann.

Zwei ganz gegensätzliche, aber beide vom Leben enttäuschte Männer, ein alter Penner und ein Streifenpolizist in München, schließen Freundschaft, können aber ihre Träume, der eine vom Lebensabend im warmen Süden, der andere vom Aufstieg zur Kriminalpolizei, auch weiterhin nicht erfüllen.

*

Geheimakte WB 1

Geheimakte WB 1 (Deutschland 1942). P: Bavaria. R: Herbert Selpin. D: Alexander Golling, Eva Immermann, Richard Häußler, Günther Lüders, Herbert Hübner.

Der bayerische Unteroffizier Wilhelm Bauer konstruiert aus Verzweiflung über die Blockade der deutschen Häfen durch die dänische Flotte 1849 ein Unterseeboot, mit dem er sich unbemerkt den feindlichen Schiffen nähern und sie in die Luft sprengen will. Bei der ersten Vorführung im Kieler Hafen sinkt das Boot zwar wegen Sabotage durch die Engländer, aber wichtige Militärs halten weiter zu ihm und er konstruiert mit Unterstützung des bayerischen Königs eine Unterwasserkanone. Ein russischer Großfürst ist so von ihm beeindruckt, daß er ihm die Möglichkeit gibt, Unterseeboot und -kanone im russischen Militärhafen Kronstadt fertigzuentwickeln. Als er ihn dann aber entgegen seinem Versprechen nicht ziehen lassen will, flieht Bauer mit seinem nun funktionstüchtigen U-Boot aus Kronstadt nach Preußen, wo sich inzwischen eine Partei für eine "kraftvolle" Kriegsmarine-Großmachtpolitik durchgesetzt hat. Ein unter Verdrehung der historischen Tatsachen gedrehter Nazi-Kriegspropagandafilm, in dem Alexander Golling auch einmal vor einer Biedermeier-Stadtkulisse mit Prospekt der Frauenkirche wandeln darf, als er von der Gnade erfährt, zu einer Audienz beim König von Bayern zu dürfen (Gustav Waldau spielt einen leicht vertrottelten Monarchen, den wir mit keinem der historischen - es hätte Max II. Joseph sein müssen - identifizieren wollen). Sonst spielt nichts in München.

*

Geld (Bundesrepublik Deutschland 1988/89). P: Olga-Film/ZDF. R: Doris Dörrie. D: Billie Zöckler, Uwe Ochsenknecht, Sunnyi Melles, August Zirner, Ulrike Kriener.

Eine junge Frau raubt, weil ihr Mann arbeitslos geworden ist, der Familie die Schulden über den Kopf wachsen und ihre Bank einen weiteren Kredit verweigert, diese Bank aus und nimmt den Filialleiter, ihren Nachbarn, der sie erkannt hat, als Geisel. Während sie ihn gefangenhält, kommen die beiden sich näher, ebenso wie ihr Mann und die Freundin des Filialleiters. Zum Schluß machen die vier gemeinsame Sache und teilen sich das Lösegeld. Die vier Hauptpersonen wohnen erklärtermaßen in Garching. Daß sie, wenn sie in die Stadt wollen, nach München fahren, ist deutlich zu sehen (Buslinie 33 "Münchner Freiheit", Shopping in der Maximilianstraße gegenüber der Oper, Münchner Autokennzeichen) und wird auch einmal erwähnt. Eine Funktion hat München als Handlungsort eigentlich nicht, ganz im Gegensatz zu den wenigen Zürich-Szenen (Schweizer Nummernkonten).

*

Geliebte Corinna (Bundesrepublik Deutschland 1956). P: Arca. R: Eduard von Borsody. D: Elisabeth Müller, Hans Söhnker, Hannelore Schroth, Inkijinoff, Alexander Kerst.

Eine junge Laborantin verliebt sich in München in einen Farmer aus Bolivien, wird von ihm getrennt, folgt ihm in seine Heimat, erfährt, daß er verheiratet ist; doch seine Frau wird termingerecht zum Happy-End ermordet.

*

Geliebter Lügner (Bundesrepublik Deutschland 1949). P: Camera. R: Hans Schweikart. D: Elfie Mayerhofer, Hans Söhnker, Erich Ponto, Werner Fuetterer, Gustav Knuth.

Ein erfolgreicher Autokonstrukteur verliebt sich auf einem Künstlerball in Schwabing in eine Modekünstlerin. Da sie ihn für einen verbummelten Maler hält, spielt er das Spiel zunächst mit, hat dann aber große Schwierigkeiten, sie von der Wahrheit zu überzeugen. Der Film kommt ganz ohne Ansichten von München (und fast ohne Münchner, nur Beppo Brem und Michl Lang haben winzige Rollen) aus. Umso "typischer" das Ambiente, die Künstler-Boheme.

*

Geliebtes Fräulein Doktor (Liebesbriefe aus Mittenwald, Bundesrepublik Deutschland 1954). P: König. R: Hans H. König. D: Edith Mill, Hans Nielsen, Helmut Schmid, Robert Freytag, Hans Clarin.

Eine Schulklasse schreibt ihrer neuen Lehrerin fingierte Liebesbriefe vom Sportlehrer, um sie dazu zu bringen, sich modischer zu kleiden, und stiftet damit das Eheglück der beiden. "Internats-, Lehrer- und Alltagsmilieu Mittenwald und Umgebung - München". (Bauer)

*

Georg Elser - Einer aus Deutschland (Bundesrepublik Deutschland 1989). P: Söhnlein/Borman Prod./Mutoskop Film/Saturn Movie. R: Klaus Maria Brandauer. D: Klaus Maria Brandauer, Brian Dennehy, Rebecca Miller, Elisabeth Orth, Nigel Le Vaillant.

Der Film schildert Vorbereitung und Durchführung des Attentats auf Hitler am 8. November 1939 im Münchner Bürgerbräukeller durch den schwäbischen Uhrmacher Johann Georg Elser. Bis auf den immer verwendbaren Englischen Garten kommt München nur in rekonstruierten, umgedeuteten oder unspezifischen Schauplätzen vor, da die originalen entweder nicht mehr vorhanden (Bürgerbräu-Keller) oder zu stark verändert sind.

*

Das Gespenst (Bundesrepublik Deutschland 1982). P: Herbert Achternbusch Filmprod. R: Herbert Achternbusch. D: Herbert Achternbusch, Annamirl Bierbichler, Kurt Raab, Dietmar Schneider, Judit Achternbusch.

In einem Kloster steigt der 42. Christus von seinem Kreuz und wandelt in Bayern unter den Menschen, u.a. auf dem Viktualienmarkt, wo er - vergeblich - für die beiden versoffenen Polizisten Poli und Zisti sammelt.

*

Gideons Schwert. 2 Teile (Sword of Gideon, Kanada/Frankreich 1986). P: Robert Lantos. R: Michael Anderson. D: Steven Bauer, Rod Steiger, Robert Joy, Michael York, Peter Dvorsky.

Etwas breitgewalzte Romanverfilmung fürs Fernsehen über einen Rachefeldzug des israelischen Geheimdienstes gegen die Hintermänner des Attentats bei den Olympischen Spielen in München. Weil die israelischen Geheimagenten immer peinlich bemüht sind, keine Unschuldigen in ihre Anschläge gegen die Terroristen zu verwickeln, was die Gegenseite natürlich nicht tut, werden sie selbst arg dezimiert. Nur im Vorspann wird kurz der Anschlag in einem (schlecht) nachgebauten oder, wie man heute zu sagen liebt, virtuellen Olympischen Dorf und das Massaker auf dem Flughafen Fürstenfeldbruck gezeigt.

*

Gipfelstürmer (Deutschland 1933). P: Nostra. R: Franz Wenzler. D: Franz Schmid, Walter Krieger, Mizzl Bardorf, Traudl Ertl, Hans Schurich.

Zwei Münchner Ingenieure bezwingen nach einigen Schwierigkeiten vor allem privater Natur die Nordwand des Matterhorns. München ist nur kurz Ausgangspunkt dieser Mischung aus Bergsteigerfilm und Lustspiel.

*

Go Trabi go (Deutschland 1990). P: Bavaria/Bayerischer Rundfunk/Süddeutscher Rundfunk. R: Peter Timm. D: Wolfgang Stumph, Marie Gruber, Claudia Schmutzler, Ottfried Fischer, Billie Zöckler.

Die aufregende Reise eines Lehrers mit Frau und Tochter im Trabi auf Goethes Spuren von Bitterfeld nach Neapel. In München wird wegen einer Panne und der Einkaufswünsche der Damen ein längerer Aufenthalt samt Übernachtung im engen Wagen an der Isar fällig. 21 von 96 Minuten spielen in München, bis auf die Szene am Isarufer (Praterinsel) in unidentifizierbaren Gegenden. Die Ludwigstraße ist nur sehr kurz gezeigte Durchfahrtstation.

*

Götter der Pest (Bundesrepublik Deutschland 1969). P: antitheater/X-Film. R: Rainer Werner

Fassbinder. D: Hanna Schygulla, Margarethe von Trotta, Harry Baer, Günther Kaufmann, Carla Aulaulu.

Franz Walsch, der Held aus "Liebe ist kälter als der Tod", wird aus dem Gefängnis entlassen. Er verläßt Joanna, die ihm zu besitzergreifend ist. Margarethe verliebt sich in ihn, er aber steht mehr auf seinen alten Freund Günther, obwohl der seinen Bruder umgebracht hat. Franz und Günther planen einen Überfall auf einen Supermarkt. Joanna will Franz lieber tot sehen, als ihn zu verlieren und verrät ihn an die Polizei. Margarethe will, daß die Polizei Franz von dem Überfall abhält und verrät deshalb ebenfalls den Plan. Franz wird von einem Inspektor erschossen, Günther schwer verletzt. Der sterbende Günther tötet die Pornohändlerin Carla, die die Information über den Überfall an Joanna weitergegeben hatte. Der "persönlichste, auch der pessimistischste, der schwärzeste" unter den frühen Filmen Fassbinders. "In diesen Dekors (den ersten, die Fassbinder hat bauen lassen), die fast im Dunkel ertrinken, in diesem sonnenlosen München, müssen diese kleinen Gangster und armen Mädchen scheitern." (Wilhelm Roth in: "Rainer Werner Fassbinder", S. 129 f.)

*

Das Go-Go-Girl vom Blow-Up (Ich betone - oben ohne, Bundesrepublik Deutschland/Schweiz 1968). P: Eichberg/Cinecustodia. R: Rolf Olsen. D: Eddi Arent, Gunther Philipp, Ann Smyrner, Beppo Brem, Fritz Wepper.

Eine Medizinstudentin, die bisher ihr Studium in Berlin als Go-Go-Girl verdienen mußte, darf bei reichen Verwandten in München wohnen. Ihrer Band zuliebe tritt sie in der berühmten Diskothek "Blow Up" noch einmal auf und wird in eine Intrige um das Lokal verwickelt. Hier ist München als die damals flippigste Stadt Deutschlands das Thema. Leider wird es arg spekulativ und dümmlich abgehandelt.

*

Die **goldene Maske** (Deutschland 1939). P: Euphono. R: Hans H. Zerlett. D: Albert Matterstock, Hilde Weissner, Rudi Godden, Fita Benkhoff, Fritz Kampers.

"Einem begabten, aber aus Geldgier zum Mode-Porträtisten abgeglittenen Maler gelingt das künstlerisch bedeutende Bildnis einer maskierten Dame. Der eifersüchtige Ehemann versucht ihn zu ermorden, verunglückt auf der Flucht tödlich - aus Maler und Modell wird ein Paar." (Lexikon des Internationalen Films) Der Film zeigt ausgiebig Künstlerfeste und Narrentreiben im Münchner Fasching.

*

Die **goldene Pille** (Bundesrepublik Deutschland 1967). P: Horst Manfred Adloff. R: Horst Manfred Adloff. D: Petra Pauly, Angela Hillebrecht, Inge Marschall, Horst Naumann, Claudia Butenuth.

"Primanerinnen kämpfen um ihr Recht auf die Pille, weil ihr junger Studienrat schon fünf Kinder und es darum nicht leicht im Leben hat." (Fischer/Hembus, S. 208) Natürlich spielt das bei diesem Thema und zu dieser Zeit in München.

*

Goldfüchse (Bundesrepublik Deutschland 1974). P: Bayerischer Rundfunk. R: Kurt Wilhelm. D: Henner Quest, Felix von Manteuffel, Lisa Fitz, Traudl Bogenhauser, Toni Berger.

Halbdokumentarisches Fernsehspiel um einen Einbruch in das Königliche Münzgebäude in München am 21.9.1906 und die kuriosen Umstände seiner Aufklärung.

*

Goldmacher Tausend (Bundesrepublik Deutschland 1969). P: Süddeutscher Rundfunk. R: Theo Mezger. D: Rudolf Wessely, Heinz Moog, Ulrich Matschoß, Arno Assmann, Rainer Behrend.

In den Rahmen einer Gerichtsverhandlung im Münchner Justizpalast gespanntes Dokumentarspiel um einen bayerischen Spenglergehilfen, der mit der Behauptung, synthetisches Gold erzeugen zu können, mit dem man die Versailler Reparationen ablösen könne, verschiedenen Größen der Weimarer Republik Millionen entlockt hatte.

*

Graf Porno bläst zum Zapfenstreich (Bundesrepublik Deutschland 1970). P: Alois Brummer. R: Alois Brummer. D: Rinaldo Talamonti, Michael Cromes, Doris Arden, Nina Simone, Karin Götz.

Ein offenbar geistig etwas zurückgebliebener Italiener hat großen Erfolg bei der Damenwelt, während sein Arbeitgeber, ein Schrottplatzbesitzer auf ständiger Flucht vor dem Gerichtsvollzieher, seinen Besitz an eine seiner vielen "Bräute" verliert. Am Anfang marschiert eine Damenband in Badeanzügen durch die Münchner Innenstadt und verursacht diverse Menschenaufläufe. Dann merkt man, abgesehen von einem Schild "Amtsgericht München", für den Rest des Films nichts mehr von diesem Schauplatz. Die Schlußpassagen spielen auf dem Oktoberfest, wobei suggeriert wird, daß der Italiener mit seiner Damenband im Hippodrom eine Schau mit nackt reitenden Mädchen abzieht.

*

Graf Porno und seine liebesdurstigen Töchter (Bundesrepublik Deutschland 1969). P: Alois Brummer. R: Günter Hendel. D: Carola Höhn, Ingeborg Piontek, Rinaldo Talamonti, Marisa Alberti, Johann Buzalski.

Der Sohn eines verarmten Grafen soll eine der sechs Töchter einer Multimillionärin heiraten, weshalb er eine nach der anderen auf ihre Fähigkeiten im Bett testet. Trotz der vorgegebenen städtischen Schauplätze (Stockholm, Amsterdam) sind die einzig echten Außenaufnahmen auf dem Land in Oberbayern gedreht. München kommt nur in einer kurzen (Bett-)Szene vor, als eine der Töchter dem Grafen in ihrer Münchner Zweitwohnung (nur diese ist Schauplatz) ihre Waffensammlung (und einiges mehr) zeigt.

*

Der **Griller** (Bundesrepublik Deutschland 1968). P: Bayerischer Rundfunk/Hessischer Rundfunk. R: George Moorse. D: Rolf Zacher, Franziska Oehme, Angelika Bender, Nikolas Dutsch, Willy Semmelrogge.

Alltag und Beziehungsprobleme eines jungen Mannes, der als Griller in einer Hühnerbraterei in Schwabing arbeitet. Schwabing als Zustand, als Lebensgefühl Ende der 60er Jahre: "Die Bude, in der er haust, ist typisch für seinen Lebensstil. Kein Bett, aber Höhensonne und Hi-Fi-Stereo. Job, Auto und Mädchen sind der Inbegriff seiner scheinbaren Freiheit. Drogen benutzt er, um sich wachzuhalten und um Geschäfte zu machen." (Aus der Inhaltsbeschreibung der Produktion, zit. nach: Zeutzschel)

*

Die große Versuchung (Bundesrepublik Deutschland 1952). P: Rotary. R: Rolf Hansen. D: Dieter Borsche, Ruth Leuwerik, Harald Holberg, Renate Mannhardt, Carl Wery.

Ein Medizinstudent hat im Zweiten Weltkrieg als Sanitäter notgedrungen Aufgaben eines Assistenzarztes erfüllt und erliegt nach dem Krieg, als sich eine entsprechende Möglichkeit bietet, der Versuchung, in München ohne Approbation als Arzt zu arbeiten. Von privaten Problemen überwältigt und von einem Erpresser in die Enge gedrängt stellt er sich der Justiz und findet milde Richter.

*

Gruß und Kuß vom Tegernsee (Bundesrepublik Deutschland 1957). P: H.D. R: Rudolf Schündler. D: Elma Karlowa, Bert Fortell, Ruth Stephan, Kurt Grosskurth, Harald Juhnke.

Eine Werkstudentin wird von der verwöhnten Tochter eines amerikanischen Hotelmillionärs angeheuert, für sie den vom Vater befohlenen Kurs in einer Hotelfachschule am Tegernsee mitzumachen, damit sie selbst sich mit ihrem Freund in Paris treffen kann. Wenn ein Film am Tegernsee spielt und einzelne Szenen (hier der Anfang) in die Großstadt verlegt werden müssen, kommt natürlich nur München in Frage. Das wird vor dem Vorspann mit einem Schwenk über den Stachus angedeutet - mehr ist nicht.

*

Hades (Deutschland 1994). P: Kuchenreuther Film. R: Herbert Achternbusch. D: Herbert Achternbusch, Rosel Zech, Irm Hermann, Thomas Holtzmann, Barbara Gass.

"Die Geschichte des jüdischen Bestattungsunternehmers Hades, der das Warschauer Ghetto überlebte und nun in München Neonazis massakriert, bis er von einem Pflasterstein zu Tode getroffen wird." (Filmdienst 48. Jg. 1995, Nr. 6)

*

Händler der vier Jahreszeiten (Bundesrepublik Deutschland 1971). P: Tango. R: Rainer Werner Fassbinder. D: Irm Hermann, Hans Hirschmüller, Hanna Schygulla, Klaus Löwitsch, Andrea Schober.

Ein ehemaliger Polizist, der, wegen sexueller Kontakte zu einer Prostituierten während eines Verhörs, entlassen wurde und den die Erinnerungen an seine Zeit in der Fremdenlegion quälen, schlägt sich mit Frau und Kind als fliegender Obsthändler durch. Nach einem Zusammenbruch kann er den Beruf nicht mehr ausüben und stellt einen alten Legionskameraden als Gehilfen ein. Dessen vertrauter Umgang mit seiner Frau und seinem Kind läßt sein Gefühl der Isoliertheit überhandnehmen; er säuft sich zu Tode. An seinem Grab verabreden die Frau und der Freund eine berufliche und private Partnerschaft. Der Film ist ganz in kleinbürgerlichen Wohnungen und anonymen Münchner Vorortstraßen und Hinterhöfen gedreht.

*

Halbe-Halbe (Bundesrepublik Deutschland 1977). P: DNS. R: Uwe Brandner. D: Bernd Tauber, Hans Peter Hallwachs, Agnes Dünneisen, Mascha Gonska, Adrian Hoven.

Ein junger Arbeitsloser und ein Ex-Soldat versuchen mit ihren jeweils 30000 Mark Abfindung in München etwas anzufangen. Der eine läßt sich mit einem Betrüger ein, verliert sein Geld und landet im Gefängnis, der andere stellt sein Geld für ihn als Kaution, holt dann aber doch, wie geplant, sein Abitur nach und richtet den anderen nach seiner Entlassung aus dem Gefängnis wieder auf.

*

Hannibal Brooks (Hannibal Brooks, Großbritannien 1968). P: Scimitar. R: Michael Winner. D: Oliver Reed, Michael J. Pollard, Wolfgang Preiss, Karin Baal.

"Ein britischer Kriegsgefangener wird gegen Ende des Zweiten Weltkriegs als Tierpfleger in den Münchner Tierpark abgestellt. Er erhält den Auftrag, einen Elefanten nach Tirol zu evakuieren, gerät dabei mit der SS in Konflikt, flieht und besteht auf der Flucht viele Abenteuer." (Lexikon des Internationalen Films)

*

Hau drauf, Kleiner (Bundesrepublik Deutschland 1973). P: Cinenova. R: May Spils. D: Werner Enke, Mascha Gonska, Henry van Lyck, Franz Mosthav, Kurt Grundmann.

Der Lebenskünstler Charly wird zur Bundeswehr einberufen. Da ihm aber schon nach kurzer Zeit der Laden zu dämlich ist, geht er einfach wieder zurück in seine Tonne in einem Hinterhof. Während des weiteren Films versucht die Feldgendarmerie vergeblich, den unerlaubt von der Truppe Entfernten einzufangen. Mit seinem Freund Henry versucht Charly sich in verschiedenen Jobs - mit ziemlich katastrophalen Folgen -, lernt das Mädchen Caroline kennen und wird am Schluß doch noch von den Feldjägern erwischt. Der malerische Hinterhof wurde seinerzeit im Lehel gefunden, doch auch er imaginiert Schwabing, jenes Schwabing als Zustand, mit dem Enke/ Spils so verbunden sind.

*

Der **Hauptdarsteller** (Bundesrepublik Deutschland 1977). P: Bioskop/WDR. R: Reinhard Hauff. D: Mario Adorf, Vadim Glowna, Michael Schweiger, Hans Brenner, Rolf Zacher.

Der Sohn eines verarmten Kleinbauern spielt in einem Film über sein Leben die Hauptrolle. Nach Ende der Dreharbeiten entläßt ihn das Filmteam wieder in die Trostlosigkeit seines Alltags. Er versucht auszubrechen, folgt dem Regisseur nach München und gerät, weil dieser nichts mit ihm anfangen kann, auf die schiefe Bahn. Hauff verarbeitet in diesem Film Erfahrungen mit seinem Film "Paule Pauländer" und dessen Hauptdarsteller.

*

Ein Haus voll Liebe (Glück ins Haus, Österreich/Bundesrepublik Deutschland 1954). P: Meteor. R: Hans Schweikart. D: Gertrud Kückelmann, Michael Cramer, Erni Mangold, Irene Naef, Wilfried Seyferth.

Ein Bühnenbildner verliebt sich im Münchner Fasching in ein Mädchen, das ein reicher amerikanischer Industrieller fälschlich für seine Tochter hält, was zu einigen Turbulenzen führt.

*

Hausfrauenreport - unglaublich, aber wahr (Bundesrepublik Deutschland 1971). P: TV 13. R: Eberhard Schröder. D: Angelika Baumgart, Doris Arden, Sybil Danning, Gernot Möhner, Ellen Umlauf.

Studenten erfragen im Auftrag eines Meinungsforschungsinstituts die Gründe für Untreue in der Ehe. Die "Auskünfte" werden in hauptsächlich im Bett lokalisierte Spielszenen umgesetzt. Die Straßeninterviews wurden in München gestellt.

*

Der Haustyrann (Bundesrepublik Deutschland 1958). P: Divina. R: Hans Deppe. D: Heinz Erhardt, Grethe Weiser, Peter Vogel, Rudolf Platte, Helga Martin.

Ein Hausbesitzer schikaniert seine Mieter, wird vor Gericht gezerrt, beleidigt die Justiz und macht im Gefängnis eine Wandlung zum duldsamen Menschen durch. Dieser schon zweimal, 1931 mit Max Adalbert und Emilia Unda und 1939 mit Hans Moser und Josefine Dora verfilmte Theaterstoff hat sich wohl nur versehentlich nach München verirrt. Auf den Schauplatz verweisen lediglich der Justizpalast zu Beginn, die Autokennzeichen - und Beppo Brem in einer Nebenrolle als Polizist (damals noch mit Münchner Uniform, also Münchner Kindl auf der Mütze).

*

Heidi-Heida (Deutschland 1991). R: Gunter Otto.

Ein ordinärer Sexfilm als Parodie auf Johanna Spyris "Heidi". Das sehr entwickelte und dem Sex durchaus zugetane Mädchen verläßt den Großvater in den bayerischen Bergen, um in München eine Stellung als Dienstmädchen anzunehmen. München ist die sündige Großstadt, in der das mehr blöde als unschuldige Mädchen durch Alkohol und Drogen zur Prostitution gebracht wird (die ihr notabene gar nicht so schlecht gefällt). Der Film ist so unglaublich schlecht, daß er wohl nur für den Privatsender SAT 1 tauglich war. Er ist in keinem der von mir reichlich benutzten Film-Nachschlagewerke verzeichnet, und weder Darsteller noch - wohlweislich - die Produktion sind im Vorspann genannt (zumindest in der im erwähnten Sender ausgestrahlten Fassung).

*

Heilt Hitler! (Bundesrepublik Deutschland 1985). P: Herbert Achternbusch Filmprod. R: Herbert Achternbusch. D: Herbert Achternbusch, Gunter Freyse, Gabi Geist, Waltraud Galler, Annamirl Bierbichler.

"Nach mehr als 40 Jahren gelangt der Wehrmachtsoldat Herbert in heimatliche Gefilde. Das München von heute erscheint ihm als neu aufgebautes Stalingrad..." (Lexikon des Internationalen Films)

*

Heimatlos (Bundesrepublik Deutschland 1958). P: Divina. R: Herbert B. Fredersdorf. D: Marianne Hold, Rudolf Lenz, Peter Weck, Joe Stöckel, Helen Vita.

Ein Tiroler Bauernmädchen verläßt aus Trotz ihren Verlobten, avanciert zum Schmugglerliebchen und zur Bardame in München, wird Mutter eines unehelichen Kindes, findet aber zum guten Ende beim Ex-Verlobten Unterschlupf. Eine kurze Szene am Busbahnhof mit einer Einstellung auf die Frauenkirche ist das einzige, was den Schauplatz München visuell verdeutlicht. Der Rest ist, bis auf eine Szene in der Grünwalder Straße (jedenfalls wird die gezeigte Villenstraße als solche benannt), offenbar im Atelier gedreht.

*

Heiße Semesterferien (Bundesrepublik Deutschland/Griechenland 1983). P: Andromeda/Atlas. R: Ilia Milonako. D: Anna Zarni, Herbert Hofer, Claire Williams, Tony Scopelitis, Sabine Schneider.

"Eine Fotografin aus München sucht auf einer griechischen Insel nach einem neuen Modell..." (Lexikon des Internationalen Films)

*

Heiße Ware (Interpol greift ein, Bundesrepublik Deutschland 1958). P: Astra. R: Paul May. D: Peter Carsten, Margit Saad, Ivan Desny, Rolf Nauckhoff, Albert Hehn.

"Ein getarnter Polizist macht Rauschgiftschmuggler in Garmisch und München unschädlich." (Lexikon des Internationalen Films)

*

Heißer Mund auf feuchten Lippen (Schweiz 1975). P: Afiba. R: Michael Thomas. D: Tamara Baroni, Herbert Fux, Martina Domingo, Margrit Sigel, Ulrich Falk.

"Die Münchner Kriminalpolizei kommt einem internationalen Callgirl-Ring auf die Spur." (Lexikon des Internationalen Films)

*

Herbst der Gammler (Bundesrepublik Deutschland 1967). P: Schonger. R: Peter Fleischmann.

"Dokumentarfilm Jugendliche in München und die Reaktionen der ihnen begegnenden älteren Generation, die zumeist nur wenig Verständnis für die langhaarigen 'Gammler' aufbringt." (Lexikon des Internationalen Films)

*

Herr Ober! (Deutschland 1991). P: Vision Film. R: Gerhard Polt, Fred Unger. D: Gerhard Polt, Christiane Hörbiger, Ulrike Kriener, Robert Meyer, Natalia Lapina.

Ein ehemaliger Kellner und verhinderter Dichter wird von seiner Frau, einer Hotelbesitzerin im Voralpenland, hinausgeworfen, jobbt in München in einer Vorstadtkneipe und wird als "volkstümlicher Poet" entdeckt, entzieht sich aber dem Rummel um seine Person. Ein Film u.a. über die Überfremdung des alten München durch die Schickeria.

*

Herr Satan persönlich (Mr. Arkadin/Confidential Report, USA 1955). P: Warner. R: Orson Welles. D: Orson Welles, Paola Mori, Robert Arden, Michael Redgrave, Patricia Medina.

Der Journalist Guy van Stratten wird von dem reichen Mr. Arkadin beauftragt, dessen Vergangenheit, die Arkadin angeblich vergessen hat, zu enthüllen. In Wirklichkeit will Arkadin nur herausfinden, wie gut er seine Vergangenheit getarnt hat, und ermordet nachträglich alle Personen, von denen van Stratten etwas über ihn erfährt. In

München findet van Stratten die letzten Mosaiksteinchen, um dem Verbrecher Arkadin auf die Schliche zu kommen, und es geschieht der letzte Mord. Das in Trümmern liegende München und die winterliche Jahreszeit passen in ihrer Düsternis zum Schluß, zur Aufklärung dieser Geschichte, so wie die bizarren Landschaften mit Schloß in Spanien und die exotischen übrigen Schauplätze (Acapulco!) zum zunächst mehr bizarren und geheimnisvollen Image Mr. Arkadins passen.

*

Der **Herr Senator** (Die fliegende Ahnfrau, Deutschland 1934). P: Euphono. R: Fred Sauer. D: Paul Henckels, Fritz Kampers, Betty Bird, Rudolf Platte, Adele Sandrock.

Ein Hamburger Zigarettenfabrikant kommt in Schwierigkeiten, weil ein Berliner Konkurrent zu unfeinen Methoden greift. Der Rechtsanwalt seiner in München lebenden Schwester aber deckt alles auf und gewinnt die geschäftstüchtige Tochter des Fabrikanten für sich. Der etwas ungehobelte, aber ehrlich-direkte Münchner Kampers stutzt das s-teife Vornehmgetue des Senators auf Normalmaß zurück. Auch daß die etwas schrullige, aber erfrischend unvornehme Schwester des Senators München zum Zufluchtsort gewählt hat, soll wohl für die Stadt sprechen.

*

Ein **Herz geht vor Anker** (Deutschland 1940). P: Bavaria. R: Joe Stöckel. D: Gustav Fröhlich, Winnie Markus, Gusti Wolf, Viktoria von Ballasko, Joe Stöckel.

"Lustspiel um drei Seemänner, Urlaubsmilieu München und Umgebung". (Bauer)

*

Herzblatt oder Wie sag ich's meiner Tochter (Bundesrepublik Deutschland 1969). P: Roxy. R: Alfred Vohrer. D: Georg Thomalla, Mascha Gonska, Siegfried Schürenberg, Paul Esser.

Ein verwitweter Vater hat Schwierigkeiten, seine an den Männern uninteressierte Tochter einerseits aufzuklären, andererseits ihr ihr unnormales Desinteresse zu nehmen. Als der "Richtige" kommt, klärt sich alles von selbst. Herzblatt, das Mädchen, um das es in diesem Film geht, ist eine Art Anti-Engelchen. Alle möglichen Leute wollen ihr eine Gelegenheit verschaffen, ihre Unschuld zu verlieren, aber sie ist daran nicht interessiert. Es ist ein Versuch der Altfilmer, auf der entsprechenden Welle des jungen Films mitzuschwimmen, kombiniert mit einer etwas platten Satire auf Sex- und Aufklärungsrummel der Zeit. Natürlich kann solch ein Film nirgendwo anders als in München spielen, und die Stadt wird auch so ausgiebig vorgeführt, wie in kaum einem anderen Film. Fast ist es schon ein wenig aufdringlich, wie sich Thomalla und Gonska nur an dekorativen Schauplätzen bewegen.

*

Herzbube (King, Queen, Knave, Bundesrepublik Deutschland/USA 1971). P: Maran-Film/Wolper Pictures. R: Jerzy Skolimowski. D: David Niven, Gina Lollobrigida, John Moulder-Brown, Mario Adorf, Karl Fox-Duering.

Eine reife Frau verführt ihren scheinbar naiven und unschuldigen Neffen, der zu Besuch bei ihr in München ist, und versucht ihn dazu zu bringen, ihren Mann zu ermorden, fällt aber selbst dem Anschlag zum Opfer. Der Neffe erweist sich als genauso skrupellos wie seine Verwandten.

*

Hildes Endspiel (Bundesrepublik Deutschland 1984). P: TV 2000. R: Franz-Peter Wirth. D: Lisa Fitz, Günther Maria Halmer, Sepp Schauer, Max Griesser, Josef Glas.

Hilde, Kellnerin in einer Giesinger Vorstadtkneipe, verläßt während der Fußballweltmeisterschaft 1982 ihren Freund, den brutalen Bauarbeiter Willi, der in Frankfurt "auf Montage" ist. Mit Joe, der ganz anders ist, hofft sie, ein neues Leben beginnen zu können. Während der Fernsehübertragung des Endspiels kommt Willi zurück. Zunächst schaut es nach Mord und Totschlag aus, aber dann schauen die beiden Männer einträchtig das Endspiel, während Hilde desillusioniert im Treppenhaus sitzt. Nicht zuletzt dank der Darsteller eine milieugenaue Studie, die aber auch anderswo denkbar wäre.

*

Hilfe, ich liebe Zwillinge (Bundesrepublik Deutschland 1969). P: Lisa/Divina. R: Peter Weck. D: Roy Black, Uschi Glas, Georg Thomalla, Ernst Stankovski, Eddi Arent.

Leider kann man sich bei Karl Spiehs nicht darauf verlassen, daß *alle* seine Filme in München beginnen und an seinem Feriendomizil, dem Wörthersee, enden, sonst hätte ich mich nicht selbst überzeugen müssen (auf meine Anfrage, seine München-Filme betreffend, hat Spiehs nicht geantwortet) und dieser Text hätte nicht erst nach Druckbeginn auf Kosten einer Abbildung einmontiert werden müssen.

*

Der **Hitler/Ludendorff-Prozeß** (Bundesrepublik Deutschland 1971). P: ZDF. R: Paul Verhoeven. D: Gunther Malzacher, Alf Marholm, Curt Timm, Konrad Georg, Siegurd Fitzek.

"1919 tobten erbitterte Kämpfe um die 'Münchner Räterepublik', die in blutigem Terror und Gegenterror unterging; 1923 erregte der Putschversuch des bis dahin weitgehend unbekannten Adolf Hitler und seiner Gefolgsleute Aufsehen. Beide Ereignisse fanden auch in München ihr gerichtliches Nachspiel: Mit unerbittlicher Gesetzesstrenge wurden die Führer der Räterepublik abgeurteilt, überraschend milde Urteile erwarteten dagegen Hitler und seine Mitverschwörer." (Zeutzschel)

*

Der **Hochtourist** (Deutschland 1931). P: UFA. R: Alfred Zeisler. D: Otto Wallburg, Maria Solveg, Erika Gläßner, Eugen Rex, Theo Shall.

S. die Version von 1942, diese konnte ich nicht sehen.

*

Der **Hochtourist** (Deutschland 1942). P: Bavaria. R: Adolf Schlißleder. D: Joe Stöckel, Trude Hesterberg, Charlott Daudert, Kurt Müller-Graf, Alice Treff.

Ein Fabrikant aus Passau will in München einen draufmachen und täuscht seiner Frau deshalb vor, in den Alpen Hochgebirgstouren zu unternehmen, über die er ihr ausführlich schreibt - wörtlich aus einem Buch übernommen. Das aber bringt ihm eine Menge Ärger ein. München ist für den Provinzler eine Stadt rauschender Künstlerfeste mit vielen leichtgeschürzten Mädchen. Bei der ersten Erwähnung Münchens wird prompt die Frauenkirche gezeigt, die dann auch ständig durchs Atelierfenster zu sehen ist. Für die komischen Verwicklungen, die den Hauptteil des Films ausmachen, hat der Nebenschauplatz München keine Bedeutung.

*

Hölle der Gewalt (Hostage, Australien 1983). P: Klejazz. R: Frank Shields. D: Ralph Schicha, Kerry Mack, Gabriella Barraket, Judy Nunn, Vic Robbins.

Ein neonazistischer junger Deutscher ist in Australien untergetaucht und hat dort ein entwurzeltes Mädchen geheiratet. Er kehrt mit ihr nach München zurück und zwingt sie zu einem Banküberfall. Da sie dabei "versagt", wird er von der "Partei" verstoßen und reist auf dem Umweg über die Türkei, wo die Regie ein wenig Mad Max spielt, wieder nach Australien. Dort zwingt er seine Frau unter ständigen Quälereien zu weiteren

Überfällen, durch die er sich "rehabilitieren" will. Der Film basiert angeblich auf einem authentischen Fall. Das reale Paar dürfte aber kaum, wie die Protagonisten des Films, das Reichsparteitagsgelände in München vorgefunden haben.

*

Honigmond (Deutschland 1995). P: Roxy/MTM-Cineteve/PRO SIEBEN. R: Gabriel Barylli. D: Veronica Ferres, Anica Dobra, Julia Sternberger, Michael von Au.

Bei Abschluß des Manuskripts noch in Produktion. Schauplätze u.a.: Odeonsplatz, Residenzapotheke.

*

Hurra, ein toller Onkel wird Papa (Bundesrepublik Deutschland 1970). P: Hans Albin. R: Hans Albin. D: Christian Engelmann, Maria Brockerhoff, Herbert Hisel, Beppo Brem, Michaela Martin.

"Auf unsinnigen Umwegen kommt eine junge Frau mit Hilfe eines vermeintlichen Onkels, der sich am Ende als ihr Vater entpuppt, zum gewünschten Ehepartner. ...mit einem Abstecher nach München, der in einen 'Rauschgift-Trip' ausartet." (Lexikon des Internationalen Films)

*

I know the way to the Hofbrauhaus (Bundesrepublik Deutschland 1991). P: Herbert Achternbusch Filmprod. R: Herbert Achternbusch. D: Herbert Achternbusch, Bettina Hauenschild, Barbara De Koy, Veronika von Quast, Uschi Burkhart.

"Hick, der als Wächter der Gottesstatue Osiris arbeitet, sich ein Rendezvous mit der Pharaonin Hatschepsuth wünscht, vor einer Mumie ins Hofbräuhaus flüchtet, schließlich sein Glück findet und es wieder verliert." (Lexikon des Internationalen Films)

*

Ich bin da, ich bin da (Deutschland 1992). P: Herbert Achternbusch Filmprod. R: Herbert Achternbusch. D: Herbert Achternbusch, Kirsten Dene, Horst Kotterba, Bettina Hauenschild, Annamirl Bierbichler.

Fortsetzung der Indianer Hick-Geschichten aus "Der Komantsche" u.a. Eine merkwürdige Mischung aus Bayern und indianischen Gefilden. München kommt auf jeden Fall auch vor, u.a. mit einem Schnitt vom Monopteros im Englischen Garten auf den Apollo-Tempel im Nymphenburger Schloßpark.

*

Ich - ein Groupie (Bundesrepublik Deutschland 1970). P: Urania. R: Fred Williams. D: Ingrid Steeger, Li Paelz, Vivian Weiss, Stewart West, Petra Prinz.

"Zwei englische Mädchen, die gern Groupies werden möchten, gehen auf Rauschgiftschmuggel- und Vergnügungsfahrt durch Europa." (Lexikon des Internationalen Films) München ist eine ihrer Reisestationen.

*

Ich gehe nach München (Bundesrepublik Deutschland 1974). P: Ursina Film- und Fernsehproduktion. R: Oswald Döpke. D: Sabine von Maydell, Dieter Borsche, Rainer Luxem, Erica Schramm, Hermann Günther.

Fernsehfilm um den psychischen Zusammenbruch einer jungen Frau, die ihre heimische Umgebung verlassen und in München als leitende Angestellte Karriere gemacht hat, wobei ihr Privatleben verödete.

*

Ich schlafe mit meinem Mörder (L'amour, la mort et le diable, Bundesrepublik Deutschland/Frankreich 1970). P: Rapid/Jacques Willemetz. R: Wolfgang Becker. D: Harald Leipnitz, Ruth Maria Kubitschek, Véronique Vendell, Friedrich Joloff, Wolf Harnisch.

Eine reiche, alkoholsüchtige Fabrikantin hält ihren Mann, den Manager ihrer Firma, in größter Abhängigkeit. Der versucht mit Hilfe seiner Geliebten, einen Selbstmord der Frau vorzutäuschen. Als die Frau von Einbrechern niedergeschlagen wird und verschwindet, gibt er die Geliebte für seine Frau aus und täuscht deren Selbstmord im brennenden Auto vor. Doch da taucht seine Frau wieder auf, schickt die Polizei auf eine falsche Fährte und zwingt ihn damit in noch größere Abhängigkeit, die sie vor allem sexuell ausnützt. Eine Villa in Grünwald ergibt noch kein überzeugendes Milieu, aber in München spielt der Film erkennbar und nicht gerade am falschen Ort, wenn auch nicht zwingend. Der Hauptproduzent (Wolf C. Hartwig) hat halt hier seinen Sitz.

*

Ich und du (Bundesrepublik Deutschland 1953). P: Neue Emelka/Zeyn. R: Alfred Weidenmann. D: Hardy Krüger, Liselotte Pulver, Doris Kirchner, Lucie Mannheim, Peer Schmidt.

Ehestreit und Versöhnung eines jungen Paares. Spielt nicht erklärtermaßen in München; die Außenaufnahmen sind so dezent gehalten (recht niedrig geführte Kamera), daß nur der Ortskundige die Schauplätze identifizieren kann. Zudem ist das Hochdeutsch der Darsteller ganz überwiegend sehr norddeutsch gefärbt.

*

Idole (Bundesrepublik Deutschland 1975). P: ZDF. R: Klaus Lemke. D: Cleo Kretschmer, Judith Armbrüster, Wolfgang Fierek, Lothar Meid.

Zwei junge Frauen aus der niederbayerischen Provinz in München auf der Suche nach dem richtigen Mann. Lemke in einem Interview zur Wirkung seines Fernsehfilms: "Man hat Jahre danach noch von Leuten gehört: Ich bin nach München gekommen, weil ich 'Idole' gesehen habe." (cinema 9/95)

*

Im bayerischen Stil (Bundesrepublik Deutschland 1972). P: Bayerischer Rundfunk. R: Hellmuth Matiasek. D: Udo Thomer, Hans Brenner, Fritz Strassner, Marianne Lindner, Veronika Fitz.

"Wahrscheinlich hätte Anderl, der einzige Sohn und Erbe des Auracher-Hofs, seinem zwielichtigen Freund Peter nicht erzählt, daß das kunstversessene Ehepaar Kasch aus München 1000 Mark für den geschnitzten Herrgott geboten hat, der im Giebel seines väterlichen Hofes hängt, - wenn der Anderl nicht solch ein Autonarr wäre, und sein Vater ihn nicht über sein Alter hinaus so knapp und abhängig hielte. Doch eines Nachts wird die wertvolle Plastik gestohlen. Als der Gastarbeiter Tino verdächtigt wird, beschließt Anderl, die Figur wiederzuholen und den Kaschs das Geld zurückzuzahlen. Das ist freilich nicht ganz einfach. Anderl und Peter wollten nämlich den plötzlichen Reichtum gleich nach dem Verkauf der Figur bei einem nächtlichen Stadtbummel genießen und sind dabei wesentlich geübteren Gangstern in die Hände gefallen." (Zeutzschel)

*

In München steht ein Hofbräuhaus (Bundesrepublik Deutschland 1951). P: Panther. R: Siegfried Breuer. D: Fita Benkhoff, Paul Kemp, Carl Wery, Liesl Karlstadt, Hannelore Bollmann.

Ein Berliner Limonadefabrikant kommt wegen einer Erbschaftsauseinandersetzung mit dem Wirt des Hofbräuhauses nach München und lernt hier vor allem das Biersaufen. Folklore-Schmarr'n, der die Bayern einmal mehr als krachlederne Bierdimpfl und Deppen denunziert.

*

Inflation im Paradies (Bundesrepublik Deutschland 1982). P: Barbara Moorse Workshop/ZDF. R: Nicki Müllerschön, Richard L. Wagner, Susanne Blänkner, Wolfgang Rühl. D: Ian Moorse, Anja Schüte, April de Luca, Alexandra Curtis, Anton Pfeffer.

Ein Episodenfilm als "kollektiver Versuch, Leben und Gefühle einer Teenie-Generation zwischen Eis-Café und Neonlicht, Disco-Öde und Vespa-Chic widerzuspiegeln." (Bodo Fründt in "Die Zeit", zitiert nach: Filmjahr 1984) Dramaturgisches Zentrum ist ein "Münchner Jung-Schickeria-Treff". (Ebd.)

*

Inspektor Clouseau, der "beste" Mann bei Interpol (The Pink Panther Strikes Again, USA 1976). P: Amjo. R: Blake Edwards. D: Peter Sellers, Herbert Lom, Colin Blakely, Lesley-Anne Down, Michael Robbins.

Kommissar Dreyfus ist von Clouseau in den Wahnsinn getrieben worden und bedroht nun die Erde mit einer Weltvernichtungsmaschine. Clouseau nimmt seine Spur auf. In München, auf dem Oktoberfest, entgeht er - wie ein unschuldiges Kind, dem nichts etwas anhaben kann - einer Reihe von Mordanschlägen in einem überfüllten Bierzelt. Endlich "stellt" er den Superverbrecher in einer zur Kommandozentrale ausgebauten Burg. Das Oktoberfest ist exotischer aber gut gewählter Schauplatz, denn die Szene bezieht ihren Witz aus der Tatsache, daß die Mordversuche inmitten sovieler Menschen völlig unbemerkt bleiben.

*

Italienreise - Liebe inbegriffen (Bundesrepublik Deutschland 1957). P: CCC. R: Wolfgang Becker. D: Paul Hubschmid, Susanne Cramer, Hannelore Schroth, Walter Giller, Bum Krüger.

Eine Reisegesellschaft auf der Fahrt durch Italien. Liebes- und sonstige Erlebnisse der Teilnehmer. "Wir halten hier nur kurz", sagt der Reiseleiter bei der Zwischenstation in München. Den Reisenden ist immerhin Zeit zum Austreten, dem Zuschauer ein Blick auf Frauentürme und Stachusrondell gegönnt. Die Hauptrollen spielen Venedig, Florenz, Rom und Sorrent. München bleibt nur eine ganz kleine Chargenrolle.

*

Jacqueline (Bundesrepublik Deutschland 1959). P: UFH. R: Wolfgang Liebeneiner. D: Johanna von Koczian, Walter Reyer, Götz George, Alexa von Porembsky, Hans Söhnker.

Eine junge, vielversprechende Schlagersängerin protegiert einen scheinbar erfolglosen Komponisten, der sich aber als höchst erfolgreich entpuppt und die Sängerin nach anfänglicher Verstimmung gewinnt. "Es ist keine verworfene Geschichte, obgleich sie sich in Schwabing, dem Treffpunkt des Münchner Künstlervölkchens, abspielt. Aber sie hat etwas von der leichten Luft und dem fast schon südländischen Flair dieses oft zitierten und immer gerühmten Fleckchens Erde." (Illustrierte Film-Bühne 4950) Daß sich die Geschichte in Schwabing abspielt, wird in diesem wohl überwiegend im Atelier gedrehten Film kaum deutlich gemacht. Daß wieder einmal die Frauenkirche durch ein Fenster zu sehen ist, trägt nicht unbedingt dazu bei. Der einzige reale Drehort war der Viktualienmarkt.

*

Japaner sind die besseren Liebhaber (Deutschland 1994). P: Hager Moss Film. R: Philipp Weinges. D: Thomas Heinze, Katharina Müller-Elmau, Akihiro Hamano, Michael Schreiner, Katharina Schubert.

Ein Jungmanager und eine Jungmanagerin wetteifern um die Gunst eines japanischen Topunternehmers, von dem sie sich einen Millionenkredit für Investitionen in Ostdeutschland erhoffen. Dieser aber hat die Vergabe des Kredits seinem Sohn überlassen. Der wiederum findet in der Frau des Jungmanagers unversehens die Frau fürs Leben und wird selbst mit dem Geld arbeiten, während die beiden Jungmanager unvermutet mehr als nur sympathische Züge aneinander entdecken. Einige satirische Seitenhiebe auf die Münchner Bussi-Gesellschaft legen die Vermutung nahe, daß dies einer der Gründe für die Wahl des Schauplatzes München war und nicht nur eine Folge.

*

Jet Generation (Bundesrepublik Deutschland 1967). P: Roger Fritz. R: Eckhart Schmidt. D: Roger Fritz, Dginn Moeller, Jürgen Draeger, Isi ter Jung, Yella Bleyler.

"Eine junge Amerikanerin verfällt in München einem zynischen Modefotografen, der im Verdacht steht, ihren Bruder ermordet zu haben." (Lexikon des Internationalen Films) "Ein Schwabinger Motor mit amerikanischer Karosserie. Folklore und Highlife, 'Drugstore' und 'Donisl', Pop-Mode vor der Kulisse von Nymphenburg, Düsen Jets und Dirndl-Girls, LSD, Beat und Oktoberfest, Bikiniparade zu Füßen der kolossalen Bronze-Bavaria, und als Höhepunkt die Geste, mit der OB Vogel aus einer Pferdekutsche heraus wie ein leutseliger Duodezfürst einem Filmmädchen zuwinkt, dessen Kostümierung in Amerika als Bavarian Look gelten mag - all das hat Eckhart Schmidt in seine Kriminalstory eingepackt, um nicht nur dem Film, auch der Stadt München ein fashionables Image zu geben. So etwa sähe Peter Stuyvesant mit Lederhosen aus; fürs Kino gar nicht übel." (Urs Jenny in: Süddeutsche Zeitung 20.4.1968)

Peter Sellers in "Inspektor Clouseau, der beste Mann bei Interpol"

Herbert Achternbusch (links) und Heinz Braun in "Der junge Mönch"

Johannisnacht (Bundesrepublik Deutschland 1956). P: Delos. R: Harald Reinl. D: Willy Birgel, Hertha Feiler, Erik Schumann, Sonja Sutter, Lucie Englisch.

Ein adeliger Gutsbesitzer hat sich einst von seiner Frau scheiden lassen, weil sie nicht auf ihre Karriere als Sängerin verzichten wollte. Als er eine junge Gutselevin heiraten will, wird unversehens sein erwachsener Sohn aus erster Ehe zu seinem Rivalen. Doch der Baron und seine geschiedene Frau kommen in der Sorge um die gemeinsame Tochter wieder zusammen, und der Sohn kriegt die Gutselevin. Ein Heimatfilm, der ostelbische Gutshofromantik inklusive des dazugehörigen Darstellerpersonals ins bayerische Voralpenland versetzt. So ist "die Stadt", die verbal immer präsent ist, naturgemäß München. Wenn sie, in unspezifischen Aufnahmen, als Schauplatz gezeigt wird, ist sie Ort von Künstlern und Studenten. Das Theater, das mit Freitreppe und Zuschauerraum als Auftrittsort der Sängerin (eines Met-Stars!) gezeigt wird, soll zwar offenbar das damals noch in Trümmern liegende Nationaltheater assoziieren, hat aber mit keinem Münchner Theater etwas zu tun. Den wirklichen Stellenwert der Stadt (nicht nur) in diesem Film macht die Gutselevin deutlich: "Ich könnte nicht in der Stadt leben", meint sie, und der Baron gibt ihr recht.

*

Johnny West (Bundesrepublik Deutschland 1977). P: Sunny Point/Terra Filmkunst/Multimedia-Faust. R: Roald Koller. D: Rio Reiser, Kristina van Eyck, Jess Hahn, Karl Maslo, Rainer Westerfeld.

Ein junger Mann, der Berufsmusiker werden will, arbeitet bei Profis als Hilfskraft. Eine Tourneestation ist auch München.

*

Die **Jugendstreiche des Knaben Karl** (Bundesrepublik Deutschland 1977). P: Franz-Seitz-Film/Roxy. R: Franz Seitz. D: Walter Sedlmayr, Gustl Bayrhammer, Beppo Brem, Eva Maria Meineke, Alexander Golling.

Die Jugenderinnerungen Karl Valentins nach Art der "Lausbubengeschichten" dargeboten. Da Valentin zu den münchnerischsten aller Künstler gehörte, ergibt sich der starke München-Bezug des Films von selbst. Dieses München Karl Valentins ist auch recht liebevoll und sorgfältig rekonstruiert. (Vgl. auch den Abschnitt "Karl Valentins München" S. 51.)

*

Julius geht nach Amerika (Bundesrepublik Deutschland 1983). P: Olga-Film/Bayerischer Rundfunk. R: Hans Noever. D: Hanno Pöschl, Gabi Marr, Silvia Janisch, Bobby Kadoic, Johanna Kauderer.

Ein Angestellter in einer Getränkegroßhandlung täuscht vor, nach Amerika auszuwandern, probiert aber in Wirklichkeit in München seine Idee vom "indianischen Leben" aus.

*

Der **junge Mönch** (Bundesrepublik Deutschland 1978). P: Herbert Achternbusch Filmprod. R: Herbert Achternbusch. D: Herbert Achternbusch, Heinz Braun, Karolina Herbig, Barbara Gass, Luisa Francia.

Die Welt ist zerstört, von München ist nur ein Geysir geblieben, lediglich der Vorort Buchendorf ist nicht untergegangen. Dort lebt Herbert, der junge Mönch, mit der alten Haushälterin Karolina. Er sucht Gott. Gott ist ein Schokoladenosterhase und Herbert ist sein Prophet. Herbert träumt von seiner Kindheit und Jugend in München, als seine Mutter ihn beschwor, nicht Masse zu werden. Zwei weitere Überlebende, der Polizist Branko und der Postbote Heinz gründen eine Partei, die Freiwillige Selbstmordkontrolle, der die alte Karolina zum Opfer fällt. Herbert macht sich mit Heinz auf Klostersuche, er als Papst, Heinz als Kardinal. In den Überresten von München finden sie geeignete Gebäude. Nicht geeignet ist allerdings das Haus der Kunst: "Das war das Rathaus. Von der Stadt München der Bevölkerung geschenkt. Die Stadträte wurden von Computern gewählt. Aber die Stadträte benutzen das Rathaus nur als Toilette. So ein Rathaus darf für unsere göttlichen Interessen nicht in Frage kommen." Als eine schöne Fremde auftaucht, verliebt Herbert sich in sie, legt sein Amt nieder und geht mit ihr nach Italien. Aber Italien gibt es nicht mehr. Es ist im Meer versunken.

Die jungen Ausreißerinnen (Bundesrepublik Deutschland 1972). P: Rapid. R: Walter Boos. D: Sonja Spitzweg, Doris Arden, Evelyne Traeger, Marlene Wiese, Brigit Tetzlaff.

Sexabenteuer deutscher Mädchen in verschiedenen europäischen und asiatischen Großstädten. Die erste von sechs Episoden spielt in München.

*

Ein junger Mann aus dem Innviertel - Adolf Hitler (Bundesrepublik Deutschland 1973). P: ZDF/ORF. R: Axel Corti. D: Markus Weber, Eva Petrus, Franz Trager, Jaromir Borek, Hubert Mann.

"Das Dokumentarspiel über den jungen Hitler schildert den Lebensabschnitt von 1903 bis 1914, der - wenn auch bis in Einzelheiten erforscht - dem breiten Publikum weitgehend unbekannt geblieben ist. Bei vielen beherrscht noch die alte, von Hitler selbst aufgebaute Mischung von Dichtung und Wahrheit die Vorstellung über den jungen Mann aus Braunau. ... Die Spielszenen werden bisweilen durch Äußerungen interviewter Zeitgenossen Hitlers unterbrochen. Dabei kommen einige seiner Mitschüler und die Tochter seines Münchner Zimmerwirts zu Wort." (Zeutzschel)

*

Karl Valentin und Liesl Karlstadt auf der Oktoberfestwiese (Deutschland 1923). D: Karl Valentin, Liesl Karlstadt.

Das berühmte Komiker-Paar als Ehepaar im Spiegelkabinett, im Flohzirkus, im Panoptikum, auf dem Karussell. Valentin haut statt des Lukas seine Frau und bandelt dann mit einem hübschen Mädchen an mit den Worten: "Mei Alte hat der Schlag troffen." Einer der wenigen Filme Valentins (vermutlich das Fragment eines längeren Films über das Oktoberfest 1921, R: Josef Schmid; vgl. "Karl Valentin. Volkssänger? Dadaist?, S. 262. In der Titelfassung folge ich der dort gewählten Variante), der ausdrücklich in München angesiedelt ist, obwohl natürlich die meisten der Kurzfilme hier spielen.

*

Kaspar Hauser (Deutschland 1993). P: Multimedia Wolfgang Esterer. R: Peter Sehr. D: André Eisermann, Katharina Thalbach, Dieter Laser, Uwe Ochsenknecht, Udo Samel.

Die Geschichte des Findlings Kaspar Hauser als historischer Politkrimi und als anrührende psychologische Studie. Durch die Verstrickung des bayerischen Hofes in den Fall - es sei dahingestellt, ob sie der sorgfältig recherchierte Film historisch korrekt rekonstruiert, ja angesichts der Quellenlage überhaupt rekonstruieren kann - ist München notwendigerweise als Nebenschauplatz einbezogen. Beim ersten Auftauchen als Reiseziel des von der Gräfin von Hochstadt beleidigten, mit dem zweijährigen Kaspar Hauser hierher flüchtenden Kindermädchens erscheint die Stadt (per glass shot) als (gemalte) Silhouette mit - als einzig markantem Punkt - den hoch aufragenden Frauentürmen. Die übrigen München-Szenen spielen fast ausschließlich in Innenräumen, die der Regisseur, um größtmögliche Authentizität bemüht, an verschiedenen Orten Tschechiens, nicht aber in München gefunden hat (so Peter Sehr gegenüber dem Autor). München gedoubelt also. Großartig ist die Darstellung Ludwigs I. durch Dieter Laser (unter unserem Aspekt; auch die anderen Darsteller sind vorzüglich). Von dem Film existiert auch eine zweiteilige, aber nur etwa eineinhalbmal so lange Fernsehfassung.

*

Katzelmacher (Bundesrepublik Deutschland 1969). P: antitheater. R: Rainer Werner Fassbinder. D: Rainer Werner Fassbinder, Hanna Schygulla, Lilith Ungerer, Rudolf Waldemar Brem, Elga Sorbas.

Eine Gruppe junger Leute hängt in ihrer Freizeit dumpf und gelangweilt in Kneipen und Hinterhöfen herum. Ihr Frust entlädt sich gegen einen jungen griechischen Gastarbeiter, weil eines der Mädchen ihm eine gewisse Zuneigung entgegenbringt (während eine andere ihn als Zimmervermieterin ausbeutet). Das Klingeln von Straßenbahnglocken zeigt an, daß Fassbinder sein Theaterstück von der Kleinstadt in die Vorstadt einer Großstadt verlegt hat, "Giesing vielleicht". (Wilhelm Roth in: "Rainer Werner Fassbinder", S. 125) Daß es sich um München handelt, läßt sich nur aus Hintergrundinformationen über den Drehort des Films und - immerhin eine Seltenheit bei in München spielenden Filmen - aus der Dialektfärbung der Sprache der Darsteller erschließen. Bemerkenswert ist, daß gerade dieser nach einem (eigenen) Theaterstück entstandene Film so viele Außenaufnahmen enthält, wie kaum ein anderer des Regisseurs. Doch diese Hinterhöfe entsprechen genauso der dumpfen Enge in den Köpfen seiner Protagonisten wie die tristen Kneipen und muffigen Wohnungen.

*

Keep On Running (Bundesrepublik Deutschland 1990). P: Royal Film. R: Holm Dressler. D: Timothy Peach, Christiana Gajoni, Michelle Philips, Holger Handtke, Oliver Korittke.

"Eine...in den 60er Jahren angesiedelte Teenie-Komödie über die Nöte eines Abiturienten, der Liebeskummer hat, weil er mißverstanden wird." (Lexikon des Internationalen Films)

*

Kehraus (Bundesrepublik Deutschland 1983). P: Solaris. R: Hanns Christian Müller. D: Gerhard Polt, Gisela Schneeberger, Nikolaus Paryla, Dieter Hildebrandt, Jochen Busse.

Ein einfacher Arbeiter gerät in die Mühlen der Versicherungsbürokratie. Der Film versammelt fast die gesamte Münchner Kabarett-Prominenz und ist durch das Spiel der Darsteller so münchnerisch gefärbt, wie kaum ein anderer Film. Dennoch ist München als Handlungsort völlig beliebig, hauptsächlich durch die Ansässigkeit der Autoren und Hauptdarsteller zu erklären. Entsprechend ist dieser Handlungsort mit ebensoviel Selbstverständlichkeit wie Unauffälligkeit eingebracht. An spezifisch Münchnerischem werden eigentlich nur Trambahnen und Busse (die mit vier Rädern, nicht der Jochen!) sowie Weißwürste gezeigt; bei einer Szene auf dem Marienplatz wird die Kamera so geführt, daß nur der gute München-Kenner sehen kann, daß es sich um diesen handelt.

*

Keiner hat das Pferd geküßt (Bundesrepublik Deutschland 1980). P: Albatros/Popular/Lisa. R: Martin Müller. D: Wolfgang Fierek, Dolly Dollar, Richard Rigan, Peter Seybold, Bea Fiedler.

Fierek bringt als Angestellter eines Pferdehändlers ein Pferd aus der Umgebung von Freilassing in eine Nachtbar nach München. Die Tochter des Pferdehändlers (Dollar) begleitet ihn gegen seinen und ihres Vaters Willen, aber ohne daß ihm das zuwider wäre. Sie verlieben sich. Das Pferd soll für eine Stripteasenummer dienen, was letztendlich weder Fierek, noch dem Pferd, noch Bea Fiedler, die die Nummer ausführen soll, recht ist, so daß Fierek das Pferd und die von ihrer Erlebnislust kurierte Tochter wieder mit heimnehmen kann. Von München ist an Spezifischem nur ein MVV-Fahrkartenautomat zu sehen. Ein Schlagersänger, der eine Hauptrolle spielt, tobt sich mit seinem Anhang, bevor er die "Rote Mühle" unsicher macht, auf einem Rummelplatz, einer Art Mini-Oktoberfest (aber nicht dieses selbst!), aus.

*

Keiner kann was dafür (Bundesrepublik Deutschland 1977). P: Von Vietinghoff/ZDF/ORF/SRG. R: Uschi Reich. D: Agnes Neuwirth, Michael Fitz, Christine Kammerer, Otto Bauer, Dominik Graf.

Zwei junge Frauen und ein junger Mann, alle drei arbeitslos, ziehen auf der Suche nach Jobs von Passau gen München, das sich aber auch nicht als das wahre Ziel ihrer Träume erweist.

*

Kennwort: Fasanenjagd München 1945 (Bundesrepublik Deutschland 1975). P: NDF. R: Karlheinz Bieber. D: Karl Michael Vogler, Gerhard Garbers, Thomas Braut, Max Griesser, Wolfgang Schwarz.

Fernseh-Dokumentarspiel um die letzte Widerstandsaktion gegen die Nazis wenige Tage vor Kriegsende, als sich Mitglieder einer "Freiheitsaktion Bayern" zweier Rundfunksender in der Nähe Münchens bemächtigten und zur Jagd auf die nach Bayern geflüchteten NS-Größen, im Volksmund "Goldfasane", zur "Fasanenjagd" aufriefen.

*

Der Kerl liebt mich - und das soll ich glauben? (Bundesrepublik Deutschland 1969). P: Rialto. R: Marran Gosov. D: Uschi Glas, Harald Leipnitz, Stefan Behrens, Horst Janson, Georg Hartmann.

Die Abenteuer eines verliebten Mädchens mit zwei Männern in Berlin und München. Marran Gosov reitet weiter auf der Engelchen- und Bengelchen-Welle.

*

Kir Royal. Fernsehserie in 6 Teilen (Bundesrepublik Deutschland 1986). P: WDR. R: Helmut Dietl. D: Franz Xaver Kroetz, Senta Berger, Dieter Hildebrandt, Ruth Maria Kubitschek, Billie Zöckler.

Erlebnisse des Klatschreporters Baby Schimmerlos. Eine Satire, die eine bestimmte Seite Münchens, das Schicki-Micki-München, so treffend darstellt, wie kein anderer Film. Daß hier auf Schritt und Tritt auf Münchner Institutionen Bezug genommen wird, ist selbstverständlich, auch wenn die dargestellten Personen und Institutionen verschlüsselt sind, während Hinweise auf konkrete Einrichtungen sehr dezent bleiben (z.B. ausführlich dargestellt ein fiktiver Freßtempel "Villa Medici", nur erwähnt "Aubergine", "Tantris" u. dgl.).

*

Der Kleine (Bundesrepublik Deutschland 1982). P: Sita/Popular/Artus. R: Klaus Lemke. D: Markus Radwan, Micha Lampert, Ingrid Angerer, Isolde Jank, Krjistian Markocs.

Ein Junge vom Lande kommt mit großen Erwartungen in die Großstadt München, findet seinen älteren Bruder aber nicht als wohlsituierten Geschäftsmann, sondern als kleinen Gauner. Als der Bruder getötet wird, rächt ihn der Kleine.

*

Kleine Haie (Deutschland 1991). P: Olga-Film. R: Sönke Wortmann. D: Jürgen Vogel, Kai Wiesinger, Gedeon Burkhard, Meret Becker, Armin Rhode.

Zwei bei der Aufnahmeprüfung an der Folkwangschule in Essen durchgefallene Schauspielschüler und ein Gelegenheitsjobber und Möchtegernschriftsteller kommen nach München, um hier die Aufnahmeprüfung an der Falckenbergschule zu machen. Ein witziges kleines Szenen-Kaleidoskop (samt vielen Außenaufnahmen) zeigt, wie man in München lebt und sich durchschlägt: Straßenmusik, Modellstehen (nackt) in der Kunstakademie, Besuch von Vernissagen zwecks Plünderung des kalten Büffets.

*

König für eine Nacht (Bundesrepublik Deutschland 1950). P: Orbis. R: Paul May. D: Adolf Wohlbrück, Willy Fritsch, Annelies Reinhold, Margarete Slezak, Elisabeth Flickenschildt.

Der Adjutant Ludwigs I. vertritt seinen betrunkenen Souverän bei einem Schäferstündchen mit einer Gräfin und gewinnt die Dame für sich selbst.

*

König ihres Herzens (Deutschland 1916). P: Trautmann-Film. D: Ludwig Trautmann, Else Berna, Oevid Molander, Olga Engel.

Verfilmung des Lebens Ludwigs II. von Bayern. Der Schauplatz München läßt sich bei einer Biografie Ludwigs II. trotz dessen Abneigung gegen seine Hauptstadt nicht vermeiden. Für die Daten danke ich Herbert Birett, der sie mir aus seinem im Erscheinen begriffenen Werk "Das Filmangebot in Deutschland 1912-1920" (dort Nr. 27382) vorab mitteilte.

*

Königswalzer (Bundesrepublik Deutschland 1955). P: Carlton. R: Viktor Tourjansky. D: Marianne Koch, Michael Cramer, Linda Geiser, Joe Stöckel, Hans Fitz.

Liebesgeschichte zwischen einer Münchner Cafetierstochter und einem Sondergesandten Kaiser Franz Josephs, der bei König Max II. Joseph für seinen Kaiser um Sissi wirbt. S.a. die Fassung von 1935. Das Remake ist die etwas bayerischere Variante, während die Erstfassung noch mit sehr viel K.u.K.-Darstellerpersonal (Paul Hörbiger als König Max II.!) aufwartete. Aber auch hier fehlt z.B. nicht ein Oskar Sima als bayerischer oberoppositioneller Landtagsabgeordneter (wenn nicht mit der Figur am Ende angedeutet werden soll, daß Opposition gegen den guten König Max etwas Unbayerisches ist). An Außenaufnahmen und realen Innenaufnahmen ist alles eingebaut, was sich vom historischen München gebrauchen ließ: Residenz mit Hofgarten, Nymphenburg samt Park, Englischer Garten, eine Montage aus den bedeutendsten Münchner Kirchen (als alle Kirchenglocken zum Empfang Franz Josephs läuten). Nur der Viktualienmarkt mußte im Studio biedermeierlich nachgebaut werden.

*

Königswalzer (Deutschland 1935). P: UFA. R: Herbert Maisch. D: Heli Finkenzeller, Willi Forst, Paul Hörbiger, Curd Jürgens, Carola Höhn.

Liebesgeschichte um die Tochter eines Münchner Caféhausbesitzers und einen Sondergesandten Kaiser Franz Josephs, der in dessen Auftrag um Sissi anhält. Während Filme mit "Kaiser-" im Titel immer darauf hinweisen, daß man sich im K.u.K.-Österreich befindet, zeigt die Kombination des vorliegenden Titels unmißverständlich, daß es sich zwar um das gleiche Genre handelt ("-walzer"), daß man aber im lediglich königlichen, ansonsten aber geistig artverwandten München zugange ist. Überflüssigerweise wird das Porträt der (unverheiratet jung gestorbenen) Anna Hillmayer aus der Schönheitengalerie als das der Mutter von Heli Finkenzeller (einem Fräulein Tomasoni) ausgegeben. Identifizierbare Außenaufnahmen in München enthält der Film nicht.

*

Kohlhiesels Töchter (Bundesrepublik Deutschland 1962). P: Kurt Ulrich. R: Axel von Ambesser. D: Liselotte Pulver, Helmut Schmid, Dietmar Schönherr, Adeline Wagner, Heinrich Gretler.

Von zwei Töchtern eines Schweizer Hoteliers, eine hübsch, die andere häßlich, darf die Hübsche, will sie nicht ihr Erbteil der verstorbenen Mutter riskieren, erst heiraten, wenn die Häßliche unter der Haube ist. Ein Verehrer der Hübschen wendet eine List an, die am Ende beide Töchter zu glücklichen Ehefrauen macht, wobei aus der Häßlichen sogar eine recht ansehnliche junge Frau wird. Beginnt in München, wo die hübsche Tochter an der Hotelfachschule lernt. Dieser episodische Handlungsort muß natürlich verdeutlicht werden, was durch die übliche Postkarteneinstellung auf Rathaus und Frauenkirche geschieht. Ob die Hotelausbildung in München so großen Ruf hat(te), daß sich die Wahl des Handlungsortes zwingend anbot, weiß ich nicht.

*

Der Komantsche (Bundesrepublik Deutschland 1979). P: Herbert Achternbusch Filmprod. R: Herbert Achternbusch. D: Herbert Achternbusch, Annamirl Bierbichler, Barbara Gaß, Heinz Braun, Brigitte Kramer.

Lange Jahre lag der Komantsche in einem Lungensanatorium im Bayerischen Wald im Koma und träumte von indischen Elefanten, riesigen Buddha-Statuen, Barockkirchen, der Jagd auf Segelboote und einem Gott, der sich nicht trösten läßt. Nun erwacht er, lernt in Gauting das Biertrinken und erlebt zum Schluß die tobenden Massen im Olympiastadion, als Rummenigge ein Tor für Bayern schießt. Sein Kommentar: "Als ich noch träumte, hatte ich eine Idee, wie ich mit Menschen leben könnte. Aber jetzt, da ich wach bin und die Menschen sehe, habe ich keine Idee mehr."

Ein komischer Heiliger (Bundesrepublik Deutschland 1978). P: Albatros/Popular. R: Klaus Lemke. D: Cleo Kretschmer, Wolfgang Fierek, Luitpold Roever, Horatius Häberle, Arno Mathes.

Wolfgang kommt aus dem niederbayerischen Hinterland nach München, um die Menschen von der Größe Gottes zu überzeugen. Doch die halten den komischen Prediger für verrückt. Das Barmädchen Baby verliebt sich in den reinen Jungen und paßt auf, daß ihm nichts passiert.

*

Die **Konferenz der Tiere** (Bundesrepublik Deutschland 1969). P: Linda-Film. R: Curt Linda.

Zeichentrickfilm (es war der erste abendfüllende Zeichentrickfilm in Farbe in Deutschland) nach Erich Kästners Kinderbuch von den Tieren, die den Kindern zuliebe eine eigene Friedenskonferenz einberufen, weil die Menschen mit ihren Aberhunderten von Friedenskonferenzen den Frieden nicht zustandebringen. München ist nur ganz kurz einmal eine der Großstädte, in denen Zeitungsausträger die Eröffnung der soundsovielten Friedenskonferenz ausrufen (vgl. die Abbildung im Kapitel "München im Animationsfilm").

*

Kopfschuß (Bundesrepublik Deutschland 1981). P: prokino. R: Beate Klöckner. D: Barbara Rudnik, Peter Kaempfe, Per Holgher, Veronika von Quast, Gabi Edelmann.

Eine junge Frau, Kassiererin in einem Kinocenter, versucht, nach den letzten Vorstellungen, sich im nächtlichen München die Abenteuer, von denen andere im Kino träumen, selbst zu inszenieren mit kleinen Autodiebstählen, Besuchen verruchter Kneipen u.dgl. Ihr Freund will ihr diese Sucht austreiben und überredet einen Kumpel, sie als vermeintlicher Killer zu bedrohen. Die junge Frau ist seltsam fasziniert, schläft mit dem Fremden, doch als sie am nächsten Morgen die Inszenierung bemerkt, erschießt sie ihn mit seiner Pistole, drückt diese ihrem auftauchenden Freund in die Hand und geht dann ins Kino. Für die Protagonistin (und den Zuschauer) gleicht das nächtliche München (der Film kommt mit zwei Tageslichtszenen aus) dem kalten Glitzern des Großstadtdschungels amerikanischer Metropolen ("Taxi Driver" wird ausdrücklich zitiert). Und in den Radios hört man immer nur amerikanische Sender.

*

Kraftprobe (Bundesrepublik Deutschland 1982). P: Telefilm Saar/Bayerischer Rundfunk/Heidi Genée. R: Heidi Genée. D: Kristin Genée, Kai Taschner, Hannelore Hoger, Helga Storck, Erika Wackernagel.

"Ein 15jähriges Mädchen versucht, sich durch den Kuraufenthalt ihrer alkoholkranken Mutter nicht von der Selbständigkeit seiner alltäglichen Lebensführung mit Schule, Jobben, Freundschaft abbringen zu lassen." (Lexikon des Internationalen Films) "Sie lebt...allein in einer Münchner Altbauwohnung." (Filmjahr 1982/83)

*

Der **Krankenschwestern-Report** (Bundesrepublik Deutschland 1972). P: Rapid/TV 13. R: Walter Boos. D: Ingrid Steeger, Doris Arden, Karin Heske, Rosl Mayr, Gernot Möhner.

Episodenhaft angelegter Film in Report-Manier um angeblich authentische Sex-Erlebnisse von Krankenschwestern, wie üblich durchsetzt mit gestellten Straßenbefragungsszenen. Die Interview-Szenen zumindest sind in München gedreht.

*

Kreutzer (Bundesrepublik Deutschland 1976). P: Multimedia/Sunny-Point-Film/Bayerischer Rundfunk. R: Klaus Emmerich. D: Rüdiger Vogler, Axel Wagner, Jörg Hube, Vitus Zeplichal, Kurt Weinzierl.

"Ein desertierter Bundeswehrhauptmann und ein Bankräuber werden durch skurrile Verwicklungen schicksalhaft zu einem gemeinsamen Fluchtabenteuer gezwungen." (Lexikon des Internationalen Films) München ist nur Ausgangsstation der Handlung.

*

Die **Küken kommen** (Bundesrepublik Deutschland 1985). P: Starfilm/Mutoskop/Lisa/ Raphaela. R:

Raoul Sternberg (d.i. Eckhart Schmidt). D: Mark Altner, Frank Meyer-Brockmann, Hans Schödl, Joachim Bernhard, Andreas Sprotelli.

"Sechs junge Männer werden nach ihrer Entlassung aus der Bundeswehr bei der Suche nach Abenteuern in München von ihren Freundinnen gestört." (Lexikon des Internationalen Films)

*

Künstlerliebe (Deutschland 1935). P: Lloyd. R: Fritz Wendhausen. D: Inge Schmidt, Wolfgang Liebeneiner, Olga Tschechowa, Hans Brausewetter, Harald Paulsen.

"Toni, eine Tänzerin im München des 19. Jahrhunderts, verhilft dem jungen Maler Peter zum ersten Anstellungserfolg und zu einer Romreise." (Lexikon des Internationalen Films)

*

Der **Lachdoktor** (Deutschland 1937). P: H.T.-Filmproduktion. R: Fred Sauer. D: Weiß Ferdl, Nanny Ziener, Carla Rust, Paul Westermeier, Betty Sedlmayr.

Ein unkomplizierter, geradliniger Landarzt in einem kleinen oberbayerischen Ort bewirbt sich um die Stelle des Kreisarztes, muß sich gegen Intrigen und Dorftratsch wehren, setzt sich aber zum Schluß durch. Auf dem Höhepunkt der Intrige fährt er zur "Landesmedizinalkommission" nach München, hat dort aber keine Mühe, alles aufzuklären, da die Herren Medizinalräte die Dorfposse ohnehin durchschaut haben. Die nur wenige Minuten dauernden München-Szenen spielen sich ausschließlich in den (fürstlichen) Räumlichkeiten der Kommission ab.

Lampenfieber (Bundesrepublik Deutschland 1959/60). P: Filmaufbau. R: Kurt Hoffmann. D: Dunja Movar, Bernhard Wicki, Antje Weisgerber, Gustav Knuth, Hans Schweikart.

Film über die Freuden und Nöte von Schauspielschülern und über den Lehrbetrieb in einer Schauspielschule. Gedreht wurde zum größten Teil in der Münchner Otto-Falckenberg-Schauspielschule, zum kleineren Teil in den Münchner Kammerspielen, denen die Schule angeschlossen ist. Hans Schweikart spielt sich selbst, den Intendanten der Kammerspiele, ebenso in einem kleinen Gastauftritt August Everding, der vormalige Assistent Schweikarts und Oberspielleiter der Kammerspiele. Daß München der Handlungsort ist, merkt man (wenn man Falckenbergschule und Kammerspiele in ihren damaligen Räumlichkeiten nicht kennt) nur an zwei kurzen Außenszenen mit der Heilig-Geist-Kirche und der Theatinerkirche im Hintergrund, am Münchner Kindl auf einem städtischen Bus und an der Besetzung der Chargenrollen Einheimischer mit bayerischen Schauspielern.

*

Lausbubengeschichten (Bundesrepublik Deutschland 1964). P: Franz-Seitz-Film. R: Helmut Käutner. D: Hansi Kraus, Michl Lang, Carl Wery, Käthe Braun, Renate Kasche.

Gegen Ende des Films wird der ungebärdige Ludwig in das Knabenerziehungsinstitut des Hauptmanns Semmelmaier in München gesteckt, wo er aber nicht lange bleibt, wie wir in der Fortsetzung "Tante Frieda - Neue Lausbubengeschichten" erfahren.

*

Legen wir zusammen (Bundesrepublik Deutschland 1981). P: WDR. R: Hans-Peter Kaufmann. D: Ruth Drexel, Otto Sander, Hans Brenner, Rosl Mayr, Hans-Karl Friedrich.

Vergeblicher Versuch zweier gegensätzlicher Menschen, die sich durch Heiratsannonce gefunden haben, sich zusammenzuraufen. Spielt erstaunlicherweise, obwohl vom WDR produziert, in München, ohne daß die Geschichte dies zwingend nahelegen würde.

Lehrmädchen-Report (Bundesrepublik Deutschland 1972). P: TV 13. R: Ernst Hofbauer. D: Jo Fröhlich, Jürgen Feindt, Ines de Luka, Josef Moosholzer, Elisabeth Volkmann.

Nach den Schulmädchen, über die es "Reports" seit 1970 gibt, nun die Lehrmädchen, ansonsten alles wie gehabt: Die sexuellen Gefahren, denen angeblich unaufgeklärte Minderjährige angeblich ausgesetzt sind. Statt der Straßeninterviews hier Interviews mit angeblichen Beamten von Jugendbehörden, mit angeblichen Lehrern und angeblichen Vertretern der Industrie- und Handelskammer. München als Drehort wird zwar gezeigt (Königsplatz und Olympiagelände in voller Pracht), ist aber - Dank sei der Produktion wenigstens dafür - nicht gemeint, sondern die "Gefahren der Großstadt" allgemein.

*

Leni (Deutschland 1994). P: DaZu-Film. R: Leo Hiemer. D: Hannes Thanheiser, Christa Berndl, Martin Abram, Franz Buchrieser, Johanna Thanheiser.

Ein jüdisches Mädchen wird kurz nach der Geburt von einer barmherzigen Klosterschwester einem älteren Allgäuer Bauernehepaar in Pflege gegeben. Als das Kind sechs Jahre alt und seine Herkunft nicht mehr zu verbergen ist, verlangt der Bürgermeister seine Abschiebung. Der Pfarrer gibt vor, es in ein Waisenhaus in München zu den Klosterschwestern zu geben. Der Pflegevater und ein couragierter Lehrer fahren nach München, um es zurückzuholen, können aber seinen Abtransport in ein Vernichtungslager nicht verhindern. Der Film beruht auf einer tatsächlichen Begebenheit. Die München-Episode verdeutlicht die Bedeutung, die die Stadt auch in dieser negativen Hinsicht als Hauptstadt Bayerns hat.

*

Der letzte Akkord (Interlude, USA 1957). P: Universal. R: Douglas Sirk. D: June Allyson, Rossano Brazzi, Marianne Koch, Françoise Rosay, Keith Andes.

Eine junge Amerikanerin hat in München eine Romanze mit einem verheirateten Dirigenten und verzichtet aus Mitleid mit dessen psychisch kranker, selbstmordgefährdeter Frau auf den Geliebten. Die banale Story ist uninteressant, nicht aber, daß, nachdem Hollywood seine Künstler, Studenten und kleinen Sekretärinnen schon nach Paris, Rom, Venedig und wer weiß wohin geschickt hat, dies der fällige touristische Tribut der Filmmetropole an München ist. Von der Stadt und ihrer Umgebung wird denn auch in schönen, ständig sonnenbeschienenen Aufnahmen (bis auf eine Szene mit Gewitter- und Flutkatastrophe am Starnberger See!) so gut wie alles gezeigt, was der Tourist sich anzuschauen hat - nur die Frauenkirche fehlt. June Allyson wird ständig vor den Männern gewarnt, die "hier [in München, d. Verf.] anders sind, als bei uns in Amerika." Daß der Prototyp ausgerechnet von Latin Lover Rossano Brazzi verkörpert wird, ist eine Entgleisung, die hoffentlich nicht dem immerhin aus Mitteleuropa stammenden Regisseur anzulasten ist.

*

Die letzten Jahre der Kindheit (Bundesrepublik Deutschland 1979). P: FFAT/pro-ject. R: Norbert Kückelmann. D: Gerhard Gundel, Dieter Nustaffof, Lissy Zimmermann, Leopoldine Schwankel, Karl Obermeier.

Ein milieugeschädigter Jugendlicher wird mit dreizehn Jahren erstmals in ein Erziehungsheim gesteckt und bricht in neun Monaten aus sechs Heimen vierzehnmal aus. Eine ungewöhnliche, aber erfolgversprechende Therapie durch einen jungen, sensiblen Betreuer im letzten Heim scheitert an der bürokratischen Haltung der Heimleitung. Als der Junge, erneut ausgebrochen und mit vierzehn Jah-

Franz Beckenbauer als **Libero**
Der große Spielfilm um König Fußball

Liebe – kälter als der Tod
Ein Film von Rainer Werner Fassbinder

ren nun strafmündig geworden, in Untersuchungshaft gesteckt wird, begeht er Selbstmord. Der Münchner Schauplatz definiert sich nur aus der Kombination von Großstadtmilieu und bayerischem Dialekt (der Unterschichten). Zwar steht zu Beginn drohend die Silhouette von Neuperlach (oder einer ähnlichen Trabantenstadt) im Hintergrund, aber gerade die ist ja nicht sehr spezifisch. Mit anderen Worten: Der Film könnte auch in jeder anderen deutschen Großstadt spielen, worauf gerade die Tatsache hinweist, daß Obrigkeit, Sozialarbeiter, Psychologen, Juristen nicht bayerisch sprechen. Es geht also nicht um eine Denunziation speziell eines bayerischen Apparats.

*

Libero (Bundesrepublik Deutschland 1973). P: Rina. R: Wigbert Wicker. D: Franz Beckenbauer, Klaus Löwitsch, Walter Born, Gaby Fuchs, Harald Leipnitz.

Prätentiöses Filmchen über die abrundtiefen Sorgen und das schwere Leben eines fußballerischen Genies wie Franz Beckenbauer. Kein Sportlerfilm, sondern eine Hagiographie. Der Haupthandlungsort München ergab sich von selbst durch Beckenbauers Arbeitgeber, den FC Bayern München.

*

Der **liebe Augustin** (Bundesrepublik Deutschland 1959). P: Universum. R: Rolf Thiele. D: Matthias Fuchs, Nicole Badal, Veronika Bayer, Ina Duscha, Rudolf Forster.

Die melancholische Geschichte von dem jungen Spieldosenmacher Augustin Sumser, der, dem Kloster entlaufen, durch eine englische Lady in die Liebe eingeführt wird, sich in Lindau niederläßt, sich dort in die junge, hübsche Fürstäbtissin eines Damenstifts verliebt, durch deren standesbewußte Verwandtschaft von ihr getrennt wird, ein Bürgermädchen heiratet, es aber durch einen allzufrühen Tod wieder verliert. In einer Episode reist Augustin als Sekretär eines Adeligen, dem er das Leben gerettet hat, an den bayerischen Hof nach München, wird in die Welt der Diplomatie eingeführt, merkt aber, daß diese nichts für ihn ist und kehrt nach Lindau zurück. Die Zeit der napoleonischen Kriege ist der Hintergrund, das Lavieren Bayerns zwischen Österreich und Frankreich eine

Episode. Nach dem gleichnamigen Roman von Horst Wolfram Geißler.

*

Liebe durch die Hintertür (Nacke-di, Nacke-du, Nacke-dei, Bundesrepublik Deutschland/Österreich 1969). P: Terra Filmkunst/Neue Delta. R: Franz Antel. D: Terry Torday, Ivan Nesbitt, Elfie Pertramer, Herbert Hirsch, Fritz Muliar.

Eine Münchner Buchhalterin erbt einen verkommenen Hof in Tirol. Ihre Freundinnen, die sie vorausgeschickt hat, bringen die männliche Dorfjugend unter Einsatz ihrer körperlichen Vorzüge dazu, den Hof in Schuß zu bringen. Die Münchner Herkunft spielt keinerlei Rolle; die wenigen in München spielenden Szenen zu Beginn sind ausschließlich in Innenräumen gedreht.

*

Liebe in drei Dimensionen (Bundesrepublik Deutschland 1972). P: Rapid. R: Walter Boos. D: Ingrid Steeger, Achim Neumann, Evelyn Raess, Rosl Mayr, Dorith Henke.

Diverse Paare kommen in mehreren Episoden auf verschiedene Weise zueinander. Episodenhaft angelegtes Sexlustspiel, in dem allerdings weder die Liebe noch der Schauplatz München dreidimensional sind, sondern nur die Gags (typisch für 3D z.B.: Ein Eimer Wasser ergießt sich auf die nach oben gerichtete Kamera, Autos fahren auf den Zuschauer zu und erst im letzten Moment vorbei usw.).

*

Liebe ist kälter als der Tod (Liebe - kälter als der Tod, Bundesrepublik Deutschland 1969). P: antitheater/X-Film. R: Rainer Werner Fassbinder. D: Ulli Lommel, Hanna Schygulla, Rainer Werner Fassbinder, Hans Hirschmüller, Katrin Schaake.

Der Zuhälter Franz will nicht für das 'Syndikat' arbeiten. Dieses läßt ihn frei, setzt aber Bruno, den Franz als vermeintlichen Leidensgenossen beim Syndikat kennengelernt hat, auf ihn an. Franz teilt Wohnung und Freundin Joanna mit ihm. Franz und Bruno planen einen Banküberfall, den Joanna aus Liebe zu Franz an die Polizei verrät. Bruno bestellt einen Killer des Syndikats, der Joanna während des Überfalls erschießen soll. Stattdessen wird Bruno von der Polizei erschossen; Franz und Joanna können fliehen. Fassbinders erster Langfilm ist ein Gangsterfilm nach amerikanischem Muster im Münchner Milieu, kühl, artifiziell, trostlos.

*

Liebe ist nur ein Wort (Bundesrepublik Deutschland 1971). P: Roxy. R: Alfred Vohrer. D: Judy Winter, Malte Thorsten, Herbert Fleischmann, Donata Höffer, Gretl Schörg.

Der 21jährige Sohn eines im Ausland lebenden Wirtschaftskriminellen hat ein Verhältnis mit der Frau eines Geschäftskollegen seines Vaters, versucht diesem die Frau zu nehmen, indem er ihn mit seiner Kenntnis von dessen unsauberen Praktiken erpreßt, ist ihm aber nicht gewachsen und begeht, als die Frau nicht zu ihm hält, Selbstmord. In einer Episode schickt der Geschäftspartner, der verreisen muß, seine Frau nach München, wohin ihr der junge Mann folgt und mit ihr seine glücklichsten Stunden erlebt. Seine Ankunft wird mit einem Blick durchs Fenster des Hotel-Swimmingpools auf die Frauenkirche verdeutlicht. Aber auch sonst wird einiges an Touristischem beim verliebten Bummel der beiden gezeigt, was aber nicht heißen soll, daß der Film überzeugend München als eine Stadt für Verliebte vorführen würde.

*

Liebe Melanie (Bundesrepublik Deutschland 1983). P: Sentana/ZDF. R: Michael Verhoeven. D: Melanie Horeschovsky, Senta Berger, Friedrich von Thun, Michael Ande, Ulrich Tukur.

Eine alte Schauspielerin muß sich mit ihren Neffen auseinandersetzen, die es auf ihr bescheidenes Vermögen und ihre Eigentumswohnung abgesehen haben. Mit Hilfe einer Ärztin spielt sie die beiden gegeneinander aus, geht dann aber doch in ein Altersheim, in dem sie kurz nach ihrem Einzug, während sie ihre Erinnerungen auf Band spricht, sanft entschläft. Die Wiener Schauspielerin Melanie Horeschovsky, mit der Verhoeven vorher schon einige Male zusammengearbeitet hatte, hatte die Idee zu diesem Stoff, der von Beobachtungen in einem Altersheim bei den Dreharbeiten zu Verhoevens "Mutprobe" angeregt und durch ein Erlebnis Melanies inspiriert wurde, das sie mit Verhoeven zusammen entsprechend umarbeitete. Der dennoch vorhandene autobiografische Bezug mag die Wahl des Drehorts München, des damaligen Wohnorts Melanies, den sie als ihre "Mutterstadt" bezeichnete, ebenso bestimmt haben, wie die Ansiedlung des Regisseurs und seiner Produktionsfirma. München ist in diesem hauptsächlich in der Wohnung Melanies spielenden Film allerdings fast nur durch einige Dialogstellen, eine Szene im Hochcafé mit Rathaus samt Glockenspiel im Hintergrund und eine Szene am Stachus identifizierbar.

*

Liebe so schön wie Liebe (Bundesrepublik Deutschland 1971). P: Silvana. R: Klaus Lemke. D: Sylvie Winter, Edda Köchel, Rolf Zacher, Marquard Bohm, Isolde Nist.

"Das Porträt einer Gruppe junger Leute, die ihre Zeit mit Gammeln vertbringt. Ein Loblied der Faulheit in einer Münchner Insider-Komödie mit einigen Stimmungsbildern aus der Subkultur der frühen 70er Jahre." (Lexikon des Internationalen Films)

*

Liebe und so weiter (Bundesrepublik Deutschland 1968). P: Bayerischer Rundfunk. R: George Moorse. D: Vera Tschechowa, Rolf Zacher, David Llywellyn, Vadim Glowna, Claudia Bremer.

Der Doktorand der Molekularbiologie Rob lebt mit dem Revoluzzer Ben und dessen Freundin Sigi in München in einer Studentenbude zusammen. Er verliebt sich in die Musikerin Nina. Weil er nicht willfährig genug ist, was die Beurteilung von Substanzen auf ihre Tauglichkeit für Medikamente hin angeht, wird er von seinem Doktorvater ausgebootet. Ein Gläubiger will ihn zur Herstellung von LSD erpressen. Ben wird bei einer Großdemonstration verhaftet. Rob gibt Sigi das für den Gläubiger gedachte Geld, damit sie etwas für Ben tun kann. Nina will ihren Beruf nicht aufgeben und sich daher nicht an Rob binden. Sie geht mit dem Komponisten Greene auf Tournee. Als sie abfliegt, steht auf der Leinwand "Anfang". Der Film läßt in seine Beziehungskiste zwischen zwei unpolitischen Menschen viel von der Politisierung der Jugend jener Tage einfließen. Vieles wie die Parolen der Zeit

("Ho Ho Ho Tschi Minh") oder die LSD-Mode wirkt aber aufgesetzt, manchmal fast denunziatorisch. In Berlin oder Frankfurt, Städte, die mit dokumentarischen Filmeinsprengseln zitiert werden, wäre der Film vielleicht besser angesiedelt gewesen.

*

Liebe will gelernt sein (Bundesrepublik Deutschland 1962). P: Independent. R: Kurt Hoffmann. D: Martin Held, Barbara Rütting, Götz George, Loni von Friedl, Margarete Haagen.

Eine Mutter gibt ihren erwachsenen Sohn ihrem schriftstellernden Bruder in Obhut, damit der junge Mann Erfahrungen in der Liebe erwerbe, ohne sich die Finger zu verbrennen. Der Sohn ist aber bereits heimlich verlobt und hat ein zweijähriges Kind. Der Film basiert auf einem Theaterstück und spielt folglich überwiegend in Innenräumen (obwohl er von Erich Kästner als Autor der Vorlage und des Drehbuchs szenisch stark aufgelockert ist). München ist der oft erwähnte und selten gezeigte Handlungsort. Zu sehen sind kurz die Universität als Wirkungsstätte des Sohnes, ausführlicher Geiselgasteig als Wirkungsstätte der Freundin des Schriftstellers (vermutlich mit der im Abbruch begriffenen Kulisse des Brandenburger Tores aus "Eins - zwei - drei") und besonders kurz das Hofbräuhaus, des weiteren kaum zu erkennende, vorbeihuschende Gebäudefronten durch die Rückfenster der Autos bei zwei Fahrten durch die Stadt (u.a. Feldherrnhalle). Diese letzteren Motive haben keinen Verweischarakter, sondern dienen dem Realismus der Darstellung.

*

Das Liebeskonzil (Bundesrepublik Deutschland 1981). P: Saskia/Trio. R: Werner Schroeter. D: Antonio Salines, Magdalena Montezuma, Kurt Raab, Renzo Rinaldi, Agnes Nobecourt.

Verfilmung von Oskar Panizzas satirischer "Himmelstragödie" in der Inszenierung des Teatro Belli, Rom. Die Rahmenhandlung bildet der Münchner Blasphemieprozeß gegen Panizza von 1895.

*

Die liebestollen Apothekerstöchter (Blutjung und liebeshungrig, Bundesrepublik Deutschland 1972). P: TV 13. R: Franz Antel. D: Sybil Danning, Eva Garden, Sascha Hehn, Wolfgang Jansen, Paul Löwinger.

Zwei mannstolle Apothekerstöchter in der Provinz versuchen, ihre zurückhaltendere ältere Schwester mit Hilfe einer Liebespille an den Mann - einen Arzt - zu bringen, verursachen aber durch eine Verwechslung bei der Verabreichung in einem Sanatorium ungeahnte Aktivitäten der Patienten. Bei einer Ärztetagung in München kommt es in einem Hotel zum Höhepunkt der Turbulenzen.

*

Die Liebesvögel (Bundesrepublik Deutschland 1979). P: Professional. R: Kenneth Howard. D: Brigitte Horn, Ginny Noack, Rolf Zinnemann, Christa Abel.

"Ein impotenter Bankangestellter zieht nach München, wo er bei einer sexuell empfindungslosen Frau überraschende Heilung findet." (Lexikon des Internationalen Films)

*

Lili Marleen (Bundesrepublik Deutschland 1980). P: Roxy/CIP/Rialto. R: Rainer Werner Fassbinder. D: Hanna Schygulla, Giancarlo Giannini, Mel Ferrer, Hark Bohm, Karl Heinz von Hassel.

Das Schicksal des Liedes "Lili Marleen" und seiner Sängerin sehr frei nach den Memoiren der Lale Andersen. München ist zweimal kurz Schauplatz, erst als die Sängerin ihren Schweizer Geliebten hierher begleitet ohne zu wissen, daß er hier Kontakt zu einer Fluchthilforganisation für gefährdete

Juden aufnimmt, später als sie hier ihr Lied im "Simpl" zum erstenmal aufführt.

*

Lina Braake oder Die Interessen der Bank können nicht die Interessen sein, die Lina Braake hat (Bundesrepublik Deutschland 1974). P: U.L.M./WDR. R: Bernhard Sinkel. D: Lina Carstens, Fritz Rasp, Herbert Bötticher, Erica Schramm, Benno Hoffmann.

Die achtzigjährige Lina Braake wird aus ihrer Münchner Altbauwohnung mit lebenslänglichem Wohnrecht vom neuen Hausbesitzer, einer Bank, mittels juristischer Finessen vertrieben und in ein Altersheim abgeschoben. Nach anfänglicher Apathie rächt sie sich mit Hilfe eines anderen Heiminsassen, eines ehemaligen Bankkaufmanns, indem sie die Bank juristisch unangreifbar um eine große Summe Geldes prellt und damit einer italienischen Gastarbeiterfamilie zum eigenen Haus in Sardinien verhilft.

*

Links der Isar - rechts der Spree (Deutschland 1929). P: Emelka. R: Franz Seitz (senior). D: Karl Flemisch, Marie Mayerhofer, Hella Helios, Weiß Ferdl, Albert Paulig.

Die Handlung entspricht im wesentlichen der der Neuverfilmung von 1940. Nur das Motiv vom entgangenen Lotteriegewinn scheint dort neu hinzugefügt worden zu sein.

*

Links der Isar - rechts der Spree (Deutschland 1940). P: Peter Ostermayr für UFA. R: Paul Ostermayr. D: Charlotte Schellhorn, Fritz Geschow, Fritz Kampers, Leo Peukert, Oscar Sabo.

Eine Münchnerin und ein Berliner verlieben sich beim Skifahren und verloben sich in München auf einem Maskenball. Als der Vater des Mädchens, der sich von einem Berliner Lotterieunternehmer um einen vermeintlichen Gewinn betrogen fühlt und seinen Haß auf alle Berliner ausgedehnt hat, von der Herkunft des zukünftigen Schwiegersohns erfährt, verweigert er die Zustimmung. Als auch der herbeigereiste Vater des jungen Mannes nichts ausrichten kann, brennt das Mädchen mit ihnen nach Berlin durch. Der Vater folgt ihr mit einem Freund, versinkt aber im Sumpf der Großstadt. Als der Bräutigam seinem zukünftigen Schwiegervater eine größere Geldsumme rettet, um die ihn ein Gauner geprellt hat, ist der dickköpfige Münchner endlich versöhnt. Das Muster Provinz/Großstadt ist hier auf das Verhältnis München/Berlin übertragen. Die Tendenz zur Versöhnung der Rivalität zwischen den beiden Städten, bei der Erstverfilmung 1929 von der Berliner Presse noch einhellig gefeiert, bekommt hier einen nationalsozialistisch-propagandistischen Unterton. Der Münchner Schwiegervater Fritz Kampers ist von der bayerischen Produktion geradezu masochistisch gezeichnet und bedient jedes Klischee vom grantelnden, sturen, biersaufenden Münchner. Als er einmal einem Besucher nicht aufmacht, meint sein eben heimkehrender Sohn, der Vater müsse daheim sein, heute sei ja nicht Stammtisch. Seine "Bekehrung" in Berlin führt zu einem Akt geradezu unglaublicher Selbstverleugnung. Er gibt dem Berliner nicht nur seine Tochter, sondern gesteht am heimischen Stammtisch ein, das Berliner Bier sei genauso gut wie das Münchner.

*

Lockwood Desert, Nevada (Bundesrepublik Deutschland/USA 1986). P: Olga/Bayerischer Rundfunk/ORF. R: Hans Noever. D: Tobias Hoesl, Henner Kuckuck, W.L. Schuh, Susan Beyer, Sal Provenza.

Junger arbeitsloser Deutscher bricht von München aus in die USA auf, wo er diverse Abenteuer erlebt. Spielt am Anfang für ca. 5 Minuten in München an nicht näher identifizierbaren Schauplätzen.

*

Löwengrube. Die Grandauers und ihre Zeit. Fernsehserie in 32 Teilen (Bundesrepublik Deutschland 1991). P: Bayerischer Rundfunk. R: Rainer Wolffhardt. D: Jörg Hube, Christine Neubauer, Franziska Stömmer, Werner Rom, Michael Lerchenberg.

Die Geschichte einer Münchner Familie und ihres Umfelds in Weimarer Republik, Drittem Reich und

Zweimal Ludwig I. Oben: Dieter Laser (mit Dieter Mann) in "Kaspar Hauser", unten: Adolf Wohlbrück (mit Martine Carol) in "Lola Montez"

Nachkriegszeit. Das ausgezeichnete Drehbuch bezieht die historischen Ereignisse schlüssig in die private Geschichte ein. Für die Produktion standen wohl nur verhältnismäßig geringe Mittel zur Verfügung, so daß fast nur im Studio gedreht werden konnte. Außenaufnahmen von München sind mehr als sparsam eingesetzt. Sicher spielte dabei aber auch eine Rolle, daß kaum geeignete Schauplätze für das historische Geschehen zu finden waren.

*

Lola Montez (Deutschland 1918/1919). P: Luna-Film. R: Robert Heymann (Teil 1), Rudolf Walther-Fein (Teil 2). D: Leopoldine Konstantin, Maria Leiko, Alfred Abel, Hans Wassmann, Hans Albers.

Teil 1 trägt den Untertitel "Am Hofe Ludwigs I. von Bayern", hier dürfte also München zentraler Schauplatz sein. Für die Daten danke ich Herbert Birett, der sie mir aus seinem im Erscheinen begriffenen Werk "Das Filmangebot in Deutschland 1912-1920" (dort Nr. 28776 und 28777) vorab mitteilte.

*

Lola Montez (Lola Montès, Bundesrepublik Deutschland/Frankreich 1955). P: Florida-Gamma/OSKA/Union. R: Max Ophüls. D: Martine Carol, Peter Ustinov, Adolf Wohlbrück (im Vorspann unter seinem nach der Emigration angenommenen Namen Anton Walbrook), Oscar Werner, Will Quadflieg.

Das Leben der irisch-schottischen Tänzerin mit spanischem Namen Lola Montez, erzählt in Rückblenden während ihrer Ausstellung als Zirkus-attraktion in Amerika. Die Münchner Zeit wird am ausführlichsten behandelt, macht gut ein Drittel der gesamten Filmlänge aus. Mit den bayerischen und Münchner Verhältnissen allerdings nimmt es der Film nicht so genau: Es gibt ein Nationalmuseum lange vor dem tatsächlichen Bau desselben, eine "Nationalbibliothek" (in der offenbar der Rektor der Universität das Sagen hat) und - richtigerweise - ein Nationaltheater, in denen allen Ludwig I. vergeblich versucht, Lolas Aktbild aufhängen zu lassen. Adolf Wohlbrücks wundervoller Ludwig I., ein milder, etwas resignativer, sanft selbstironischer Monarch, ist fast zu schön (auch in physischer Hinsicht), um wahr zu sein.

*

Lola Montez, die Tänzerin des Königs (Deutschland 1922). P: Ellen-Richter-Film. R: Willi Wolff. D: Ellen Richter, Arnold Korff, Georg Alexander, Max Gülstorff, Heinrich George.

Wie schon die Titelfassung zeigt, geht es in diesem Film vor allem um Lolas Verhältnis zu Ludwig I. und damit um ihren Aufenthalt in München.

*

Looosers! (Deutschland 1994). P: Avista Film Herbert Rimbach/Neue Sentimental Film/Kinowelt/Sparks. R: Christopher Roth. D: Bernd Michael Lade, Oliver Korittke, Liane Forestieri, Georgia Stahl, Jed Curtis.

Zwei frustrierte Angestellte einer Werbeagentur verkaufen die Wettbewerbsunterlagen für eine große Werbekampagne, die sie notabene gar nicht besitzen und deshalb fingieren müssen, an ein Konkurrenzunternehmen, bekommen deshalb Ärger mit dem Auftraggeber und mit ihrem Arbeitgeber und gewinnen schließlich den Wettbewerb mit diesen ihren eigenen, nicht gerade originellen Ideen. München als Schauplatz wird in dem Film nicht gerade zu verbergen gesucht, dazu ist trotz niedrig geführter Kamera das Olympiagelände zu deutlich zu erkennen. Und dieser Schauplatz ist auch nur zu passend für diese Story in der poppigen Glitzerwelt der Werbung, auch wenn die Geschichte zu sehr auf die beiden Protagonisten konzentriert ist und alle satirischen Möglichkeiten bei der Darstellung der oberflächlichen Werbewelt verschenkt. Immerhin: "Der Film [entdeckt] jenes München der Siebziger Jahre, in dem die Kunst der Utopie zu Hause war: Olympiapark, Motorama und aufblasbare Sitzmöbel", bemerkt Michael Althen (in der Süddeutschen Zeitung vom 23.3.1995) zu Recht. Und ein anderes gewichtiges Zitat: "In ihren besten Momenten muten die 'Looosers!' wie ein zeitgemäßes Remake des Klassikers 'Zur Sache, Schätzchen'... an." (sj. in der Frankfurter Allgemeinen vom 20.3.1995)

*

Lucky Star (Bundesrepublik Deutschland 1979). P: H.R. SAB. R: Hans-Jürgen Tögel. D: Kathi Böhm, Hannelore Schroth, Joachim Hansen, Günther Maria Halmer, Claudia Gerhardt.

Die etwa 15jährige Kathi wird morgens immer von einem der letzten Münchner Droschkenkutscher mit in die Schule genommen (auf allerdings etwas verschlungenen Wegen: Mariannenplatz - Haus der Kunst - Ernst-Reuter-Straße). Als dieser einen Unfall hat, kauft sie sein Pferd mit Hilfe ihrer Großmutter, die ihre gesamten Jugenderinnerungsstücke verkaufen muß, vom Abdecker, bringt es auf einem Gestüt unter und erringt dort trotz der Querschüsse einer eifersüchtigen Schulkameradin die Achtung der feinen Kreise.

*

Ludwig der Zweite, König von Bayern (Das Schicksal eines unglücklichen Menschen, Deutschland 1929). P: Universal. R: Wilhelm Dieterle. D: Wilhelm Dieterle, Theodor Loos, Eugen Burg, Ferdinand von Alten, Gerhard Bienert.

Eine - folgt man den zeitgenössischen Kritiken, auch, zwischen den Zeilen, den Hetzkritiken der Rechten - bemerkenswert um historische Treue und menschliche Fairneß bemühte Verfilmung des Lebens Ludwigs II. Der Schauplatz München ergibt sich im Rahmen dieses Lebens von selbst. Wie weit Außenaufnahmen in München stattfanden, konnte ich nicht feststellen.

*

Ludwig II. (Käutner)

Ludwig II. (Bundesrepublik Deutschland 1954). P: Aura. R: Helmut Käutner. D: O.W. Fischer, Ruth Leuwerik, Paul Bildt, Marianne Koch, Friedrich Domin.

Das Leben Ludwigs II. von Bayern ab etwa seiner Krönung. Im Mittelpunkt steht seine angebliche unglückliche Liebe zu Kaiserin Elisabeth von Österreich. München als Schauplatz (meist in Innenräumen, auch, soweit man erkennen kann, Nymphenburgs und der Residenz) ergibt sich aus dem Thema und hat im Verlauf des Films das Gewicht, das der König seiner Hauptstadt beimaß, also abnehmendes.

*

Ludwig II., König in Bayern (Roi en Bavière, Frankreich 1967). P: Télé-Hachette mit Bayerischem Rundfunk. R: Frédéric Rossif.

Dokumentarfilm über den bayerischen "Märchenkönig", der in seinem Stil diesem Beinamen des Königs gerecht werden zu wollen scheint. Man beachte auch die falsche Titulatur des Königs!

Ludwig II. (Ludwig/Le Crépuscule des Dieux, Bundesrepublik Deutschland/Italien/Frankreich 1972). P: Mega/Cinetel/Dieter Geissler/Divina. R: Luchino Visconti. D: Helmut Berger, Romy Schneider, Trevor Howard, Silvana Mangano, Helmut Griem.

Viscontis hochgelobte Version von Leben, Leidenschaften und Tod des Bayernkönigs. Trotz der Abneigung des Königs gegen seine Hauptstadt läßt es sich nicht vermeiden, daß einige Szenen in München spielen. Bei aller bemerkenswerten historischen Rekonstruktion wird aber von den signifikanten Schauwerten Münchens, abgesehen von einer kurzen Szene in und um Nymphenburg, weder als mehr oder weniger retuschierte Realität noch als Rekonstruktion etwas gezeigt, ganz im Gegensatz zu den ludovizianischen Touristenattraktionen im Oberbayerischen. München wird eher durch seine Abwesenheit eingebracht: Die Abwesenheit des Königs von der Hauptstadt wird problematisiert, die Ablehnung Richard Wagners durch die Münchner Gesellschaft verbalisiert.

*

Ludwig - Requiem für einen jungfräulichen König (Bundesrepublik Deutschland 1972). P: TMS. R: Hans Jürgen Syberberg. D: Harry Bär, Ingrid Caven, Hanna Köhler, Ursula Strätz, Peter Kern.

Filmcollage über Ludwig II., die die Figur des "Märchenkönigs", seine Aura und seine Bedeutung für die Deutschen zu vermitteln versucht in einer Mixtur aus Spielszenen, an den Zuschauer gerichteten Berichten der Figuren, die auch (von deren Standpunkt) noch Zukünftiges enthalten, aus assoziativ inszenierten Auftritten von Figuren wie Karl May, Winnetou oder Hitler, Revueszenen usw. Die Kulissenwelt Ludwigs macht Syberberg zur Welt seines Films. Dieser ist fast vollständig in theaterhaften Bauten inszeniert, die unmittelbar den Inszenierungen des Königs in seinen Schlössern und sonstigen Refugien entnommen scheinen, z.T. ihnen nachempfunden sind. Ein Schauplatz München ist da natürlich nicht identifizierbar, nicht einmal Ludwigs schwülstig-fantastischer Wintergarten auf dem Dach der Residenz, den ein Prospekt zitiert. Dennoch spielen einige Szenen wohl in der Residenz, so eine "Audienz", bei der Ludwig für die Zuschauer sein Verhältnis zu den Ministern und Adeligen aus seiner Umgebung charakterisiert. Am stärksten präsent ist die Stadt aber in einem Ausspruch des Königs: "Ich hasse München".

*

Ein Mädchen aus Paris (Bundesrepublik Deutschland 1954). P: Ariston. R: Franz Seitz. D: Etchika Choureau, Erich Schellow, Hans Leibelt, Josef Sieber, Anneliese Kaplan.

"Studienerinnerungen zweier Väter, die sich zufällig auf einer Kunstauktion wiedertreffen, führen nach Umwegen zur Heirat ihrer Kinder." (Lexikon des Internationalen Films) Der junge Mann stammt aus München, das Mädchen - wie der Titel sagt, aus Paris - studiert dort.

*

Mädchen beim Frauenarzt (Bundesrepublik Deutschland 1970). P: Roxy. R: Ernst Hofbauer. D: Monika Dahlberg, Christine Schuberth, Brigitte Harrer, Evelyne Traeger, Marion Abt.

"Report" aus der Praxis eines "bekannten" Münchner Gynäkologen über die angeblichen Sex-Abenteuer junger Mädchen, die alle auf den Behandlungsstuhl des Frauenarztes geführt haben. Daß es sich um einen Münchner Gynäkologen handelt, wird nur im Kommentar erwähnt, der der schlüpfrigen Handlung Scheinauthentizität verleiht, ihr einen Hauch des Dokumentarischen geben soll.

*

Mädchen, die nach München kommen (Bundesrepublik Deutschland 1972). P: Rapid. R: Walter Boos. D: Elfriede Payer, Ulrike Butz, Dorith Henke, Christina Lindberg, Erika Binder.

Sexerlebnisse junger Mädchen in München. Untertitel: "Das geheime Sexleben der Olympiastadt". Gipfelpunkt des München-Bezugs (von krachledernen, biersaufenden, radifressenden Einheimischen abgesehen) ist es, wenn die nackte Ingrid Steeger auf dem Wittelsbacher Brunnen für einen Fotografen posiert und ein Polizist beim Versuch, sie herunterzuholen, ins Wasser fällt.

*

Das Mädchen mit den Feuerzeugen (Bundesrepublik Deutschland 1987). P: Elan/Gieske & Co./ZDF. R: Ralf Huettner. D: Stefan Wood, Arnold Frühwald, Rupert Seidl, Enrico Böttcher, Eva Ordonez.

Stille Nacht, scheinheilige Nacht. Am Weihnachtsabend klauen vier junge Rollstuhlfahrer die eben mit vielen frommen Sprüchen an ihr Heim übergebenen Spendengelder und gehen auf Streifzug durch das nächtliche München (das allerdings nur durch kleine Indizien erkennbar und für die Handlung nicht der einzig mögliche Schauplatz ist). Ein Engel in Gestalt eines Feuerzeuge verkaufenden Mädchens stellt ihnen drei Wünsche frei, die sich allerdings nur bedingt erfüllen. Der Abend endet in einer Katastrophe. Doch am nächsten Tag beginnen die drei einen neuen Ausbruchsversuch. Ein Weihnachtsmärchen sehr frei nach Hans Christian Andersen.

*

Mädchen mit schwachem Gedächtnis (Bundesrepublik Deutschland 1956). P: Arion. R: Geza von Cziffra. D: Germaine Damar, Rudolf Platte, Peter Weck, Loni Heuser, Heinz Erhardt.

Ein junges Mädchen kommt aus der Provinz nach München, um hier Karriere beim Film oder Theater zu machen. Zunächst aber wird ihr all ihr Geld gestohlen. Um rasch in die Schlagzeilen zu kommen, gibt sie, einem Beispiel aus einer Illustrierten folgend, vor, an Gedächtnisschwund zu leiden. Zu ihrer Überraschung identifiziert ein reiches Ehepaar sie als seine Tochter. Sie findet heraus, daß es sich bei dem Paar um Erbschleicher handelt, die einem Notar aus Amerika eine falsche Adoptivtochter unterschieben wollen. Mit Hilfe ihrer Freunde kann sie sie überführen und dank der dadurch erlangten Publizität ein Musik-Café aufmachen. Wer die Idee hatte, diese Geschichte nach München zu verlegen, gehörte bestraft, nicht wegen der Idee - da ist München schon Schlimmeres passiert -, sondern wegen der Ausführung. Oskar Sima als biersaufenden, weißwurstfressenden Superbayern war man ja fast schon gewöhnt. Und Germaine Damar, Peter Weck und Heinz Erhardt mögen Flüchtlinge sein, deren es damals ja viele in München gab (obwohl die beiden ersteren aus der bayerischen Provinz angereist sind!). Aber wenn Bum Krüger und Henry Vahl (!) ihren bayerischen Dialekt auspacken, hat der Film Lachnummern, die er bestimmt nicht beabsichtigt hat. Von München sieht man nur ein pseudoamtliches Schild mit einem Münchner Kindl, das vielleicht vom Zuckerbäcker nebenan stammt, aber (wohlweislich?) nicht das offizielle ist.

*

Mädchen...nur mit Gewalt (Bundesrepublik Deutschland 1969). P: Roger Fritz. R: Roger Fritz. D: Helga Anders, Klaus Löwitsch, Arthur Brauss, Monika Zinnenberg, Rolf Zacher.

Zwei Münchner Freunde um die Dreißig entführen ein junges Mädchen in eine Kiesgrube. Der gelingt es zunächst, die beiden gegeneinander auszuspielen, doch die Rivalität der beiden wendet sich letztlich gegen sie.

*

Mädchen ohne Grenzen (Bundesrepublik Deutschland 1955). P: NDF. R: Geza von Radvanyi. D: Sonja Ziemann, Ivan Desny, Barbara Rütting, Claus Biederstaedt, Maria Sebaldt.

"Liebesgeschichte zwischen einem verheirateten Industriellen und einer Studentin, die sich ihr Studiengeld als Stewardeß verdient" (Lexikon des Internationalen Films), und zwar auf der Fluglinie München-Athen.

*

Männer (Bundesrepublik Deutschland 1985). P: Olga-Film/ZDF. R: Doris Dörrie. D: Uwe Ochsenknecht, Heiner Lauterbach, Ulrike Kriener, Janna Marangosoff, Dietmar Bär.

Ein erfolgreicher Werbemanager wird von seiner Frau mit einem bohemehaften Graphiker betrogen. Er rächt sich, indem er sich in der Wohngemeinschaft des Rivalen einnistet und ihn zu einem ebenso erfolgreichen und gestreßten Unternehmer umfunktioniert, an dem die Frau jetzt kein Interesse mehr hat. München ist ganz selbstverständlicher Handlungsort, diskret eingebracht, nur an seinen Straßenbahnen und Ochsenknechts Freudentanz im Stachusbrunnen (anläßlich des bestandenen Bewerbungsgesprächs) zu erkennen. Passend ist es als Handlungsort allemal, da hier sowohl die gezeigten Yuppies (Attribute: Villa, Rollex und Maserati) wie die Boheme in Reinkultur vorkommen.

*

Männer sind zum Lieben da (Atlantis - ein Sommermärchen, Bundesrepublik Deutschland 1969). P: Eckhart Schmidt. R: Eckhart Schmidt. D: Isi Ter Jung, Horst Letten, Barbara Capell, Marianne Sock, Dianah Nisbeth.

"Einem bayerischen See entsteigen sieben Mädchen - Bewohnerinnen eines versunkenen Kontinents, der an Männermangel leidet. In München sollen sie Männer in Däumlinge verwandeln und in die unterseeische Heimat entführen." (Lexikon des Internationalen Films)

*

Man rede mir nicht von Liebe (Deutschland 1943). P: Bavaria. R: Erich Engel. D: Heidemarie Hatheyer, Mathias Wiemann, Friedrich Domin, Hilde Sessak, Liesl Karlstadt.

Eine ehrgeizige junge Malerin kommt nach München, um dort Karriere zu machen. Bei einem großen Auftrag, den ihr ihr ehemaliger Lehrer verschafft, versagt sie, und der Lehrer muß ihn vollenden. Erst langsam kommt sie zur Einsicht ihrer Unvollkommenheit und gewinnt Liebe und Unterstützung des Meisters.

*

Manche mögen's prall (Bundesrepublik Deutschland 1981). P: Geiselgasteig Film Prod. W.v. Schiber/Metro-Film. R: Sigi Krämer. D: Chris Lemmon, Olivia Pascal, Marilyn Joi, Carol Davis, Dolly Dollar.

Ein junger Mann versucht, einer maroden Büstenhalterfirma mit Hilfe von fünf an entsprechender Stelle besonders gut ausgestatteten Damen auf die Beine zu helfen. Eine der Damen (Dolly Dollar) ist Ringerin und bereitet sich gerade im Münchner Olympiagelände auf einen großen Kampf vor.

*

Ein **Mann im schönsten Alter** (Bundesrepublik Deutschland 1963). P: Maran. R: Franz Peter Wirth. D: Karl Michael Vogler, Françoise Prevost, Pascale Audret, Marisa Mell, Hellmut Lange.

"Seiner reichen Frau entfremdet, beginnt ein erfolgreicher Chefredakteur ein Verhältnis mit einer jungen Mitarbeiterin, das ebenfalls an seiner ichbezogenen Lebenshaltung scheitert." (Lexikon des Internationalen Films) Der Film ist erkennbar in München gedreht; daß er auch da spielt, bestreitet z.B. Enno Patalas (Filmkritik 3/64, S. 139), weil der Englische Garten als "Badenbrunner Park" ausgegeben wird. Ich konnte den Film nicht sehen, um mich zu überzeugen.

*

Der **Mann mit dem goldenen Pinsel** (Bundesrepublik Deutschland/Italien 1969). P: Parnass/Hape/Delfina. R: Franz Marischka. D: Willy Colombini, Rainer Basedow, Edwige Fenech, Marcella Michelangeli, Alexandra Marischka.

Ein erfolgloser junger Maler findet die Unterstützung eines Galeristen, dem er dessen zu anstrengende Freundin abnimmt, und eines Industriellen, dem er seine alte Freundin überläßt. Bei seiner ersten Ausstellung läßt er zum Zeichen seines angeblichen Protestes, dessen Ausdruck auch seine "Kunst" sei, alle Hüllen fallen und wird daraufhin zum Modemaler der Münchner High Society. Auch wenn hier vorgeblich Münchner Kunst- und Schicki-Micki-Szene satirisch angegangen werden, handelt es sich doch nur um ein zotiges Sexfilm-"lustspiel".

*

Marcco unter Gauklern und Bestien (Deutschland 1924). P: Stöckel-Film. R: Josef Delmond. D: Joe Stöckel, Lotte Loring, Ernest Walsing.

Erster Teil einer Abenteuerfilmserie um einen Zirkus-Kraftakrobaten namens Marcco, gespielt von Joe Stöckel. "Alle diese Dinge sind vor einen mit viel Geschick gewählten landschaftlichen und städtebaulichen Hintergrund gestellt, zu dem die schönsten Motive Münchens und seiner Gebirgsumgebung...benutzt wurden." (Süddeutsche Filmzeitung 29.2.1924) Schon in den nächsten Filmen aber verließ Marcco München und trieb sich in der ganzen Welt herum, bis er gar auf den Spuren Jules Vernes aufgrund einer Wette zu einer Reise um die Welt in wer weiß wieviel Tagen aufbrach ("Marccos tollste Wette").

*

Marianne und Sophie (Bundesrepublik Deutschland 1982). P: Mutoskop/Roxy/Lisa/ZDF. R: Rainer Söhnlein. D: Marianne Hoppe, Sofie Keeser, Georg Meyer-Goll, Reiner Hunold, Friedrich W. Bauschulte.

Zwei Witwen aus höchst unterschiedlichem sozialen Milieu brechen aus ihrem Alltag aus und gehen zusammen auf Reisen. München ist nur eine kurze Reisestation.

*

Marie Ward - Zwischen Galgen und Glorie (Bundesrepublik Deutschland 1984/85). P: Hermes Film. R: Angelika Weber. D: Hannelore Elsner, Irm Herrmann, Julia Lindig, Mathieu Carrière, Lambert Hamel.

Das Leben der Marie Ward, der Gründerin des Ordens der "Englischen Fräulein". München ist eine der Wirkungsstätten der Marie Ward; Kurfürst Maximilian I. gewährt ihr hier in einer Zeit der Verfolgungen Unterschlupf, kann sie aber letztendlich nicht vor der Inquisition schützen.

*

Massagesalon der jungen Mädchen (Bundesrepublik Deutschland 1972). P: Transatlantic. R: Eberhard Schröder. D: Lukas Ammann, Astrid Boner, Mai Ling Shan, Felix Franchy, Rosl Mayr.

Auf der Suche nach einer Frau, mit der er in München eine Nacht verbracht hat und die "die Liebestechnik und die Kunst der Massage perfekt beherrscht" (Neues Filmprogramm 6235) klappert ein Journalist die Massagesalons von München und halb Europa ab, lernt viel über die verschiedenen Formen dieser Art von Dienstleistungen und findet am Schluß die geliebte Frau. Ob München zu Recht zum Hauptort dieser Verklärung eines entspannenden Gewerbes gewählt wurde, mögen andere beurteilen. Es sei nur darauf hingewiesen, daß auch in "Prostitution heute", wo für jede Spielart dieses Gewerbes eine Stadt steht, München die Massagesalons vertritt.

*

Der Maulwurf (Espion, lève-toi, Frankreich 1981). P: Cathala/TF 1. R: Yves Boisset. D: Lino Ventura, Krystyna Janda, Michel Piccoli, Bruno Cremer, Bernard Fresson.

Ein alternder französischer Spion führt in der Schweiz eine getarnte Existenz, das, was man in einschlägigen Kreisen "schlafen" nennt. Er wird "geweckt" (daher der Originaltitel), also reaktiviert, als ein anderer Agent ermordet wird. Er ist irritiert, weil zwei Topagenten ihn für sich einzuspannen versuchen und behaupten, der jeweils andere sei ein Doppelagent des KGB, ein "Maulwurf". Alte Freunde, an die er sich um Unterstützung wendet, unter anderem einer, der in München als Konservator der Staatsbibliothek arbeitet (allzuviel Ortskenntnis traute der Regisseur seinen Zuschauern offenbar nicht zu; der Eingang befindet sich im Königsbau der Residenz) werden ebenfalls ermordet. Als auch seine Lebensgefährtin umgebracht wird, stellt er den einen der beiden Topagenten, den er für den Schuldigen hält, und erschießt ihn. Es war der Maulwurf. Doch seine Lebensgefährtin hat der französische Geheimdienst auf dem Gewissen und beseitigt nun auch ihn, der zu einer Gefahr geworden ist. München wird, neben der Sequenz mit dem Agentenkollegen, dem einzigen in der Stadt spielenden Teil, im Dialog als Hauptquartier der deutschen Terroristenszene denunziert.

*

Max, der Taschendieb (Bundesrepublik Deutschland 1961). P: Columbia/Bavaria. R: Imo

Moszkowicz. D: Heinz Rühmann, Elfie Pertramer, Arno Assmann, Hans Clarin, Hans Hessling.

Max, ein kleiner Taschendieb mit einem goldenen Herzen ist clever genug, sich aus einem großen Coup herauszuhalten. Sein Schwager macht mit, wird um die Beute betrogen und erschossen. Da überführt Max den Drahtzieher. Mit Hilfe eines Kommissars mit ebenso goldenem Herzen findet er einen ehrlichen Beruf. Ein typisches Rühmann-Rührstück der Zeit, das in jeder Großstadt spielen könnte. Aber die Bavaria coproduzierte, und auch wenn das meiste in Kulissen spielt, die fatal an die Fernsehspiele der Zeit erinnern, findet immerhin die Überführungsszene am Hauptbahnhof statt, man liest Münchner Zeitungen, und Elfie Pertramer trauert ihrer entgangenen Karriere am Gärtnerplatztheater nach.

*

Mein ganzes Herz ist voll Musik (Bundesrepublik Deutschland 1958). P: Hans Albin/Bavaria. R: Helmut Weiss. D: Erika Köth, Wolf Albach-Retty, Brigitte Grothum, Willy Hagara, Maria Sebaldt.

Eine junge Gesangslehrerin und Organistin in einer Kleinstadt singt unter falschem Namen in einem Nachtlokal in München, wird zum Star und gewinnt den Besitzer des Lokals für sich. Am meisten von München zu sehen (Residenz) ist allerdings, als die Sängerin ihr kleines Mündel zur Aufnahmeprüfung in die Ballettschule dorthin bringt.

*

Mein Schatz, komm mit ans blaue Meer (Bundesrepublik Deutschland 1959). P: Franz-Seitz-Film. R: Rudolf Schündler. D: Christine Görner, Monika Dahlberg, Renate Ewert, Harald Juhnke, Joachim Fuchsberger.

Zwei junge Frauen (nicht verwandt und nicht verschwägert) gewinnen beim Preisausschreiben einer Münchner Zeitschrift gemeinsam einen Wohnwagen und 10000 DM, müssen aber vorher die Bedingung erfüllen, mit dem Wohnwagen ohne eigenes Auto die Meeresküste in Italien zu erreichen. Gemeinsam mit einer Reporterin der Zeitschrift als Chronistin brechen sie auf, schaffen es natürlich, und alle drei gabeln sich zusätzlich einen Mann fürs Leben auf. Die Zeitschrift dieses Films gibt es wirklich (heute noch), und daß sowohl sie wie die Produktionsfirma ihren Sitz in München haben, dürfte der einzige Grund dafür sein, daß die Stadt Ausgangspunkt der Handlung ist. Letzteres erfährt man, obwohl eine ganze Reihe von Szenen hier spielt, nur aus dem Dialog. Übrigens, die beiden Damen sind etwas über zwanzig, von der Zeitschrift aber ist bekannt, daß ihre Leser (überwiegend -Innen) mit dem Ende der Pubertät das Interesse an ihr zu verlieren pflegen.

*

Mein Schulfreund (Bundesrepublik Deutschland 1960). P: Divina. R: Robert Siodmak. D: Heinz Rühmann, Loni von Friedl, Ernst Schröder, Robert Graf, Hans Leibelt.

Ein Briefträger, der im Zweiten Weltkrieg als 'Schulfreund' an Göring einen kritischen Brief geschrieben hat und zu seinem Schutz für verrückt erklärt worden ist, hat nach dem Krieg Schwierigkeiten, wieder als normal anerkannt zu werden. Daß der Briefträger in München lebt, hat für die Handlung des Films keine Bedeutung. Die Spielszenen des Films handeln, dem zugrundeliegenden Theaterstück von Johannes Mario Simmel gemäß, ausnahmslos in Innenräumen. Die Abschnitte, die den Akten des Stücks entsprechen, sind mit Einblendungen der jeweiligen Jahreszahlen eingeleitet und mit Außenaufnahmen von München unterlegt, im Falle der Kriegsjahre mit eindrucksvollen Dokumentaraufnahmen der zerbombten Stadt.

*

Mein Vater, der Affe und ich (Bundesrepublik Deutschland/Österreich 1970). P: Terra Filmkunst/Neue Delta. R: Franz Antel. D: Gerhard Lippert, Mascha Gonska, Paul Löwinger, Beppo Brem, Eva Maria Meineke.

Ein Affenforscher ist der Affensprache auf der Spur und stellt Studien in den Zoos von München und Wien an.

*

Meine 99 Bräute (Bundesrepublik Deutschland 1958). P: Inter West. R: Alfred Vohrer. D: Claus Wilcke, Horst Frank, Wera Frydtberg, Vera Tschechowa, Corny Collins.

Ein junger Münchner aus kleinbürgerlicher Familie hat soviel Erfolg bei den Frauen, daß er den Versuchungen gar nicht widerstehen könnte - selbst wenn er es wollte. Zum Schluß aber findet er in einer alten Sandkasten-Gespielin die Richtige und kommt zu der Erkenntnis: "Liebe ist nicht eine Sache der Neugier, sondern eine der Phantasie, denn der Phantasievolle besitzt in einer Einzigen die schönsten und besten Frauen der Welt." Eine Siggi-Sommer-Verfilmung.

*

Meine Frau, die Schützenkönigin (Deutschland 1934). P: Aco-Film. R: Carl Boese. D: Lucie Englisch, Ralph Arthur Roberts, Oskar Sima, Aribert Wäscher, Paul Beckers.

Eine junge Münchner Schützenkönigin und Varietékünstlerin reist ohne ihren Mann zu einem Engagement nach Berlin. Unterwegs gibt sie sich als Frau eines Generaldirektors aus, um die Bedenken einer jungen Sängerin zu zerstreuen, in die der Direktor sich verliebt und die er in seine Villa im Grunewald eingeladen hat. Das führt zu mannigfachen Verwechslungen und Verwirrungen, ehe sich alles beim ersten Auftritt der Schützenkönigin in Wohlgefallen auflöst. München kommt hier nur bei der Abreise der Schützenkönigin vor.

*

Meister Eder und sein Pumuckl (Bundesrepublik Deutschland 1980). P: Infafilm. R: Ulrich König. D: Gustl Bayrhammer, Hugo Lindinger, Gisela Uhlen, Helga Feddersen, Wolfgang Völz.

Dem Münchner Schreinermeister Eder ist ein kleiner Kobold namens Pumuckl zugelaufen, mit dem er lustige Erlebnisse hat. In seiner Episodenhaftigkeit erinnert der Film an seine Herkunft aus einer Fernsehserie. Spezifisch Münchnerisches kommt nur im Vorspann (Stadtpanoramen, speziell die berühmte Ansicht mit Rathaus und Frauenkirche) und einem nächtlichen Stadtpanorama gegen Schluß vor, nicht zu vergessen natürlich den Hauptdarsteller, Gustl Bayrhammer (während der Pumuckl möglicherweise gar kein Münchner ist - Tschuldigung, Hans Clarin!).

*

Der **Meisterdetektiv** (Meisterdetektiv Schnauzer, Deutschland 1933). P: Tonfilm-Produktion Franz Seitz/Bavaria. R: Franz Seitz. D: Weiß Ferdl, Ria Waldau, Fritz Kampers, Joe Stöckel, Therese Giehse.

Jakob Hase, der Kanzleivorsteher eines Anwalts, hält 90 Prozent der Menschen für Verbrecher, und wacht daher wie ein Zerberus über seine Nichte, um sie vor den Gefahren der Großstadt zu schützen. Da diese deshalb nie mit dem jungen Eishockeyspieler Fritz, in den sie sich verliebt hat, zusammen sein kann, schmieden dessen Mannschaftskameraden ein Komplott, um Hase von den beiden abzulenken. Sie wecken seine detektivischen Instinkte und setzen ihn auf die Fährte der vermeintlichen Entführer einer amerikanischen Millionärstochter. Diese ist allerdings nur von zuhause ausgerissen, weil sie einen ungeliebten Mann heiraten soll, trifft nun auch ein, spielt das Spiel mit und verliebt sich in einen der Verschwörer. Nach vielen Verwirrungen erhält Hase seine Belohnung und zwei Paare feiern Verlobung. Der Handlungsort München ist zwar nur an einigen Details erkennbar (die Autokennzeichen II A, ein Zugschild "München-Garmisch-Partenkirchen" am Bahnhof), aber mehr ist bei diesem Aufgebot an bayerischen Schauspielern auch nicht nötig, wenn deutlich gemacht wird, daß der Schauplatz eine Großstadt ist.

*

Melody of Passion (Bundesrepublik Deutschland 1990). P: Asa Film. R: Hubert Frank. D: Sonja Martin, Montse Bayo, Marina Oroza, Klaus Münster, Martin Garido.

Eine Münchner Studentin erbt ein Schloß auf Mallorca. Als sie hinfliegt, um ihren Besitz zu besichtigen, stellt sie fest, daß der Nachlaßverwalter es mit einigen Komplizen in ein florierendes Bordell verwandelt hat. München kommt praktisch nur in einer völlig unmotivierten Rundfahrt der Studentin während des Vorspanns vor. Es ist häufig, daß München nur Ausgangspunkt einer Handlung ist, die an ganz anderen Orten spielt, so auch in einigen Sexlustspielen (z.B. "Liebe durch die Hintertür" oder das vorliegende). Warum muß es in diesen Fällen gerade München sein? Ist es die Liebe des Regisseurs zu dieser Stadt? Nun, man muß Gott für manches danken, doch nicht unbedingt für die Liebe von Hubert Franken.

Menschen im Netz (Bundesrepublik Deutschland 1959). P: Filmaufbau. R: Franz Peter Wirth. D: Hansjörg Felmy, Johanna von Koczian, Hannes Messemer, Ingeborg Schöner, Rosl Schäfer.

Ein in der DDR unschuldig zu Zuchthaus Verurteilter und versehentlich Entlassener verfolgt in München die Mörder seiner Frau und gerät in die Netze der Geheimdienste.

*

Mercedes mon amour (Deutschland/Frankreich/Türkei 1993). P: Manfilm/L'Européan/Evren. R: Bay Okan. D: Ilyas Salman, Valerie Lemoine, Micky Sebastien, Alexander Gittinger.

Ein in München als Straßenkehrer arbeitender türkischer Gastarbeiter investiert all seine Ersparnisse in einen Mercedes, mit dem er in seine anatolische Heimat zurückkehren will, um der Bevölkerung seines Dorfes und vor allem seiner Jugendliebe sein Prunkstück voller Stolz zu präsentieren. Doch die Fahrt verläuft voller Hindernisse.

*

Messer im Kopf (Bundesrepublik Deutschland 1978). P: Bioskop/Hallelujah/WDR. R: Reinhard Hauff. D: Bruno Ganz, Angela Winkler, Hans Christian Blech, Heinz Hönig, Hans Brenner.

Ein junger Wissenschaftler wird bei einer Razzia in München als vermeintlicher Terrorist von der Polizei niedergeschossen. Als er aus dem Koma erwacht, ist er halb gelähmt und ohne Erinnerungsvermögen. Über die Vertuschungsversuche der Polizei empört versucht er, die Vorgänge zu rekonstruieren. Bei einer Konfrontation mit dem Polizisten, der seinerzeit den Schuß abgegeben hat, stellt sich heraus, daß damals Angst und Panik der Auslöser des Geschehens waren.

*

Mit dem Fremdenwagen durch München (Deutschland 1929). D: Karl Valentin, Liesl Karlstadt.

Der nur noch in Fragmenten erhaltene Film sollte offenbar für München werben, und Valentin und Karlstadt als komische Fremdenführer sollten seine Attraktivität erhöhen.

*

Mit Dir durch dick und dünn (Deutschland 1934). P: Bavaria. R: Franz Seitz (senior). D: Liesl Karlstadt, Hilde von Stolz, Paul Kemp, Adolf Gondrell, Joe Stöckel.

Ein Maler und ein Bildhauer in München besitzen zusammen nur einen Anzug, in dem sie abwechselnd ausgehen. Der Maler verliebt sich in ein Mädchen, dem er sich aber, um Schwierigkeiten mit seiner Freundin zu vermeiden, unter dem Namen des Bildhauers vorstellt. Mit diesem aber ist das Mädchen ohne es zu wissen nah verwandt. Es kommt zu allerlei Verwirrungen, die sich auf einem Faschingsfest in Schwabing lösen.

*

Mit Eichenlaub und Feigenblatt (Bundesrepublik Deutschland 1967). P: Cineropa. R: Franz-Josef Spieker. D: Werner Enke, Birke Bruck, Hans Fries, Christian Friedel, Ariana Calix.

"Ein junger Mann versucht verzweifelt, in der wiederbewaffneten Bundesrepublik eine heroische Soldatenkarriere zu machen, scheitert aber an der Mittelmäßigkeit und dem biedermännischen Provinzialismus des Establishments. Versuch einer kabarettistischen Satire auf alte und neue Formen des Militarismus, inszeniert im Stil einer lockeren Poprevue." (Lexikon des Internationalen Films) Der Film war schon lange nicht mehr zu sehen. Werner Enke sagte mir, daß der junge Mann, den er spielt, in München lebt, seine Karriere aber überwiegend außerhalb der Stadt sucht.

*

Mit mir nicht, du Knallkopp (Aktion Schmetterling, Bundesrepublik Deutschland 1982). P: Cinenova. R: May Spils. D: Werner Enke, Beatrice Richter, Michael Gahr, Henry van Lyck, Kurt Weinzierl.

Der Edelgammler Charly verhindert gemeinsam mit einer Agentin des Stasi die Einführung einer Wunderwaffe durch einen Waffenschieber und die Aneignung dieser Waffe durch den DDR-Geheimdienst. Da Schwabing auch nicht mehr das ist, was es einmal war, wurde ein Großteil der Handlung in zwei Orte diesseits und jenseits der deutsch-deutschen Grenze verlegt. Der Film sollte ursprünglich "Aktion Schmetterling" heißen (Enke/Spils bevorzugen diesen Titel nach wie vor), wurde aber unter dem obigen Titel in die Kinos gebracht und ist in allen Nachschlagewerken unter ihm zu finden.

*

Die Mitternachtsvenus (Bundesrepublik Deutschland 1951). P: Ferdinand Dörfler. R: Ferdinand Dörfler. D: Theo Lingen, Maria Andergast, Paul Kemp, Fita Benkhoff, Hubert von Meyerinck.

Ein Kleinstadtschneider macht sich durch extravagante Entwürfe unmöglich, zieht in die Großstadt, entwirft heimlich für ein Modehaus, wird zum Modediktator, zieht aber dann enttäuscht zurück in die Kleinstadt.

*

Mix Wix (Bundesrepublik Deutschland 1989). P: Herbert Achternbusch Filmprod. R: Herbert Achternbusch. D: Herbert Achternbusch, Monika Lemberger, Waggie Brömse, Annamirl Bierbichler, Alfred Edel.

Miw Wix, der Besitzer des gleichnamigen Münchner Kaufhauses, vernachlässigt sein Geschäft, um auf dem Dach seines Kaufhauses zu meditieren. Aber das macht nichts, weil der Laden dank seiner hervorragenden leitenden Mitarbeiter auch von alleine läuft. Als Mix Wix vom vergeblichen Warten auf einen positiven Beschluß des Stadtrats über die Aufstockung seines Kaufhauses zwecks Errichtung einer Tennisabteilung schon einen langen, weißen Bart bekommen hat, verschenkt er sein Kaufhaus an die Mitarbeiter. Die führen aus Dankbarkeit für ihn ein Spektakel auf, doch er sieht nicht hin, sitzt meditierend am Rand des Daches. Lebt er überhaupt noch?, ist die Abschlußfrage des Films.

*

Mönche, Mädchen und Panduren (Bruder Barnabas, Bundesrepublik Deutschland 1952). P: Ferdinand Dörfler. R: Ferdinand Dörfler. D: Joe Stöckel, Paul Hartmann, Marianne Schönauer, Lucie Englisch, Jasper von Oertzen.

Bruder Barnabas rettet München, indem er die erobernden Panduren mit seinem Starkbier betrunken

"Marie Ward"

macht, entlarvt den betrügerischen Secretarius des Kurfürsten und bringt einen Laienbruder mit dem geliebten Mädchen zusammen. Reale Außenaufnahmen wurden nur in Nymphenburg gedreht, der Rest in Kulissen, die alten Stichen nachempfunden (einmal sogar unter direkter Verwendung eines solchen) das München des 18. Jahrhunderts vorstellen mit - zur Identifikation - gelegentlich den Frauenkirchentürmen im Hintergrund.

*

Die Momskys oder Nie wieder Sauerkraut (Bundesrepublik Deutschland 1981). P: Blue Sway. R: Philipp Sonntag. D: Philipp Sonntag, Towje Kleiner, Sascha Bogojevic, Panos Papadopulos, Trude Breitschopf.

Eine chaotische Familie aus einem Münchner Glasscherbenviertel, die Momskys, will einen Millionärssohn entführen, um ans große Geld zu kommen. Da sie aber einerseits einen Doppelgänger erwischen und andererseits der Millionär froh wäre, seinen schwachsinnigen Sohn loszuwerden, gelingt die Sache nicht so recht. Man könnte das als die deutsche Antwort auf die "Flodders" bezeichnen - wenn diese niederländische Serie nicht später entstanden wäre. Ein wenig dürfte "Klimbim" Pate gestanden haben. Spätestens als die Momskys in einem Stadtplan die Villa des Millionärs suchen und nicht merken, daß es der von Frankfurt ist, muß dem Zuschauer klarwerden, daß München nicht der einzig mögliche Wirkungsort dieser Chaotensippe ist (womit nichts gegen Frankfurt gesagt sein soll).

*

Monaco Franze. Der ewige Stenz. Fernsehserie in 10 Teilen (Bundesrepublik Deutschland 1983). P: balance-film. R: Helmut Dietl, Franz Geiger. D: Helmut Fischer, Ruth Maria Kubitschek, Karl Obermayr, Christine Kaufmann, Erni Singerl.

Private Erlebnisse eines Münchner Kriminalpolizisten, der eine reiche Frau geheiratet hat und daher jetzt privatisiert, und der auf der ständigen Schürzenjagd ist.

*

Mord und Totschlag (Bundesrepublik Deutschland 1966). P: Rob Houwer. R: Volker Schlöndorff. D: Anita Pallenberg, Hans Peter Hallwachs, Manfred Fischbeck, Werner Enke.

Eine junge Frau erschießt im Streit und eher versehentlich ihren Freund, der sie verlassen will, beseitigt die Leiche mit Hilfe zweier fremder Männer und kehrt in ihren Alltag zurück. Schlöndorff wollte mit diesem Film das Lebensgefühl einer illusionslosen jungen Generation zeigen. Der Hauptschauplatz München scheint mir aber doch vor allem wegen des Gewichts, das der Produktionsort München hatte, gewählt.

*

Mozart - Aufzeichnungen einer Jugend. 2 Teile (Bundesrepublik Deutschland 1975). P: Artfilm Pitt Koch. R: Klaus Kirschner. D: Pavlos Bekiaris, Diego Crovetti, Santiago Ziesmer, Ingeborg Schroeder, Karl-Maria Schley.

Dokumentarfilmhaft zeigt der Film historische Tableaus und zitiert ausgiebig aus den Briefen von Mozarts Vater an seine Frau und seinem Briefwechsel mit dem Sohn. Mozart reist im zweiten Teil von Salzburg über München, Augsburg und Mannheim nach Paris. In München sucht er eine Anstellung am kurfürstlichen Hof, doch der Kurfürst bedauert: "Es ist keine Vakanz frei." Das ließ sich in Nymphenburg ganz gut drehen.

*

München (Deutschland 1938). P: Bavaria. R: Ulrich Kayser. D: Karl Valentin, Weiß-Ferdl, Adolf Gondrell.

Repräsentativ gedachter Kulturfilm über München, über den man heute nur noch spricht, weil er kurze Auftritte einiger Münchner Volksschauspieler (z.B. Karl Valentin in der "Nacht der Amazonen") enthält. "Der Film wurde auf persönlichen Wunsch von Hitler verboten, vermutlich, weil seine Rolle als Bauherr des neuen München unterbewertet schien." (Karl Valentin. Volkssänger? Dadaist?, S. 267)

*

München 1972 (Bundesrepublik Deutschland/USA 1972). P: Bavaria/Wolper Pictures. R: Milos Forman, Kon Ichikawa, Claude Lelouch, Juri

Oserow, Arthur Penn, Michael Pfleghar, John Schlesinger, Mai Zetterling.

Sieben renommierte Regisseure und eine Regisseurin aus acht Ländern filmten ihre subjektiven Eindrücke von den Olympischen Spielen in München. Das Ergebnis ist weder ein Dokumentarfilm im engeren Sinne, noch ein Spielfilm, vielmehr ein Versuch, von früheren Olympiafilmen abzurücken und der immer größer werdenden Bedeutung des Fernsehens, die diese Art Filme überflüssig machte, Rechnung zu tragen.

*

München - Geschichte einer Stadt 1900-1945 (Bundesrepublik Deutschland 1982). P: Chronos. R: Jochen Bauer.

Mit eindrucksvollen Dokumentaraufnahmen und etwas salbungsvollem Kommentar wird die Geschichte der Stadt vom Anfang des Jahrhunderts bis zum Ende des Zweiten Weltkriegs als Mahnung an die junge Generation dargestellt.

*

Münchner Geschichten Fernsehserie in 9 Teilen (Bundesrepublik Deutschland 1974). P: Intertel. R: Helmut Dietl, Herbert Vesely. D: Therese Giehse, Günther Maria Halmer, Kurt Raab, Monika Lundi, Towje Kleiner.

In sich abgeschlossene Folgen mit humoristischen Münchner Alltagsgeschichten.

*

Ein **Münchner im Himmel** (Bundesrepublik Deutschland 1962). P: Walter und Traudl Reiner. R: Walter und Traudl Reiner.

Die berühmte, von Adolf Gondrell gesprochene Version von Ludwig Thomas noch berühmterer Geschichte vom Dienstmann, den am Münchner Hauptbahnhof der Schlag trifft, der im Himmel nicht recht heimisch wird und der deshalb hin und wieder nach München darf, wo er sich wie im Himmel fühlt, als Zeichentrickkurzfilm.

*

Die **Münchner Räterepublik**. 1. Teil: Kurt Eisner - zwischen Demokratie und Diktatur. 2. Teil: Ende mit Schrecken (Bundesrepublik Deutschland 1971). P: Intertel. R: Helmuth Ashley. D: Charles Regnier, Peter Pasetti, Karl Lange, Christoph Bantzer, Wolfgang Weiser.

Fernseh-Dokumentarspiel über die Geschehnisse in der Münchner Räterepublik 1918/1919.

*

Münchnerinnen (Bundesrepublik Deutschland 1975). P: Elan-Film. R: Eberhard Itzenplitz. D: Hilde Lermann, Hermann Schlögl, Eva Kinsky, Trude Breitschopf, Peter Musäus.

Fernsehfilm nach dem Roman von Ludwig Thoma, näher an der Vorlage als der Kinofilm von 1944.

*

Münchnerinnen (Über alles die Liebe, Deutschland 1944/45). P: Bavaria. R: Philipp Lothar Mayring. D: Gabriele Reismüller, Hans Holt, Heli Finkenzeller, Hannes Keppler, Margarete Haagen.

Zwei Münchnerinnen werden auf unterschiedliche Weise mit den Männern fertig. Die eine treibt ihrem Mann die Ehemüdigkeit mit dem Rezept Eifersucht aus, die andere serviert gerade noch rechtzeitig den Hallodri von Erben der Compagnons ihrer Erbtante ab und heiratet einen feschen Jurastudenten gegen den Widerstand seines adelsstolzen Vaters. Der Film (nach dem Roman von Ludwig

Thoma) beginnt mit einem Schwenk über ein Münchenpanorama, beginnend mit der Frauenkirche. Er ist aber zur Gänze, auch in den Straßenszenen, im Atelier (kriegsbedingt in Prag) gedreht. Dennoch werden sehr geschickt echte Außenaufnahmen (mit Reismüller und Holt) im Englischen Garten, u.a. am Monopteros, mit München-Silhouette im Hintergrund, vorgetäuscht.

*

Das muntere Sexleben der Nachbarn (Bundesrepublik Deutschland 1977). P: Anima. R: Rudolf Krause. D: Margot Mahler, Claus Tinney, Jane Ivanoff, Helge Hahnenfeld, Sepp Gneissl.

"Lustspiel um die Sexabenteuer eines münchner Ehepaares und seiner Nachbarn." (Koschnitzki: Deutsche Filme 1978)

*

Muß man sich gleich scheiden lassen? (Bundesrepublik Deutschland 1953). P: NDF. R: Hans Schweikart. D: Hardy Krüger, Ruth Leuwerik, Tilda Thamar, Hans Söhnker, Fita Benkhoff.

Ein Rennfahrer geht beim unfallbedingten Rehabilitationsaufenthalt in der Schweiz beinahe fremd, während seine Frau in München, um das Ersparte nicht angreifen zu müssen und Geld für eine gemeinsame Reise zu verdienen, für eine Illustrierte arbeitet. Als die Möchtegernrivalin ihr gegenüber ihre Ansprüche auf den Mann geltend macht, spielt sie diesem ihrerseits die Ungetreue vor. Es kommt zur Trennung, doch als sie, trotz der Reue des Mannes, allein abfahren will, führen ihre Freunde sie wieder zusammen. Der Film hat mit seinem Haupthandlungsort München nicht viel zu tun, und gemäß seiner Herkunft von einem Theaterstück Schweikarts zeigt er auch fast nichts von der Stadt, spielt in einigen wenigen fest umgrenzten Räumen wie Wohnungen, Gärten und Terrassen.

*

Nach Wien! (Bundesrepublik Deutschland 1982). P: Ludolph Weyer Film/Friedemann Beyer/NDR. R: Friedemann Beyer. D: Friedrich Steinhauer, Axel Witte, Edith Schwägerl, Gaby Pazourek, Marianne Brandt.

Zwei Freunde brechen - von München enttäuscht - voller romantischer Erwartungen nach Wien auf, werden aber mehr und mehr ernüchtert.

*

Die Nacht der Regisseure (Deutschland 1994). P: BFI TV. R: Edgar Reitz.

Ein Film zum Hundertjahrs-Jubiläum des Kinos. Rund 30 Persönlichkeiten des deutschen Films äußern sich über dessen hundertjährige Geschichte. Und da Reitz diese Persönlichkeiten wohl kaum an einem Ort hätte versammeln können, tut er es in einer virtuellen Kinemathek. Diese steht in München, was Reitz mit den Worten begründet: "Wir befinden uns in München. Diese Stadt versteht sich als Filmmetropole. Immerhin entstand hier der Neue Deutsche Film. Und fast alle wichtigen deutschen Regisseure, Produzenten und Schauspieler lebten oder arbeiteten einmal in dieser Stadt. ... Film war immer ein Sieg der Phantasie über die Wirklichkeit. So ist also auch diese neue Münchner Kinemathek nur eine filmische Realität, ein Entwurf der Phantasie von einem Filmemacher für die Filmfreunde, die das zweite Kinojahrhundert mit einem Triumph beginnen wollen." Zu Anfang führt der Hausherr Enno Patalas den Regisseur gar nicht triumphierend durch sein virtuelles Reich, das nun wirklich für den Filmfreund keinen Wunsch offenläßt. Kein Science-Fiction-Film, sondern Film als Ersatzbefriedigung.

*

Die Nacht der Wölfe (Bundesrepublik Deutschland 1981). P: Monika Nüchtern/Pro-ject/Radio Bremen. R: Rüdiger Nüchtern. D: Daniela

Obermaier, Karl Heiner von Liebezeit, Fritz Gattinger, Sabine Gundlach, Gabi Laszlo.

Eine Rockerbande in Haidhausen provoziert türkische Jugendliche. Es kommt zu einer tätlichen Auseinandersetzung, in deren Verlauf ein zunächst unbeteiligter türkischer Junge den Tod findet. Durch den starken Lokalbezug wird nicht etwa suggeriert, daß es sich hier um spezifische Münchner Probleme handele, sondern gezeigt, daß die Großstadtprobleme Münchens denen anderer Städte gleichen.

*

Die **Nacht mit Chandler** (Bundesrepublik Deutschland 1979). P: Olga-Film/Bayerischer Rundfunk. R: Hans Noever. D: Agnes Dünneisen, Rio Reiser, Thomas Schücke, Vania Vilers, Ray Verhaege.

Eine junge Frau sucht in München per Inserat Hinweise auf den Mörder ihres Bruders. Zwei junge Männer schicken sie mit fingierten Hinweisen auf eine Reise über Aachen durch Belgien und Nordfrankreich, folgen ihr und erleichtern sie hin und wieder um ein paar Scheinchen. Als sie das Spiel durchschaut, präsentieren sie ihr einen vermeintlichen Verfolger. Mit diesem, einem Schweizer namens Raymond Chandler, hat sie eine leidenschaftliche Liebesnacht. Dann reisen sie in verschiedenen Richtungen weiter. Wie auch in Noevers anderem Road Movie "Lockwood Desert, Nevada" spielt nur die Exposition der Geschichte in München, das aber hier ausführlicher und spezifischer eingebracht wird und auf das auch im weiteren Verlauf der Handlung immer wieder verwiesen wird.

*

Nachts auf den Straßen (Bundesrepublik Deutschland 1951). P: NDF. R: Rudolf Jugert. D: Hans Albers, Hildegard Knef, Lucie Mannheim, Marius Goring, Karin Andersen.

Ein Fernfahrer wird, von einem jungen Mädchen verlockt, von einer Bande in einen Einbruch verwickelt, vereitelt den Abtransport der Beute durch einen fingierten Unfall, wird verhaftet, aber von dem reumütigen Mädchen rehabilitiert. Der Film spielt zwischen München, wo der Fernfahrer mit seiner Frau lebt, und Frankfurt, wo er das Mädchen und die Bande kennenlernt, hauptsächlich aber "nachts auf den Straßen", auf der Autobahn zwischen diesen beiden Städten, zwischen denen der Fernfahrer seine Fuhren in der Regel hat. Außenaufnahmen in München haben den Produktionsangaben zufolge nicht stattgefunden.

*

Der **Neger Erwin** (Bundesrepublik Deutschland 1981). P: Herbert Achternbusch Filmprod. R: Herbert Achternbusch. D: Herbert Achternbusch, Helga Loder, Annamirl Bierbichler, Siegfried Mayer, Gaby Geist.

"Ein Haftentlassener versorgt sich mit rohen Eiern. Im Hauptbahnhof wird er mit einem Filmemacher verwechselt. Einer Reporterin gibt er ein Interview. Er braucht eine Frau, aus der er einen Star machen kann. In Frage kommt nur die Wirtin der Gastwirtschaft 'Zum Neger Erwin', wo er vormals angestellt war, und zwar als Neger angestellt, weil seit Jahrhunderten der Wirtschaft das Recht geschrieben ist, sich einen Neger als Hund zu halten." (Achternbusch über den Inhalt seines Films)

*

Neonstadt (Bundesrepublik Deutschland 1981). P: Tura/Trio. R: Dominik Graf, Johann Schmid, Stefan Wood, Gisela Weilemann, Wolfgang Büld, Helmer von Lützelburg. D: Billie Zöckler, Axel Kuner, Wolfgang Fink, Charles Brauer, Stefan Wood.

Fünf Episoden über Probleme und Sehnsüchte der Großstadtjugend Anfang der achtziger Jahre, gedreht von Absolventen der Münchner Hochschule für Fernsehen und Film an Münchner Schauplätzen.

*

Der **Neue Schulmädchen-Report** [2. Teil] - Was Eltern den Schlaf raubt (Bundesrepublik Deutschland 1971). P: Rapid. R: Ernst Hofbauer. D: Friedrich von Thun, Christine Snyder, Rosl Mayr, Karin Götz, Hans Heiking.

Der "Reporter" Friedrich von Thun führt seine "Straßeninterviews" diesmal (vgl. auch Teil 1 unter "Schulmädchen-Report") statt auf der Leopoldstraße auf dem Ku-Damm, um zu zeigen, daß die hier "dokumentierten" Probleme bundesweit gelten. Die Fallgeschichten bzw. die wenigen Außenaufnahmen dazu aber wurden der Bequemlichkeit halber von der Münchner Produktion wieder in München (und in einem Fall auf dem Land in Oberbayern) abgefilmt.

*

Neun Leben hat die Katze (Bundesrepublik Deutschland 1968). P: Ula Stöckl, Thomas Mauch. R: Ula Stöckl. D: Liane Hielscher, Christine de Loup, Jürgen Arndt, Elke Kummer, Alexander Kaempfe.

Die in München lebende Katharina hat ein Verhältnis mit dem verheirateten Stefan, der von Ann, die in Katharina ihre Mutterfigur sieht, getötet wird. Die Versuche von Katharina und Ann, aus ihren Abhängigkeiten auszubrechen, scheitern.

*

Nicht fummeln, Liebling (Bundesrepublik Deutschland 1969). P: Cinenova. R: May Spils. D: Werner Enke, Gila von Weitershausen, Henry van Lyck, Benno Hoffmann, Elke Hart (d.i. Elke Haltaufderheide).

Der Held aus "Zur Sache, Schätzchen" hat es diesmal nicht nur mit borniertenn Spießern, sondern auch mit einigen Möchtegernrevolutionären, einem trotteligen Ganoven und vor allem wieder mit der Polizei zu tun, welch letztere sehr viel unfreundlicher gezeichnet wird, als im Vorgängerfilm. Während dem Helden zunächst alles zuviel "Action" ist, läuft er zu großer Form auf, als er ein Mädchen aus gutbürgerlichem Hause kennenlernt, das auf ihn eingeht. Als "Schelmenstück aus der Münchner Subkultur" (Lexikon des Internationalen Films) ist der Film etwas zu satirelastig. Ob er deswegen gar besser ist, als "Zur Sache, Schätzchen", wie Werner Enke selbst meint, ist sicher Geschmackssache. Meine Lieblingsszene ist im übrigen die, in der Werner Enke als Komparse in Geiselgasteig (Henry van Lyck versucht immer noch unermüdlich, ihm Jobs zu verschaffen) bei Dreharbeiten zu einer Filmszene Karl Schönböck und Erica Beer aus dem Konzept und zur Verzweiflung bringt. Eine subtile Rache dafür, daß die Bavaria Enke zwei Jahre vorher einen Job als Komparse verweigert hatte.

Night Train - Der letzte Zug in die Nacht (Italien 1975). P: European. R: Aldo Lado. D: Flavio Bucci, Macha Meril, Gianfranco de Grassi, Marina Berti, Franco Fabrizi.

"Zwei Mädchen werden auf der Reise von München nach Italien vergewaltigt und ermordet. Der Vaters eines der beiden Opfer übt blutige Rache." (Lexikon des Internationalen Films)

*

Nimm mich in die Arme (Embrasse-moi, Frankreich 1988). P: Go-Films/La Sept. R: Michèle Rosier. D: Sophie Rochut, Philippe Clévenot, Dominique Valadié, Patrick Chesnais, Anouk Grinberg.

Ein sensibles Mutter-Tochter-Eifersuchtsdrama. "Von einem Konzert in München bringt Nora einen Liebhaber mit". (Fischer Film Almanach 1995)

*

Nullpunkt (Bundesrepublik Deutschland 1980). P: Jochen Richter/Elektra. R: Jochen Richter. D: Hans Peter Hallwachs, Victoria Tennent, Heinz Trixner, James Faulkner, Roger Fritz.

"Münchner Profi-Ganove wird in die Intrigen zwischen einem Rechtsanwalt, einem Klinik-Direktor und dessen geschiedener Frau verwickelt." (Filmjahr 80/81, S. 340) "Trivial-Krimi im Münchner Schickeria-Milieu." (Filmjahr 81/82)

*

Nur über meine Leiche (Deutschland 1994). P: Engram Pictures/TiMe Filmverleih/ARRI. R: Rainer Matsutani. D: Katja Riemann, Christoph M. Ohrt, Ulrike Folkerts, Julia Brendler, Felix Eitner.

Ein Macho darf nach seinem Tod, den seine Frau mittels eines Profikillers herbeigeführt hat, unter der Bedingung wieder auf die Erde - nach München - zurück, daß er drei Frauen, die er unglücklich gemacht hat, erlöst. Der Schauplatz München ist austauschbar und auch nur an winzigen Details (Autokennzeichen, die Erwähnung der Barer- und der Arcisstraße als Einsatzorte im Polizeifunk) erkennbar.

Oh Happy Day (Bundesrepublik Deutschland 1970). P: Caro. R: Zbynek Brynych. D: Anne-Marie Kuster, Nadja Tiller, Karl-Michael Vogler, Eckart Dux, Amadeus August.

Ein pubertierendes Mädchen fühlt sich von seinen Eltern, den Lehrerinnen in der Klosterschule und von seinem Freund, einem ehrgeizigen und daher vielbeschäftigten Studenten unverstanden und hat ebenso lüsterne wie poppige Träume, bis es endlich im Bett des Freundes landet. München als Handlungsort wird mit fast touristischer Intensität gezeigt.

*

Die Olympiasiegerin

Oh, Jonathan - oh, Jonathan (Bundesrepublik Deutschland 1973). P: Terra Filmkunst. R: Franz Peter Wirth. D: Heinz Rühmann, Franziska Oehme, Peter Fricke, Paul Dahlke, Paul Verhoeven.

Ein todkranker Multimillionär will auf dem Totenbett unbedingt noch die Braut seines Sohnes kennenlernen. Da diese gerade nicht verfügbar ist und es scheinbar um Minuten geht, jubelt ihm der Sohn in frommer Absicht eine arme Musikstudentin unter. Diese möbelt aber die Lebensgeister des Alten derart auf, daß er schon bald wieder seine Umgebung tyrannisiert. Die vermeintliche Schwiegertochter in spe gefällt ihm so gut, daß er, als er ungewollt die Wahrheit erfährt, dennoch deren Heirat mit dem Sohn herbeiführt. Um die eigentlich eingeplante Dame ist es auch nicht schade. Nur aufgrund weniger Indizien (eine Zeitung "Abendkurier", die überdeutlich der "Abendzeitung" nachempfunden ist, Münchner Auto-Kennzeichen, eine Bemerkung des Bahnhofs-Gepäckträgers Beppo Brem - des einzigen Bayern im Team -, beinahe hätte er bis Augsburg mitfahren müssen) wird deutlich, daß der Film in München spielt. Das ist auch völlig ohne Belang bei diesem läppischen Remake der wunderbaren amerikanischen Charles-Laughton-Komödie "Die ewige Eva".

*

Oktoberfest (Oktoberfest, Jugoslawien 1987). P: Inex Film. R: Dragan Kresoja. D: Svetislav Bule Goncic, Zoran Cvijanovic, Zarko Lausevic, Vladica Milosavljevic, Zeljka Cvijetan.

"Porträt einer Gruppe arbeitsloser Jugendlicher in Belgrad, die in ausweisloser Situation den Traum vom Münchner Oktoberfest als Inbegriff des goldenen, freien Westens träumt." (Lexikon des Internationalen Films) "Ein Traum von einem Film, weil Regisseur Dragan Kresoja die Münchner Oktoberfest-Wunschwelt seines Helden Lule wie ein [sic!] Film in seinem Traum vom westlichen Kino inszeniert." (Film-Jahrbuch 1990)

*

Oktoberfest - da kann man fest (Bundesrepublik Deutschland 1973). P: Regina. R: Christian Kessler. D: Ulrike Butz, Josef Moosholzer, Dorothea Rau, Alena Penz, Monica Marc.

Drei Provinzler fahren nach München zum Oktoberfest, um unter dem Vorwand, für die bessere sexuelle Befriedigung ihrer Ehefrauen trainieren zu müssen, einige Mädchen aufzureißen. Das geht solange schief, bis sie drei Prostituierten auf den

Leim gehen. Ihre Ehefrauen kommen ihnen aber schon bald auf die Schliche. Mit Außenaufnahmen geht der Film so verschwenderisch um, wie kaum ein anderer Sexfilm, so daß der Schauplatz München so präsent ist, wie nur selten im Film überhaupt.

*

Die **Olympiasiegerin** (Bundesrepublik Deutschland 1983). P: Herbert Achternbusch Filmprod. R: Herbert Achternbusch. D: Herbert Achternbusch, Annamirl Bierbichler, Gabi Geist, Tobias Frank, Maite Nahyr.

Der noch ungeborene Herbert sucht sich seine Eltern selbst aus, den Münchner Zahnarzt Adi, den er zu diesem Zweck erst von seiner Frau Gabi loseisen muß - oder existiert Gabi nur im Traum? - und die Sportlerin Ilona, die unbedingt Olympiasiegerin werden will, aber, weil Herberts Geburt dazwischenkommt, ihren Traum auf den Sohn überträgt.

*

Onkel Filser - Allerneueste Lausbubengeschichten (Bundesrepublik Deutschland 1966). P: Franz-Seitz-Film. R: Werner Jacobs. D: Michl Lang, Hansi Kraus, Fritz Tillmann, Monika Dahlberg, Elfie Pertramer.

Ludwig geht mit dem Landtagsabgeordneten Filser nach München, um da die höhere Schule zu besuchen, muß aber schon bald zurück nach Ober-Mingharting, um seine Mutter vor den Gelüsten des Amtmanns nach ihrem Haus zu beschützen. Zusammengeschrieben aus Motiven mehrerer Ludwig-Thoma-Werke (Erster Klasse, Lausbubengeschichten, Josef Filsers Briefwexel). Merkwürdige Mischung aus Ludwig-Thoma-Satire (nur noch wenig) und Lümmelfilm, dessen Hauptmeister Franz Seitz später wurde.

*

Opfer der Leidenschaft (Sirenengesang/Une Femme Fatale, Bundesrepublik Deutschland/ Frankreich 1976). P: Bavaria/Les Films de la Seine. R: Jacques Doniol-Valcroze. D: Anicée Alvina, Heinz Bennent, Jacques Weber, Tilli Breidenbach, Franziska Bronnen.

Ein eifersüchtiger Chefpilot einer internationalen Fluggesellschaft mit Sitz in München, der von seiner Frau mit einem Kollegen betrogen wird, tötet den Rivalen, indem er die Landeautomatik seines Flugzeugs verstellt.

*

Ortelsburg - Szczytno (Bundesrepublik Deutschland 1990). P: Peter Goedel/Bayerischer Rundfunk/WDR. R: Peter Goedel. D: Arek Rolka, Pawel Kowalczyk, Darek Dzwolak, Krystyna Kolodziejczak, Jadwiga Wilasz.

Verfilmung der Jugenderinnerungen Wolfgang Koeppens. Demgemäß steht Koeppens Geburtsort Ortelsburg (polnisch: Szczytno) im Mittelpunkt. Durch die Erzählperspektive wird der heutige Wohnort Koeppens einbezogen: "Der alte Mann blickt aus dem Fenster seiner Münchner Wohnung auf Menschen und Orte der Vergangenheit und tritt in den Dialog mit dem polnischen Jungen Pawel, der in Szczytno lebt und zeitweise die Kinderrolle des Autors übernimmt." (Fischer Film Almanach 1993)

*

Ostfriesen-Report: O mei, haben die Ostfriesen Riesen (Laß jubeln, Zenzi!, Bundesrepublik Deutschland 1973). P: Cinema 77. R: Walter Boos. D: Josef Moosholzer, Margot Mahler, Joachim Hackethal, Alena Penz, Alexandra Bogojewic.

Eine bayerische Werbetruppe versucht, Ostfriesinnen für ein Münchner Nachtlokal anzuheuern und gerät dabei in allerlei Kalamitäten. In den wenigen Szenen in München zu Beginn wird nicht einmal gezeigt, warum es denn mit den bayerischen Mädchen nicht klappt, daß man gleich bis Ostfriesland fahren muß. Proporzdenken, weil es schon so viele "Lederhosenfilme" gibt?

*

Der **Papagei** (Deutschland 1992). P: Factory Entertainment im Auftrag des Bayerischen Rundfunks. R: Ralf Huettner. D: Harald Juhnke, Dominic Raacke, Ilse Zielstorff, Veronica Ferres, Daniela Lunkewitz.

Der abgehalfterte Schauspieler Did, der sich als Marktschreier für Gemüsehobel durchs Leben schlägt, wird von einer neuen, rechtsextremen Partei in eben dieser Funktion (auch wo die Partei hobelt, fallen Späne) angeheuert und zum Spitzenkandidaten aufgebaut. Erst im letzten Moment kann er sich dem Intrigenspiel der Partei entziehen. Bayern und München sind längst nicht mehr (wie in "Erfolg") der einzige ideale Nährboden für rechtsextreme Parteien. Deshalb ergab sich der Drehort wohl mehr aus der Ansiedlung von Produktion und Auftraggeber. Oder?

*

§ 218 - Wir haben abgetrieben, Herr Staatsanwalt (Bundesrepublik Deutschland 1971). P: Rob Houwer. R: Rob Houwer, Eberhard Schröder. D: Astrid Frank, Petra V. Milchert, Doris Arden, Sybil Danning, Renate Kasche.

Ein zwiespältiger Aufklärungsfilm, der in neun Episoden in verschiedenen Orten, darunter auch München, für die Reform des Abtreibungsparagraphen plädiert, aber spekulativ auch die Erwartungen von Sexfilmkonsumenten bedient.

*

Parker (Parker, Großbritannien 1984). P: Moving Picture Company. R: Jim Goddard. D: Bryan Brown, Cherie Lunghi, Kurt Raab, Hannelore Elsner, Bob Peck.

Parker, ein englischer Geschäftsmann, wird in München, wo er seine Geliebte besucht hat, entführt, aber nach einigen Tagen ohne Erpressungsversuch wieder freigelassen. Da ihm der ermittelnde Polizeikommissar nicht glaubt, untersucht er den Fall alleine. Mehr durch Zufall findet er heraus, daß seine Geliebte mit drei Komplizen die Entführung durchgeführt hat, um von seinem drogensüchtigen Bruder, den er seit Jahren nicht mehr gesehen hatte und der Kurier einer Rauschgifthändlerbande ist, eine Sendung Heroin zu erpressen. Sowohl die Geliebte und ihre Komplizen als auch sein Bruder werden von zwei Killern der Bande ermordet. Parker spürt die Killer auf und erschießt sie. Eine Anspielung des Polizeikommissars auf die Oetker-Entführung läßt das Motiv für die Wahl des Handlungsortes ahnen: Die Assoziationen mit dem spektakulären Fall sollen zusätzlichen Thrill erzeugen. Parker wird nach einem Opernbesuch entführt. Das Nationaltheater wird auch von außen gezeigt; die Innenaufnahmen - eine Loge, keine Ausschnitte einer Inszenierung - sind aber offensichtlich nicht dort entstanden. Man hört Musik aus Berlioz' "Damnation de Faust" und Parker hält einen Münchner Programmzettel in der Hand. Das Werk ist aber 1994 mindestens seit einigen Jahrzehnten das erstemal wieder auf dem Münchner Spielplan gewesen. Da der derzeitige Münchner Staatsopernintendant vorher in London, dem Haupthandlungs- und Produktionsort des Films wirkte... Nein, ich will nicht spekulieren.

*

Der **Pedell** (Bundesrepublik Deutschland 1971). P: ZDF. R: Eberhard Itzenplitz. D: Manfred Seipold, Heinz Schacht, Heinz Michael Rehberg, Gustl Bayrhammer, Claudia Butenuth.

Fernsehspiel über den Pedell der Münchner Universität, der 1942 die Geschwister Scholl beim Verteilen von Flugblättern überraschte und so ihre Verhaftung und Hinrichtung herbeiführte, zugleich ein Film über die Versuche eines jungen Autors, ein Fernseh-Drehbuch über diesen Pedell zu schreiben.

*

Peterle (Deutschland 1943). P: Bavaria. R: Joe Stöckel. D: Joe Stöckel, Elise Aulinger, Ludwig Meier, Gabriele Reismüller, Albert Janscheck.

Ein Münchner Brauereifahrer und überzeugter Junggeselle nimmt das vierjährige Söhnchen seiner ledigen Nichte auf und will sich dann gar nicht mehr von ihm trennen. Eine Standlbesitzerin vom Viktualienmarkt, die ein Auge auf ihn geworfen hat, sorgt dafür, daß das Kind bei ihm bleiben darf, wofür sie glatt geheiratet wird. Der Film spielt so ziemlich an allen gängigen und berühmten Münchner Schauplätzen, auch wenn sie zum Teil im Atelier nachgebaut scheinen. Der Beruf der Hauptfigur gibt Gelegenheit, München ausgiebig als Stadt des Bieres vorzuführen.

*

Philine (Ein Mädel für frohe Stunden, Deutschland 1945). P: Bavaria. R: Theo Lingen. D:

Winnie Markus, Siegfried Breuer, Theo Lingen, Susi Nicoletti, Lucie Englisch.

Ein Scheidungsanwalt ist aufgrund seiner beruflichen Erfahrungen zwar der Damenwelt zugeneigt, nicht aber der Ehe. Obwohl er gegenüber der Mitarbeiterin eines Schreibbüros tiefer empfindet, täuscht die ihm vor, verheiratet zu sein, als sie von seinen vielen Liebschaften erfährt. Nach einigen überflüssigen Verwicklungen werden die beiden schließlich ein Paar. Der Münchner (Haupt-)Schauplatz wird lediglich verbal beschworen und spielt für die Handlung keinerlei Rolle.

*

Piratensender Powerplay (Bundesrepublik Deutschland 1981). P: Lisa. R: Siggi Götz. D: Thomas Gottschalk, Mike Krüger, Evelyn Hamann, Gunther Philipp, Rainer Basedow.

Tommy und Mike betreiben aus Unzufriedenheit mit dem öffentlich-rechtlichen Rundfunkprogramm in München einen Piratensender mit Popmusik. Kurz bevor sie auffliegen, nimmt Mikes Schwester, eine Religionslehrerin in einem Internat, die Sache in die Hand und zieht sie kommerziell, das heißt mit Werbung auf. Um nicht angepeilt werden zu können, wird aus einem Wohnmobil gesendet; und jetzt geht's erst richtig los in und um München. Doch zum Schluß vereinnahmt der Bayerische Rundfunk die beiden, um nicht noch mehr Hörer zu verlieren. Der Film, eine frühe Werbeveranstaltung für Privatrundfunk und -fernsehen, hat prophetische Momente, verschenkt sein Thema aber insgesamt an billigste Klamotte. Daß er in München spielt, ist natürlich kein Zufall.

*

Pornokratie (Bundesrepublik Deutschland 1970). P: Kerstinfilm. R: Hans Mars (d.i. Heinz Gerhard Schier). D: Elfi Jannik, Helga Hartmann, Trude Evers.

"Elfi und Polly lassen sich von einem Sexfotografen anmachen. Sie vernaschen und berauben ihn und fahren mit seinem Wagen nach München, wobei sie unterwegs noch schnell zwei 'Gammler' bedienen." (Hahn: Lexikon des erotischen Films)

*

Prinzessin Sissy (Prinzessin Wildfang, Österreich 1938). P: Mondial. R: Fritz Thiery. D: Traudl Stark, Paul Hörbiger, Gerda Maurus, Hansi Knoteck, Otto Treßler.

Herzog Max in Bayern tritt gegen den strengen Befehl des Königs (Ludwig I.) im Zirkus auf, seine kleine Tochter Sissy verschenkt einen kostbaren Halsschmuck der Tante Königin von Preußen, um dem Zirkusdirektor zu helfen. Der Schmuck taucht am Hals einer hübschen Pfandleiherstochter auf, so daß die Herzogin glaubt, ihr Mann halte sich eine Geliebte. Zum Schluß aber wendet der Charme des Kindes alles zum Guten. Spielt zu einem ganz kleinen Teil in Potsdam, zum allergrößten Teil zwischen (falschem - wie in den späteren "Sissi"-Filmen) Possenhofen und München. Von München wird nichts Reales gezeigt; auch die meisten Freiluftszenen sind in Kulissen gedreht. Gezeigt wird viel Biedermeierliches - und falsche Schlösser.

*

Prostitution heute (Mädchen, zur Liebe gezwungen, Bundesrepublik Deutschland 1970). P: Terra Filmkunst. R: Ernst Hofbauer. D: Manfred Spies, Claudia Gerstäcker, Marlene Rahn, Ursula Heyer, Christina Dass.

In Report-Manier aufgemachter Episodenfilm über die Erscheinungsformen der Prostitution in deutschen Großstädten anhand angeblich authentischer Fälle. München muß für das "Hostessen"-Wesen und die "Massageinstitute" herhalten. Der Schauplatz wird durch eine Einstellung auf das Glockenspiel am Rathaus verdeutlicht, wobei schon im Vorspann in einem Überblick über die berüchtigsten Rotlicht-Bezirke in Deutschland München durch eine Kombination von Einstellungen auf Frauenkirche und "MEX-Haus" vertreten war.

*

Pumuckl und der blaue Klabauter (Deutschland 1992/93). P: Infafilm/Bayerischer Rundfunk. R: Alfred Deutsch. D: Gustl Bayrhammer, Towje Kleiner, Enzi Fuchs, Heinz Eckner, Walo Lüönd.

Pumuckl verläßt den Münchner Schreinermeister Eder, um dem blauen Klabauter, aus dessen Familie er stammt, zu folgen, kehrt aber nach einiger Zeit und enttäuschenden Erfahrungen reumütig zu

Eder zurück. (Vgl. "Meister Eder und sein Pumuckl")

*

Punch Drunk (Bundesrepublik Deutschland 1986). P: Herbert Achternbusch Filmprod. R: Herbert Achternbusch. D: Herbert Achternbusch, Annamirl Bierbichler, Gabi Geist, Esther Donatz, Gunter Freyse.

"Herbert Achternbusch durchforstet in der Rolle des bayerischen Staatssekretärs die sexuellen Nöte in seinem Ministerium, avanciert zum Kultusminister und verirrt sich als buddhistischer Mönch auf eine Atom-Party, bevor er als Wasserleiche in einem frivolen Spiel mit makabrer Mordlust endet." (Lexikon des Internationalen Films)

*

Quelle Günther (Bundesrepublik Deutschland 1980). P: Hochschule für Fernsehen und Film, München. R: Matthias von Gunten. D: Rainer Grenkowitz, Rainer Steffen, André Harberg, Ulrike Rademacher, Detlev Kügow.

"Ein arbeitsloser junger Mann wird vom Verfassungsschutz angeworben und als Spitzel in eine kommunistische Münchner Gruppe eingeschleust." (Lexikon des Internationalen Films)

*

Rama dama

Rama dama (Deutschland 1990). P: Perathon. R: Joseph Vilsmaier. D: Dana Vavrova, Werner Stocker, Hans Schuler, Ivana Chylkova, Josef Kemr.

Die Frau eines im Krieg Verschollenen läßt sich, zunächst widerwillig, mit einem anderen Mann ein, bis plötzlich der totgeglaubte Ehemann heimkehrt. Der Neue räumt kampflos das Feld. Da der Film im völlig zerstörten München spielt, gibt es naheliegenderweise kaum einmal reale Aufnahmen aus der Stadt. Beim titelgebenden Rama dama, der großen Bombenschutt-Aufräumaktion, wird gelegentlich ein Prospekt der Frauenkirche im Hintergrund gezeigt, um das Lokalmilieu zu verdeutlichen.

*

Der **Rausschmeißer** (Bundesrepublik Deutschland 1989). P: telemünchen/ZDF. R: Xaver Schwarzenberger. D: Claudia Messner, David Martin, Hans Diehl, Hanno Pöschl, Manfred Zapatka.

Ein geistig zurückgebliebener, aber bärenstarker junger Mann, der als Rausschmeißer in einem Provinz-Nachtklub arbeitet, verliebt sich in ein verwahrlostes Mädchen, das schon früh Erfahrungen mit der Prostitution gesammelt hat. Sie flieht aus ihrem niederbayerischen Provinzkaff nach München und gerät dort in die Fänge von Zuhältern. Der Rausschmeißer ist ihr gefolgt, findet sie nach langer Irrfahrt, tötet einen der Zuhälter, wird dann aber von den anderen erschossen. Eine Variante von "Die Schöne und das Biest", aber brutal-realistisch, weder märchenhaft wie bei Cocteau, noch exotisch wie bei "King Kong" und schon gar nicht putzig wie bei Disney. Wenn die Schöne nicht sagen würde, daß sie nach München geht, man würde es der Stadt, die hier kalt und herzlos, aber eben auch uncharakteristisch wie sonst selten gezeigt wird, außer an den Autokennzeichen nicht anmerken.

*

Regimentsmusik (Die Schuld der Gabriele Rottweil, Deutschland 1945). P: Bavaria. R: Arthur Maria Rabenalt. D: Heidemarie Hatheyer, Siegfried Breuer, Kurt Müller-Graf, Friedrich Domin, Gustav Waldau.

Eine junge Frau verliebt sich kurz vor Beginn des Ersten Weltkriegs in einen Leutnant, heiratet aber, als dieser ins Feld muß, einen reichen Freund der Familie, der ihren Vater vor Bankrott und Gefängnis bewahrt hat. Als der Leutnant tödlich verwundet wird, erfüllt sie seinen letzten Wunsch nach einer Kriegstrauung. Ihr Mann zeigt nach schweren inneren Kämpfen Verständnis und das Gericht spricht ein mildes Urteil. Zusätzlich zu einer Schrifteinblendung "München Juli 1914" wird der Schauplatz überflüssigerweise durch ein Foto der nächtlichen Silhouette der Frauentürme angedeutet. Außenaufnahmen in diesem Film aus einer Zeit, als München durch Luftangriffe bereits weitgehend zerstört (und vor allem weiterhin ständig gefährdet) war, gibt es nur im Englischen Garten, der aber nicht eindeutig identifizierbar ist; die Dreharbeiten könnten also auch in einem anderen Park stattgefunden haben. Ferner spielt eine Episode in Daglfing.

*

Die **Reinheit des Herzens** (Bundesrepublik Deutschland 1979). P: Bavaria/Pro-ject/WDR. R: Robert van Ackeren. D: Elisabeth Trissenaar, Matthias Habich, Heinrich Giskes, Marie Colbin, Herb Andress.

Ein Münchner Schriftsteller will seine Freizügigkeit beweisen und bedrängt seine Frau, einen Seitensprung zu begehen. Als sie dies wirklich tut, wird er mit der Tatsache nicht fertig. Er fordert die Frau auf, sich für ihn oder den anderen zu entscheiden. Nach einer Liebesnacht im Stundenhotel ersticht sie ihren Liebhaber und kehrt zu ihrem Mann zurück. "Hier ist von allem etwas: von Komödie, Tragödie, Tragikomödie, Seifenoper, Parodie, Satire, aber nichts davon ganz. Die zahllosen Zitate aus Film, Literatur, Kunst und Wirklichkeit erschlagen sich gegenseitig und halten den Zuschauer noch mehr auf Distanz. Sie sind aber auch absichtlich eingesetzt, um der Kunstwelt der Schikkeria auf den Zahn zu fühlen". (Wolfgang J. Fuchs in: Das Filmjahr '80/81)

*

Der **Rekord** (Bundesrepublik Deutschland 1984). P: Hochschule für Fernsehen und Film, München. R: Daniel Helfer. D: Uwe Ochsenknecht, Laszlo I. Kish, Catarina Raacke, Kurt Raab, Andras Fricsay.

Zwei Münchner Szene-Typen unternehmen einen Rekordversuch im Dauerfernsehen. Der Proband nimmt gegen Ende des Versuchs nur noch von Fernsehsendern ausgestrahlte Signale wahr - direkt, ohne Fernseher! Das könnte zwar in jeder anderen Großstadt spielen, aber München als größte deutsche Medienstadt ist der "richtige" Schauplatz für diesen ironischen Reflex auf die Medieneuphorie Anfang der 80er Jahre, also mehr als nur ein Zufallsschauplatz, der gewählt wurde, weil der Film an der HFF entstanden ist. Der Schauplatz wird aber eher beiläufig eingebracht. Außenaufnahmen: Sonnenstraße mit City-/Atelier-Filmtheater, Neuhauserstraße mit Karstadt.

*

Richard Wagner (Deutschland 1913). P: Messter-Film, Berlin. R: Carl Froelich, William Wauer. D: Giuseppe Becce, Olga Engl, Manny Ziener, Ernst Reicher, Miriam Horwitz.

Eine filmische Hagiographie, zugleich eines der ersten Prestigeprojekte des deutschen Films. Lebende Bilder von den prägnantesten Stationen im Leben des Meisters, wobei mit Geschichtsklitterungen nicht gespart wird. Wagners Münchner Zeit wird im letzten Viertel des Films vergleichsweise kurz und (wie fast der ganze Film) ausschließlich in Kulissen abgehandelt. Die entsprechenden Szenen konzentrieren sich auf die Intrigen höfischer Kreise gegen Wagner (die hier mit Rachegefühlen zweier Minister wegen der Vergeblichkeit eines Versuchs, Wagner zu bestechen, motiviert werden) und auf das Unverständnis der Bevölkerung. Das führte dazu, daß fast sämtliche Schnittauflagen der Zensurbehörden sich auf diese wenigen Szenen beziehen (vgl. Verzeichnis in Deutschland gelaufener Filme, S. 503).

*

Rio das mortes (Bundesrepublik Deutschland 1970). P: antitheater. R: Rainer Werner Fassbinder. D: Hanna Schygulla, Michael König, Günther Kaufmann, Katrin Schaake, Lilo Pempeit.

Zwei Münchner Arbeiter haben eine alte Karte von Peru, auf der ein Schatz eingezeichnet ist, und träumen davon, als Schatzsucher dorthin zu gehen. Doch die Finanzierung des Unternehmens bereitet Schwierigkeiten. Als sich doch eine Sponsorin findet, will Hanna, die den einen der beiden heiraten will, das Unternehmen, notfalls mit Waffengewalt, verhindern. Doch als sie am Flugplatz den Revolver zückt, um auf die beiden zu schießen, fährt ein Auto in die Schußlinie. Ein komödiantischer Film Fassbinders, in dem sich auch München leichter wiedererkennen läßt, als in seinen um die gleiche Zeit entstandenen Gangsterfilmen.

*

Rita Ritter (Bundesrepublik Deutschland 1984). P: Herbert Achternbusch Filmprod. R: Herbert Achternbusch. D: Annamirl Bierbichler, Christiane Cohendy, Armin Mueller-Stahl, Barbara Valentin, Eva Mattes.

Der Theater- und Drehbuchautor Rita Ritter stößt beim Fernsehen auf Unverständnis. In Paris trifft er die Schauspielerin Rita, die Darstellerin seiner Lieblingsfigur Susn. Am Schluß gehen die beiden auf die Hackerbrücke und stellen Transparente auf mit den Sprüchen "Nieder mit Bayern!", "Nieder mit Deutschland!", "Nieder mit der Hackerbrücke!" und "Nieder mit dem Ende!".

*

Roselyne (und die Löwen) (Roselyne et les lions, Frankreich 1988). P: Cargo Films/Gaumont. R: Jean-Jacques Beineix. D: Isabelle Pasco, Gérard Sandoz, Gabriel Monnet, Philippe Clévenot, Günter Meisner.

Eine junge Dompteuse und ein junger Dompteur aus Frankreich werden an den Zirkus "König" in München engagiert, wo sie nach einigen Verwicklungen eine sensationelle Löwennummer herausbringen. Rund 60 der 114 Filmminuten spielen in München, aber fast ausschließlich im Innern des Zirkus. Die Zirkusszenen sind dem Nachspann zufolge offenbar in Amiens entstanden. Auch eine im angeblichen München gezeigte Hochbahn gibt es da so nicht. Außenaufnahmen in München haben dem Nachspann zufolge nicht stattgefunden. Daß ein Münchner Zirkus der Haupthandlungsort ist, ist vielleicht eine Reverenz an das internationale Renommee des Zirkus Krone.

*

Rosen in Tirol (Deutschland 1940). P: Terra. R: Geza von Bolvary. D: Marte Harell, Johannes Heesters, Hans Holt, Hans Moser, Theo Lingen.

Fürst Dagobert fährt nach München, um mit der schönen Therese einen Seitensprung zu wagen. Weil ihm dort Heesters als fescher Oberleutnant in die Quere kommt, reist er weiter nach Tirol. "Ich war nicht in München!" betont Fürst Dagobert unablässig, als just jener Oberleutnant als sein neuer Adjutant abkommandiert wird und sich in Gegenwart der Fürstin (Harell) bei ihm meldet (dabei haben Heesters und Harell zunächst weit mehr zu verbergen!). Natürlich, jenes im Atelier aufgebaute Boudoir samt davorliegendem Garten, aus dem Heesters seine schmachtende Serenade heraufschickt, könnte überall sein, genauso wie die entsprechende Szene überall spielen könnte. Aber wenn Seine Fürstliche Durchlaucht es gar so sehr betonen, wollen wir es glauben: Es war München, wo er nicht war.

*

Rote Sonne (Bundesrepublik Deutschland 1969). P: Independent. R: Rudolf Thome. D: Marquard Bohm, Uschi Obermeier, Diana Körner, Gaby Go, Sylvia Kekulé.

Vier Mädchen, die in einer Münchner Wohngemeinschaft zusammenleben, haben sich geschworen, mit keinem Mann länger als fünf Tage zusammenzuleben und ihn dann umzubringen. Doch "ausgerechnet die kaltschnäuzigste der vier Frauen, ...Uschi Obermeier, verliebt sich in das flegelhafte Mannsbild Bohm." (Peter Buchka in: Süddeutsche Zeitung 22.9.1994) Hin- und hergerissen zwischen Solidarität mit den Geschlechtsgenossinnen und den sie irritierenden Gefühlen schießt sie, während über dem Starnberger See eine rote Sonne aufgeht, auf Bohm, der sie vor ein Ultimatum gestellt hat. Dieser schießt zurück. Nach mehrmaligem Kugelwechsel hauchen sie nebeneinander ihr Leben aus. Man hat eigentlich wenig Mitleid mit den machohaften Gockeln, die von den Mädchen umgebracht werden. Wohl aber wird die Sympathie auf Bohm gelenkt. Er hat etwas vom Null-Bock-Charme eines Werner Enke, auch wenn er nüchterner und zurückgenommener ist als dieser. Zwar wird er von einem der Mädchen als "asozialer Kerl" klassifiziert, aber jemand, der sich beim Frühstück im Bett von dem Mädchen die Semmel mit Schinken und Marmelade gleichzeitig belegen läßt, kann nicht ganz schlecht sein. Folglich muß diese Geschichte zu dieser Zeit in München spielen, was sie auch mit schöner Selbstverständlichkeit - ohne Verweis auf touristische Attraktionen - tut. "Die 'Rote Sonne' ist einer der ganz seltenen europäischen Filme, die das amerikanische Kino nicht bloß nachmachen wollen und damit zeigen, daß sie eigentlich in New York und mit Humphrey Bogart hätten gedreht werden müssen... Der Film spielt in München. Er schämt sich nicht darüber." (Wim Wenders in: Filmkritik 1/1970, S. 9)

*

Rotmord (Bundesrepublik Deutschland 1969). P: WDR. R: Peter Zadek. D: Gerd Baltus, Siegfried Wischnewski, Werner Dahms, Walter Riss, Wolfgang Neuss.

Seinerzeit vieldiskutiertes Fernsehspiel über die Münchner Räterepublik nach dem Theaterstück "Toller" von Tankred Dorst.

*

Rummelplatz der Liebe (Carnival Story/...und immer lockt die Sünde, USA/Bundesrepublik Deutschland 1954). P: King Brothers/Westra. R: Kurt Neumann. D: Eva Bartok, Curd Jürgens, Bernhard Wicki, Robert Freytag, Helen Stanley.

Ein in der Nachkriegszeit auf die schiefe Bahn geratenes Mädchen wird vom Manager eines Rummelplatzes zur Artistin ausgebildet. Ein Todesspringer verliebt sich in sie, und sie heiratet ihn. Aber der Manager läßt nicht von ihr. Während eines Tourneeaufenthalts in München führt er nach einer Auseinandersetzung mit dem Todesspringer durch Sabotage dessen Tod herbei. Das Mädchen kann sich nun endlich von ihrem Dämon befreien. Der Film wurde in einer je eigenen deutschen und amerikanischen Version gedreht und enthält eindrucksvolle Aufnahmen vom zerbombten München.

*

Die Rumplhanni (Bundesrepublik Deutschland 1981). P: TV-60. R: Rainer Wolffhardt. D: Monika Baumgartner, Maria Stadler, Karl Obermayr, Enzi Fuchs, Maria Singer.

Das Schicksal einer ehrgeizigen jungen Magd während und kurz nach dem Ersten Weltkrieg in München. Nach dem gleichnamigen Roman von Lena Christ.

*

SA-Mann Brand (Deutschland 1933). P: Bavaria. R: Franz Seitz (senior). D: Otto Wernicke, Elise Aulinger, Heinz Klingenberg, Hedda Lembach, Rolf Wenkhaus.

Konflikte zwischen einem Vater, der überzeugter Sozialdemokrat ist, und seinem Sohn, einem Nationalsozialisten, enden mit einer Versöhnung und der Bekehrung des Vaters. Der filmische Kotau der Münchner Filmwirtschaft vor den eben an die Macht gelangten Nationalsozialisten ist auch in München angesiedelt. Der Film ist der schlechteste unter den fast zeitgleich zu Beginn des "Dritten Reichs" entstandenen Filmen mit direkter Propaganda für den Nationalsozialismus (daneben "Hans Westmar" und "Hitlerjunge Quex"), einer Linie, die sehr schnell zugunsten subtilerer Publikumsbeeinflussung wieder aufgegeben wurde. Die Macher (Drehbuch: Joseph Dalman, Joe Stöckel!) dieses Films konnten sich wieder ihren bayerischen Lustspielen zuwenden.

*

San Domingo (Bundesrepublik Deutschland 1970). P: TMS. R: Hans Jürgen Syberberg. D: Michael König, Alice Ottawa, Carla Aulaulu, Hans Georg Behr, Peter Moland.

Ein jugendlicher Ausreißer aus gutem Hause gerät in eine Münchner Rockerkommune, glaubt sich, teilweise zu Recht, ausgenutzt, ermordet das ihn liebende Mädchen und begeht dann Selbstmord. Eine Verfilmung von Heinrich von Kleists Novelle "Die Verlobung in San Domingo", verlegt ins Münchner Szene-Milieu der Gegenwart.

*

San Salvatore (Bundesrepublik Deutschland 1955). P: Rotary. R: Werner Jacobs. D: Dieter Borsche, Will Quadflieg, Antje Weisgerber, Carl Wery, Hanna Rucker.

Eine lungenkranke junge Frau verliebt sich in einem Sanatorium in Lugano in einen Arzt. Als sie, scheinbar geheilt, entlassen wird, der Arzt aber bei seiner Arbeit bleibt, heiratet sie gekränkt seinen charmanteren, aber labilen Kollegen und folgt ihm nach München. Als der Mann sie mit einer Kollegin betrügt, verschlimmert sich ihre Krankheit wieder. Von dem ursprünglich Geliebten wird sie in Lugano durch eine Operation gerettet; sie bleibt bei ihm. Der Schauplatz der verhältnismäßig langen München-Episode ist beliebig.

*

Satansbraten (Bundesrepublik Deutschland 1976). P: Albatros/Trio. R: Rainer Werner Fassbinder. D: Kurt Raab, Margit Carstensen, Helen Vita, Volker Spengler, Ulli Lommel.

Ein exzentrischer Dichter hat eine Schaffens- und Finanzkrise. Die letztere kann er auch durch den Mord an einer reichen, perversen Adligen nur vorübergehend beheben. Als er endlich wieder ein Gedicht schreibt, stellt sich heraus, daß es von Stefan George stammt. Er identifiziert sich mit dem Dichter und umgibt sich mit einem Kreis von "Jüngern", die er sich über eine Agentur besorgt. Als ihn die Jünger verlassen, seine Frau stirbt und die Polizei wegen des Mordes seine Spur aufnimmt, will er den Verdacht auf seinen debilen Bruder lenken. Doch der erschießt ihn. Der Kommissar und die plötzlich wieder lebendige Adlige kommen, wecken ihn mit einem Eimer Wasser und verkünden, daß es nur Platzpatronen waren. Raab, der Dichter, wohnt in der Kaulbachstraße, was aber nur erwähnt wird, und auch eine Szene bei und in der Badenburg erkennt man mehr daran, daß diese vorher erwähnt wurde, als an den sparsamen Details, die von ihr gezeigt werden. Wo aber sollte diese absurde Komödie, diese bitterböse Abrechnung Fassbinders mit seinen Kritikern, diese Travestie des George-Kreises spielen, wenn nicht in München?

*

Sauerbruch - Das war mein Leben (Bundesrepublik Deutschland 1954). P: Corona. R: Rolf Hansen. D: Ewald Balser, Heidemarie Hatheyer, Maria Wimmer, Hilde Körber, Lina Carstens.

Das Leben des berühmten Chirurgen nach seinen Memoiren. Enthält eine Episode während der Räteregierung in München, welch letztere als terroristisch denunziert wird.

*

Die **Schaukel** (Bundesrepublik Deutschland 1983). P: Pelemele/Roxy/Pro-ject. R: Percy Adlon. D: Anja Jaenicke, Lena Stolze, Christine Kaufmann, Günter Strack, Irm Herrmann.

Das Leben einer leicht bohemehaften Familie im München Ende des 19. Jahrhunderts, nach dem autobiografischen Roman von Annette Kolb. Die Atmosphäre des Romans ist gut eingefangen. München wird intensiv eingebracht, natürlich, da es sich um einen historischen Film handelt, nicht immer mit seinen tatsächlichen Schauplätzen (z.B. die Oper), sondern mit sehr vielen, die nicht für sich selbst stehen und solchen, die geschickt rekonstruiert sind, wie etwa der Glaspalast.

*

Die **Schauspielerin** (DDR 1988). P: DEFA. R: Siegfried Kühn. D: Corinna Harfouch, André Hennicke, Michael Gwisdek, Blanche Kommerell, Jürgen Watzke.

Eine ehrgeizige junge Schauspielerin verliebt sich in einen jüdischen Kollegen. Durch den Regierungsantritt der Nationalsozialisten werden sie 1933 getrennt. Er muß ein Engagement am Jüdischen Theater in Berlin annehmen, sie feiert Triumphe als Jungfrau von Orleans in München. Doch als ihr die Gefahr des Verlustes ihrer Liebe bewußt wird, täuscht sie einen Selbstmord vor, verwandelt sich in die Jüdin Manja und nimmt ebenfalls ein Engagement am Jüdischen Theater an.

Schick deine Frau nicht nach Italien (Bundesrepublik Deutschland 1960). P: Franz-Seitz-Film. R: Hans Grimm. D: Marianne Hold, Gerlinde Locker, Claus Biederstaedt, Elma Karlowa, Harald Leipnitz.

Zwei Münchner Frauen, die sich über ihre Männer geärgert haben, reisen mit einer Freundin, die sich über ihren Zukünftigen geärgert hat, durch Italien. Die Männer folgen ihnen, und trotz der Störversuche zweier italienischer Casanovas kommt es am Schluß zur allgemeinen Versöhnung. Obwohl es eigentlich keine sonderliche Rolle spielt und austauschbar ist (das einzig typisch Münchnerische ist Liesl Karlstadt in einer kleinen Dienstbotenrolle), obwohl die Reise durch Italien die eigentliche Attraktion dieser zeittypischen Mischung aus Schlager- und Reisefilm ist, wird im Vorspann mit Reiseprospekt-Aufnahmen nachdrücklich gezeigt, wo das Ganze seinen Anfang nimmt. Den touristischen Reiz Münchens als Signal an das übrige Deutschland (wenn man nicht gar so vermessen war, auf Auslandsverkäufe des Filmchens zu hoffen) wollte man offenbar auch nicht ganz übergehen.

*

Die **Schlange** (Le Serpent/Il serpente, Frankreich/Bundesrepublik Deutschland/Italien 1972). P: Rialto/La Boetie/Euro International. R: Henri Verneuil. D: Yul Brynner, Henry Fonda, Dirk Bogarde, Martin Held, Philippe Noiret.

Ein Oberst des sowjetischen Geheimdienstes wechselt zum Schein die Fronten, um durch die Denunziation aufrechter Abwehrleute die westlichen Geheimdienste zu schwächen und die eigenen Doppelagenten zu schützen. Er hat auch beinahe Erfolg, aber der Chef des CIA enttarnt ihn. Es geht um internationale Geheimdienstbeziehungen; da ist auf die Bundesrepublik an der Schnittstelle zwischen Ost und West kein Verzicht. Sie spielt allerdings eine ziemlich untergeordnete Rolle. Daß München als Schauplatz gewählt wurde, hat wohl damit zu tun, daß einer der deutschen Geheimdienste in der Nähe der Stadt logiert, auch wenn, im Gegensatz zum amerikanischen, englischen und französischen, der deutsche nicht konkret benannt wird. Die entsprechenden Szenen sind nur kurz; es gibt eine Autofahrt durch Leopold- und Ludwigstraße, welch letztere man nur undeutlich durchs Rückfenster des Autos sieht, sowie eine feierliche militärische Begräbniszeremonie in der Aula der Universität, die hier mit Sicherheit nicht für sich selbst steht.

*

Schlaraffenland (Bundesrepublik Deutschland 1990). P: Sentana/ZDF. R: Michael Verhoeven. D: Cornelia Lippert, Johannes Terne, Sigmar Solbach, Horst Hiemer, Jutta Wachowiak.

Jürgen und Karin sind noch vor der Öffnung der Mauer über die Prager Botschaft aus der DDR in den Westen geflüchtet. Ein sogenannter Aufbaukredit hat es Jürgen ermöglicht, gleich mit beträchtlichem Startkapital in ein Messebau-Unternehmen einzusteigen. Der Münchner Finanzmakler Norbert Burlein hat ihm bei seiner Existenzgründung nicht ohne eigenes Interesse geholfen. Jürgen hat sich von Norbert ein paar brutale Geschäftspraktiken abgeschaut, mit denen er nun nach der Wiedervereinigung die unerfahrenen Ossis in der alten Heimat abzocken will. (Nach dem Pressetext der Produktion)

*

Schlüsselloch-Report (Bundesrepublik Deutschland 1973). P: Rapid. R: Walter Boos. D: Karin Goetz, Josef Moosholzer, Alexandra Bogojevic, Rinaldo Talamonti, Rosl Mayr.

Episoden mit Bettszenen im Mittelpunkt nach Report-Manier. Wenige Außenschauplätze werden kurz gezeigt, dafür aber umso mehr Münchner Straßennamen als angeblicher Handlungsort der in Wohnungen spielenden Sexszenen genannt. Um die scheinbar authentischere Arbeit mit Laiendarstellern vorzutäuschen, werden, wie bei vielen Report-Filmen, die (allerdings tatsächlich laienhaften) Darsteller im Vorspann nicht genannt.

*

Schmetterlinge weinen nicht (Bundesrepublik Deutschland 1970). P: Peter Schamoni. R: Klaus Überall. D: Siegfried Wischnewski, Gaby Fuchs, Lyvia Bauer, Klaus Grünberg, Wolfgang Stumpf.

Die Affäre eines verheirateten Münchner Bauunternehmers mit einer jungen Studentin aus Heidelberg. Da der Unternehmer mit der Geliebten überall herumzieht, wo seine Frau nicht ist (bayerische

Alpen, Schweiz, Italien), ist von München nicht viel zu sehen, nur zweimal die Baustelle des Olympiastadions, an dessen Errichtung er offenbar mitwirkt. Von Heidelberg ist in den Szenen, die das junge Mädchen in seiner heimischen Umgebung zeigen, weit mehr zu sehen.

*

Die schöne Tölzerin (Die Edelweißbraut, Bundesrepublik Deutschland 1952). P: Peter Ostermayr. R: Richard Häußler. D: Ingeborg Cornelius, Paul Richter, Hans Reiser, Richard Häußler, Franziska Kinz.

Die schöne Tölzerin Christine verläßt mit ihrem vom Kurfürsten gezeugten Kind Nymphenburg, kehrt nach Tölz zurück, rettet die Stadt vor den Panduren, lernt, wieder in München, Trenck kennen und heiratet schließlich einen Rittmeister.

*

Schule für Eheglück (Bundesrepublik Deutschland 1954). P: Oska. R: Anton Schelkopf, Rainer Geis. D: Liselotte Pulver, Paul Hubschmid, Wolf Albach-Retty, Cornell Borchers, Ingrid Lutz.

Ein Journalist und verhinderter Schriftsteller verliebt sich in eine Modekünstlerin, heiratet sie und führt sechs Jahre eine gute Ehe mit ihr. Dann glaubt er plötzlich, Liebe und Verständnis für seine schriftstellerische Tätigkeit nur noch bei einer jungen Ärztin zu finden. Das aber stellt sich als Irrtum heraus; sein Talent reicht nicht aus. Die Ärztin entsagt und führt den inzwischen Geschiedenen wieder mit seiner Frau zusammen. Der Handlungsort wird nur kurz nach Beginn mit der bekannten Postkartenansicht von Rathaus und Frauenkirche sowie einem Zoom auf das Glockenspiel angedeutet, dann ist nichts Spezifisches mehr von ihm zu sehen. Eine Rolle spielt er ohnehin nicht; die Produktion war halt da angesiedelt. Dabei hätte sich die Handlung - trotz der Darsteller!, nur Alexander Golling in einer lachhaften Rolle hat Bezug zu München - durchaus stimmig mit dem Schauplatz verbinden lassen (München als Verlagsstadt und Stadt der Mode). So aber ist die erwähnte Einstellung unmotiviert und überflüssig.

*

Schulmädchen-Report (1. Teil) - Was Eltern nicht für möglich halten (Bundesrepublik Deutschland 1970). P: Rapid. R: Ernst Hofbauer. D: Friedrich von Thun, Günter Kieslich, Wolf Harnisch, Helga Kruck.

Episoden um sexuelle Eskapaden von Schülerinnen. Die für die Report-Form (s.a. Krankenschwestern-, Hausfrauen-Report) typischen "Straßeninterviews" wurden in Schwabing gestellt. In den noch folgenden 12 weiteren "Schulmädchen-Reports" sind die Episoden nur noch zum Teil in München angesiedelt. "Interviews" gibt es nur noch in Teil 2 (vgl. "Der Neue Schulmädchen-Report"). An Darstellern sind im Vorspann nur die hier aufgeführten genannt, ansonsten wird zur Vortäuschung von Authentizität auf "viele nicht genannte Jugendliche und ihre Erziehungsberechtigten" verwiesen; in den weiteren Teilen ist dies der einzige Darstellerhinweis. Es handelt sich aber um meist unbekannte Schauspieler und Schauspielerinnen, denen wir, soweit sie nicht aus anderen Quellen ermittelbar oder, wie vor allem bei einigen männlichen, mir bekannt sind, ihre Anonymität gönnen wollen. Spätestens ab Teil 4 dominieren die aus dem deutschen Sexfilm bekannten Dauerprotagonisten.

*

Schulmädchen-Report 3. Teil - Was Eltern nicht mal ahnen (Bundesrepublik Deutschland 1971). P: Rapid. R: Ernst Hofbauer, Walter Boos. D: Friedrich von Thun, Ingrid Steinbach, Michael Schreiner, Werner Abrolat, Günther Möhner.

Fast eine Stunde lang darf man sich der Hoffnung hingeben, daß München diesmal verschont bleibt, so sorgfältig wird jeder Hinweis auf die Handlungsorte vermieden. Doch dann fallen Stichworte wie "Englischer Garten" oder "Isar", ja es kommt das leibhaftige Oktoberfest vor und es verdichtet sich der Verdacht zur Gewißheit, daß auch diesmal der Produzent sich die Ausgaben für Außenaufnahmen in mehr als 20 km Entfernung sparte.

*

Schulmädchen-Report 4. Teil - Was Eltern oft verzweifeln läßt (Bundesrepublik Deutschland 1972). P: Rapid. R: Ernst Hofbauer. D: Ulrike Butz, Claudia Fielers, Rinaldo Talamonti, Josef Moosholzer, Ingrid Steeger.

Anja Jaenicke in "Die Schaukel"

S. a. erster und dritter Teil. München als Handlungsort wird wieder etwas deutlicher.

*

Schulmädchen-Report 5. Teil - Was Eltern wirklich wissen sollten (Bundesrepublik Deutschland 1973). P: Rapid. R: Ernst Hofbauer, Walter Boos. D: Cleo Kretschmer, Helmut Brasch, Ingrid Steeger, Rinaldo Talamonti, Rosl Mayr.

Diese Folge spielt nicht ausdrücklich in München, an winzigen Details ist aber zu erkennen, daß sie überwiegend hier gedreht ist.

*

Schulmädchen-Report 6. Teil - Was Eltern gern vertuschen möchten (Bundesrepublik Deutschland 1973). P: Rapid. R: Ernst Hofbauer. D: Sascha Hehn, Rinaldo Talamonti.

Den Rahmen dieser Folge bildet eine Verhandlung eines Lehrerkollegiums über eine Schülerin und einen Schüler, die nach Unterrichtsende in einem Klassenzimmer miteinander geschlafen haben. Um zu beweisen, daß ihr Verhalten durchaus nicht der Gipfel der Unmoral ist, führen die beiden eine ganze Reihe von Fällen an, die in bewährter Manier für den voyeuristischen Zuschauer breitgewalzt werden. Als sie dank dieser "Verteidigung" freigesprochen werden, schreiten sie mit ihren jeweiligen Elternteilen sinnigerweise triumphierend durchs Siegestor.

*

Schulmädchen-Report 7. Teil - Doch das Herz muß dabei sein (Bundesrepublik Deutschland 1974). P: Rapid. R: Ernst Hofbauer. D: Margot Mahler, Rinaldo Talamonti, Rosl Mayr, Ulrike Butz, Elke Deuringer.

Den Machern ist anscheinend mittlerweile die Münchenlastigkeit der Serie aufgefallen. Diesmal ist die Rahmenhandlung für die "Fallgeschichten", ein Prozeß um ein mit Schulmädchen betriebenes Bordell, ins Rheinland verlegt, ohne daß es dafür ikonographische Verweise gäbe. Die Darsteller bemühen sich allerdings krampfhaft, einen irgendwie gearteten rheinischen Dialekt vorzutäuschen. Doch dann verläßt eine der Prozeßbeteiligten das Gerichtsgebäude, und man hat richtig vermutet, es ist der Münchner Justizpalast; sie steuert auf den Stachus zu. Die meisten Episoden spielen denn auch erkennbar in München oder im Oberbayerischen.

*

Schulmädchen-Report 8. Teil - Was Eltern nie erfahren dürfen (Bundesrepublik Deutschland 1974). P: Rapid. R: Ernst Hofbauer. D: Liz Kertege, Claus Tinney, Elke Deuringer, Jürgen Feindt, Joachim Hackethal.

Ein Bus bricht vom Königsplatz mit einer Klasse von Abiturientinnen zur Fahrt ins Schullandheim auf (und landet nach stundenlanger Fahrt beim Bambergerhaus!). Während der Fahrt erzählen sich die Mädchen ihre sexuellen Erlebnisse, die entsprechend als Episoden für Voyeure gezeigt werden und überwiegend in München, vornehmlich um den Nicolaiplatz, spielen, auch eine Episode, an die die Erzählerin sich erinnert: "Damals in Hannover..."

*

Schulmädchen-Report 9. Teil - Reifeprüfung vor dem Abitur (Bundesrepublik Deutschland 1975). P: Rapid. R: Walter Boos. D: Peter Hahn, Eva Leuze, Eleonore Leipert, Ulrich Beiger, Jürgen Feindt.

Der Rahmen ist diesmal ein Unfall von einem Dutzend Jugendlichen, die mit zwei Autos auf der Landstraße ein Wettrennen veranstaltet haben. Die beiden Dorfpolizisten, die den Fall aufnehmen, unterhalten sich darüber, was Jugendliche zu einem solchen Verhalten treibt: offensichtlich immer Bettprobleme, wie der Film suggeriert. Die Rahmenhandlung spielt in der Umgebung Münchens, wo die Eltern solcher armer, unverstandener Jugendlicher ihre Villen haben, und dementsprechend hat ein Großteil der Episoden München zum Handlungsort, ohne daß dies überdeutlich gemacht würde.

*

Schulmädchen-Report 10. Teil - Irgendwann fängt jede an (Bundesrepublik Deutschland 1975). P: Rapid. R: Walter Boos. D: Astrid Boner, Yvonne Kerstin.

Eine Schulklasse diskutiert über die Definition von Sitte, Moral und Recht, führt aber als Beispielfälle (meist aus eigener Erfahrung) lauter Fälle von Unmoral an, die in der üblichen Weise aufbereitet werden. Die meisten dieser Fallgeschichten handeln in ein und derselben Großstadt, die sich zwei-, dreimal als München zu erkennen gibt.

*

Schulmädchen-Report 11. Teil - Probieren geht über studieren (Bundesrepublik Deutschland 1977). P: Rapid. R: Ernst Hofbauer. D: Evelyne Bugram, Elke Deuringer, Astrid Boner, Ulrich Beiger, Claus Obalski.

Keine neuen Einfälle, kaum neue Gesichter und keine neuen Erkenntnisse, was München als Schauplatz angeht, das zwar diesmal offenbar bei weitem überwiegt, aber fast nur an Autokennzeichen und dem Aufdruck "Munich" auf einer Rocker-Lederjacke identifizierbar ist.

*

Schulmädchen-Report 12. Teil - Wenn das die Mammi wüßte/Junge Mädchen brauchen Liebe (Bundesrepublik Deutschland 1978). P: Cine Pool. R: Walter Boos. D: Roswitha Krey, Claus Tinney, Karin Kernke, Hans J. Jung, Elisabeth Welz.

Auch hier überwiegt München als Handlungsort, ist aber auch eindeutiger und häufiger identifizierbar, als im 11. Teil. Weitere Bemerkungen zum Inhalt sind nicht nur in unserem Zusammenhang überflüssig.

*

Schulmädchen-Report 13. Teil - Vergiß beim Sex die Liebe nicht (Bundesrepublik Deutschland 1980). P: Rapid. R: Walter Boos. D: Katja Bienert, Sylvia Engelmann, Gaby Fritz, Alexander Arndt, Don Bahner.

Eine Schülergruppe probt Romeo und Julia und diskutiert dabei anhand der in der üblichen Art gezeigten Fallbeispiele die Liebe. Waren bis Teil 12 alle Filme von einem nichtssagenden Einheitsvorspann eingeleitet worden, so wird in diesem mit Postkartenansichten in einer Intensität auf München als Handlungsort verwiesen, wie vorher nie. Zum erstenmal werden im Vorspann auch die Darsteller genannt. Das ist diesen gegenüber allerdings nachgerade unfair, da sie, die schauspielerisch nicht einmal einem Schulmädchen-Report gewachsen sind, hier großenteils auf Shakespeare losgelassen werden. Wenn der Lehrer trotzdem immer wieder lobt: "So ist es richtig, das ist gut.", wird das hoffentlich keinen der sicher immer noch zahlreichen Zuschauer - mit Goldenen Leinwänden war es natürlich längst vorbei - veranlaßt haben zu glauben, daß die Theaterstadt München ihren Nachwuchs aus dieser Ecke bezieht. Bemerkenswert ist übrigens auch, daß die Lehrer hier erstmals durchweg positiv und nicht, wie vorher meistens, als weltfremde Trottel gezeichnet sind. Hoffentlich war es nicht dieser Umstand, der der Serie den Garaus gemacht hat: Teil 13 war der letzte.

*

Schwabinger Girls (Bundesrepublik Deutschland 1985). P: Hardy Wagner. R: Jörg Michael. D: Michaela Schindler, Corinna Jansen, Heidrun Krenner, Hans Peter Gillich.

"Weil Diana nicht bereit ist zu heißen Schwabinger Nächten, verliert sie den Job und sucht einen neuen; was die Gelegenheit ergibt, noch einmal heiße Schwabinger Nächte zu schildern." (Fischer Film Almanach 1986)

*

Schwarz und ohne Zucker (Bundesrepublik Deutschland 1985). P: Lutz Konermann. R: Lutz Konermann. D: Lutz Konermann, Edda Heidrun Backman, Gudjon Pedersen, Hanna Maria Karlsdottir, Kolbrun Halldorsdottir.

Ein junger Aussteiger aus München verliebt sich in Italien in ein weibliches Mitglied einer isländischen Straßentheatertruppe.

*

Die schwedische Jungfrau (Bundesrepublik Deutschland 1964). P: Thalia. R: Kurt Wilhelm. D: Paul Hubschmid, Letitia Roman, Thomas Fritsch, Gerlinde Locker, Margot Trooger.

"Eine junge Schwedin kommt zum Studium nach München. Dort will sie einen Freund ihres Vaters, einen Zoologieprofessor und eingefleischten Junggesellen, zur Ehe verführen. Der Professor wehrt sich redlich, bis sie behauptet, von ihm ein Kind zu erwarten und nach Schweden zurückfährt. Als er ihr nachreist, gesteht sie ihm, eine schwedische Jungfrau zu sein." (Lexikon des Internationalen Films)

*

Sebastian Kneipp (Der Wasserdoktor, Österreich 1958) P: Öfa-Schönbrunn. R: Wolfgang Liebeneiner. D: Carl Wery, Paul Hörbiger, Gerlinde Locker, Michael Cramer, Ellinor Jensen.

Episoden aus den späten Jahren des katholischen Pfarrers und Naturheilkundlers Kneipp, der Zeit seiner größten Erfolge, aber auch seiner größten Anfeindungen durch Schulmedizin und kirchliche Vorgesetzte. Da Kneipp in Bayern (Bad Wörrishofen, damals noch ohne "Bad", das verdankt es ihm) wirkte, wird der Prozeß, den seine Gegner gegen ihn anstrengen, naturgemäß in München verhandelt - und endet mit Freispruch. Die endgültige Rehabilitierung aber kommt vom Papst persönlich. Der Schauplatz Rom wird durch eine offenbar nicht für diesen Film gedrehte Ansicht der Peterskirche verdeutlicht. Mit München gab man sich nicht einmal soviel Mühe. Eine Szene im Englischen Garten ist wohl im Prater gedreht (Außenaufnahmen sind nur für Wien und Bad Wörrishofen nachgewiesen), darüberhinaus gibt's nur einen Hörsaal und einen Gerichtssaal.

*

Die Sehnsucht der Veronika Voss (Bundesrepublik Deutschland 1982). P: Laura/Tango/Rialto/Trio/Maran. R: Rainer Werner Fassbinder. D: Rosel Zech, Hilmar Thate, Cornelia Froboess, Annemarie Düringer, Doris Schade.

Das Schicksal einer alternden Diva, die von einer Ärztin in Rauschgiftabhängigkeit gebracht, ihres Vermögens beraubt und schließlich in den Selbstmord getrieben wird, orientiert am Schicksal der Schauspielerin Sybille Schmitz. München-Spezifisches ist außer zwei Trambahnhaltestellenschildern (Geiselgasteig und Thierschstraße) nicht zu sehen. München wurde als Schauplatz wohl gewählt, weil der Film im Filmmilieu spielt und natürlich, weil Sybille Schmitz in München Selbstmord begangen hat. Die Dreharbeiten im Film finden übrigens in den Studios einer "Roxy-Film" statt - Hommage oder Ironisierung von Fassbinders erstem Förderer unter den Altfilmern? Eine Straßenszene (vor dem Haus der Ärztin) scheint mir in der "Berliner Straße" der Bavaria gedreht.

*

Seitenstechen (Bundesrepublik Deutschland 1984). P: Lisa/Roxy. R: Dieter Pröttel. D: Mike Krüger, Susanne Uhlen, Claudia Neidig, Christian Wolff, Gert Haucke.

Bei einem jungen Mann wird nach unerklärlichen Beschwerden eine Schwangerschaft diagnostiziert. Das führt zu Irritationen, Mißverständnissen, Beschimpfungen, Sensationsauftritten. Nachdem sich das Ganze als Traum herausgestellt hat, kann er zumindest die Schwangerschaft seiner Freundin besser würdigen. Der Schauplatz München ist zwar durch etliche Details eindeutig identifizierbar, aber rein zufällig, nur dadurch bedingt, daß Produktionsfirma und -team hier angesiedelt sind. Lediglich, daß es sich um eine Großstadt handelt, ist mehr oder weniger zwingend vorgegeben (Fernsehstudio, medizinische Kapazitäten am Ort).

*

Das seltsame Leben des Herrn Bruggs (Papa Bruggs, Bundesrepublik Deutschland 1951). P: Trianon. R: Erich Engel. D: Gustav Knuth, Christl Mardayn, Adrian Hoven, Gertrud Kückelmann, Trude Haefelin.

Ein Münchner Fabrikant, der vom Arbeiter aufgestiegen ist, findet keinen Anschluß an die neuen gesellschaftlichen Kreise und verkehrt heimlich mit einfachen Leuten, bis sich seine Familie seiner annimmt.

*

Sentimental Journey (Bundesrepublik Deutschland 1987). P: TNF-Telenorm Film. R: Peter Patzak. D: Otto Sander, Kristin Scott-Thomas, Jean Pierre Cassel, Elisabeth Wiedemann, Georg Marischka.

Der Venezianer Federico Sanzone hat dem Münchner Paul Bergner seinen Palazzo versprochen, wenn der eines Tages mit dem Geld für die Instandsetzung und der Frau fürs Leben wiederkäme. Das Geld hat Bergner längst beisammen, nur mit der Frau fürs Leben hapert es noch. Da beschließt Sanzone selbst nach München zu fahren und schickt die schöne Bettina als Köder voraus.

*

Servus Peter (Czardas der Herzen, Bundesrepublik Deutschland 1951). P: Oska. R: Alexander von Slatinay. D: Wolf Albach-Retty, Hannelore Bollmann, Edith Prager, Oskar Sima, Iwan Petrovich.

Verwechslungslustspiel um einen stellungslosen Schauspieler und einen Regisseur, das in einer Doppelhochzeit endet. Außenaufnahmen in München.

*

Sex-Business - made in Pasing (Bundesrepublik Deutschland 1969). P: Hans Jürgen Syberberg. R: Hans Jürgen Syberberg. D: Alois Brummer.

Amüsante Reportage über den Münchner Sexfilmproduzenten Alois Brummer. Der Regisseur enthält sich jeglichen Kommentars. Was er zeigt und was Brummer und seine Darstellerinnen aussagen, ist vielsagend genug.

*

Sex-Träume-Report (Bundesrepublik Deutschland 1973). P: TV 13. R: Walter Boos. D: Karin Böttcher, Elke Boltenhagen, Josef Moosholzer, Claus Tinney, Rinaldo Talamonti.

Ein Sexualforscher und seine Assistentin fragen Passanten nach ihren sexuellen Träumen aus, die dann ausführlich dargestellt werden. Die "Interviews" sind zum Teil eindeutig (Karlsplatz), zum Teil nicht klar erkennbar in München aufgenommen. Die Sexszenen spielen alle in unspezifischen Innenräumen.

*

Sie liebten sich einen Sommer (Bundesrepublik Deutschland/Italien 1971). P: Divina/HIFI-Stereo-70/Stefano Film. R: Harald Reinl. D: Gundy Grand, Amadeus August, Christine Schuberth, Ernst Fritz Fürbringer, Karl Tischlinger.

Liebesgeschichte einer Medizinstudentin und eines Malers in München und Rom, die mit dem durch einen Unfall verursachten Strahlentod der Studentin endet.

*

Sieben Jahre Pech (Deutschland 1940). P: Styria. R: Ernst Marischka. D: Hans Moser, Wolf Albach-Retty, Olly Holzmann, Theo Lingen, Oskar Sima.

Ein Schriftsteller verliebt sich in eine junge Frau, erklärt sich ihr aber erst nach dem in drei Wochen anstehenden Ablauf einer siebenjährigen Pechsträhne, die er wegen eines zerbrochenen Spiegels zu haben glaubt. Den Spiegel aber hat sein Diener zerbrochen. Der Film spielt in Wien. Da aber in der Eisenbahn gut Bekanntschaften schließen ist, hat man die erste Begegnung zwischen Schriftsteller und junger Frau in ein Zugabteil verlegt. Die Fahrt führt, wohl aus Gründen guter Nachbarschaft, von München nach Wien, und zu Beginn spielt eine Slapstick-Szene auf dem Münchner Hauptbahnhof. Das war's.

*

Die **Sieger** (Bundesrepublik Deutschland 1993). P: Bavaria (Günter Rohrbach)/Sentana/ZDF. R: Dominik Graf. D: Herbert Knaup, Hannes Jaenicke, Thomas Schücke, Katja Flint, Meret Becker.

Ein Polizist deckt Machenschaften eines für tot gehaltenen Kindsmörders auf, der als V-Mann zur

Mafia in einer Politikerbestechungsaffaire arbeitet und einen aussteigewilligen Staatssekretär durch eine vorgetäuschte Entführung ausschalten soll. Der weitaus größte Teil des Films spielt in Düsseldorf. Münchens Innenstadt ist erste Station bei der komplizierten Lösegeldübergabe und Sprungbett für den ausführlichen Showdown auf dem Karwendel.

*

Sierra Madre (Bundesrepublik Deutschland 1980). P: EIKON. R: Horst Flick. D: Charles Brauer, Michael Lesch, Christine Ostermayer, Leslie Malton, Ingeborg Schöner.

"Heinz Baumann, Mitte vierzig, lebt als gehobener Kaufhausangestellter mit Frau Ingrid und zwei Kindern gut und bürgerlich in München. Seine geordneten Verhältnisse geraten durcheinander, als seine Jugendliebe Anneliese wieder auftaucht." (Zeutzschel)

*

Sissi - Schicksalsjahre einer Kaiserin (Österreich 1957). P: Erma. R: Ernst Marischka. D: Romy Schneider, Karlheinz Böhm, Magda Schneider, Gustav Knuth, Josef Meinrad.

Sissi wird ob ihrer schweren Aufgaben und der Unbilden, die ihr die Schwiegermutter zufügt, krank. Aber die Mama bringt sie wieder auf die Beine, und es gibt ein herzzerreissendes Finale mit Mann und Kind in Venedig. Evviva la Mama! In einer etwa zweiminütigen Szene will der Herzog Max in Bayern seinen ältesten Sohn in München davon abbringen, eine Schauspielerin zu heiraten, was dieser allerdings bereits getan hat.

*

Snuff (Confessions of a Blue-Movie-Star, Bundesrepublik Deutschland 1973-75). P: Monopol. R: Andrzej Kostenko, Richard R. Rimmel. D: Robert Furch, Claudia Fielers, Carl Amery.

Kritischer Report über die Entstehung eines Sexfilms aus Münchener Produktion.

*

So weit das Auge reicht (Bundesrepublik Deutschland/Frankreich 1979). P: prokino/Les Films du Losange. R: Erwin Keusch. D: Bernd Tauber, Aurore Clement, Jürgen Prochnow, Antonia Reininghaus, Hans- Michael Rehberg.

Ein Gehörloser erbt von einem Onkel in Amerika ein Vermögen. Daraufhin gerät er in das Intrigenspiel einiger Personen, die von der Erbschaft erfahren haben, eines Börsenmaklers, seines Angestellten und der beiden Geliebten dieser Männer, von denen der Erbe eine in Las Vegas heiratet. Desillusioniert kehrt er schließlich nach München zurück.

*

So weit geht die Liebe nicht (Deutschland 1937). P: Bavaria. R: Franz Seitz (senior). D: Lucie Englisch, Joe Stöckel, Maria Paudler, Theodor Auzinger, Otto Eduard Hasse.

"Alltags- und Nachtlokalmilieu München". (Bauer)

*

Solang' es hübsche Mädchen gibt (Bundesrepublik Deutschland 1955). P: Carlton. R: Arthur Maria Rabenalt. D: Grethe Weiser, Georg Thomalla, Alice Kessler, Ellen Kessler, Rudolf Vogel.

Eine resolute Frau schlägt sich, ihren Mann, ihre tanzbegabten Zwillingstöchter und ihren komponierenden Untermieter im München der Nachkriegszeit mit Schwarzmarktgeschäften durch, bis die Töchter und der Komponist mit einer Revue Erfolg haben und die eine der Töchter einen betuchten Amerikaner heiratet. Der deutsche Film der fünfziger Jahre hatte eine ausgeprägte Liebe zum Revue-(theater)film, doch hatte diese Liebe keine Entsprechung in der (nicht vorhandenen) bundesrepublikanischen Revuetheaterszene. So spielten die entsprechenden Filme fast immer in einem geographisch nicht näher definierten Raum. Dieser Film aber ziert sich mit Trümmerfilmreminiszenzen und gibt sich daher einen etwas konkreteren geographischen Hintergrund. Da es u.a. auch um die Fraternisierung mit den, zeitüblich als gute Onkels dargestellten, Amerikanern geht, ist dies passenderweise München, einer der Hauptorte der amerikanischen Besatzungszone und die Theater- und Kabarettstadt der unmittelbaren Nachkriegszeit. Da dieser Tralalafilm allerdings genauso realitätsfern ist wie die anderen Revuefilme der Zeit, hat er auch keinerlei Aussagewert über das München der Nachkriegszeit.

*

Ein Sommer, den man nie vergißt (Bundesrepublik Deutschland 1959). P: Astra. R: Werner Jacobs. D: Claus Biederstaedt, Antje Geerk, Karin Dor, Benno Kusche, Heli Finkenzeller.

Ein junger Mann aus reichem (Münchner) Hause verliebt sich in eine Kindergärtnerin, muß aber schon nach dreitägiger Bekanntschaft früher als erwartet zum Studium in die USA abreisen. Die Kindergärtnerin erwartet ein Kind von ihm. Ihre wohlmeinende, aber nichtsahnende Tante und Ziehmutter hat ihr jedoch alle Briefe des Studenten unterschlagen und wird zu allem Überfluß von einem Auto überfahren. Der Student verlobt sich mit einer Jugendfreundin, die Kindergärtnerin mit dem braven Tierarzt. Da muß das Schicksal schon recht arg walten und viele edle Menschen müssen ganz edel sein, bis sich die beiden über dem Kinderwagen in die Arme fallen können. Höhepunkt der dreitägigen ersten Bekanntschaft der beiden ist ein Besuch auf dem Oktoberfest, das bekanntlich immer kurz nach Herbstbeginn stattfindet. Daher wohl ein *Sommer*, den man nie vergißt. Ansonsten zieht der Film die liebliche oberbayerische Seenlandschaft vor.

*

Sommer, Sonne, Erika (Deutschland 1939). P: UFA. R: Rolf Hansen. D: Karin Hardt, Paul Klinger, Will Dohm, Erika von Tellmann.

Eifersuchtsgeschichte um ein heiratswilliges Paar. Der junge Mann bewirbt sich um eine gute Stellung bei den "Münchner Karosserie-Werken Feldmann" - sowas brauchte man früher, wenn man heiraten wollte. Außerdem gibt's auch eine Paddeltour auf der Isar von München nach Wolfratshausen.

*

Der Sonderling (Deutschland 1929). P: Union-Film. R: Walter Jerven. D: Karl Valentin, Liesl Karlstadt, Ferdinand Martini, Truus van Alten, Heinz Koennekke.

Ein stellungsloser Schneider findet endlich Arbeit, wird wegen Diebstahlverdachts eingesperrt, zwar wegen erwiesener Unschuld wieder freigelassen, will sich aber aus Kummer über diese Schande das Leben nehmen. Das mißlingt ihm dank der Tücke des Objekts.

*

Sonntagsbesuche (Bundesrepublik Deutschland 1988). P: Bayerischer Rundfunk. R: Willy Purucker. D: Frithjof Vierock, Tilo Prückner, Eva Geigel, Maria Singer, Gustl Bayrhammer.

Milieugenauer Fernsehfilm mit Episoden aus dem sonntäglichen Treiben in einem Münchner Mietshaus.

*

Die Spider Murphy Gang (Bundesrepublik Deutschland 1983). P: Sentana. R: Georg Kostya. D: Günther Sigl, Michael Busse, Franz Trojan, Barny Murphy, Hans Brenner.

Die "Spider Murphy Gang" erlangte in den 70er Jahren eine gewisse Berühmtheit als Rockgruppe, die bayerische Texte sang. Ihr Ruhm beschränkte sich zwar nicht auf München und Bayern, dennoch ist es naheliegend, daß sich der Film ganz auf ihren Ausgangspunkt konzentriert, zumal er sich - unter voller Ausschöpfung der dichterischen Freiheit - auf den Anfang ihrer Karriere bis zu ihrem ersten großen Auftritt im Zirkus-Krone-Bau beschränkt. Eine Vorliebe scheint der Regisseur für die Leopoldstraße und den Stachus zu haben, die neben dem erwähnten Zirkus-Krone-Bau mehrmals Schauplatz von Szenen sind. Der Schluß des Films ist eine kleine Hommage an die Münchner Trambahn, in der die Bandmitglieder nach ihrem Erfolg nach Hause fahren, weil ihr Kleinbus seinen Geist aufgibt, und in der sie die leicht verwunderten Fahrgäste mit heißen Würstchen und ihrer fast ebenso heißen Musik beglücken.

*

Spieler (Bundesrepublik Deutschland 1989). P: Bavaria/ZDF. R: Dominik Graf. D: Peter Lohmeyer, Anica Dobra, Hansa Czypionka, Joachim Kammer, Anthony Dawson.

"Ein nichtsnutziger junger 'Lebenskünstler' und manischer Spieler verliebt sich in seine Cousine und versucht fortan, seine Wettleidenschaft und seine Leidenschaft für die attraktive Frau in Einklang zu bringen." (Lexikon des Internationalen Films) "Er [Graf, d. Verf.] erlaubt es sich, seine Figuren wie Marionetten in ein Puppentheater mit Münchner oder südfranzösischer Kulisse zu postieren..." (tip-Filmjahrbuch Nr. 7)

*

Die **Sprungdeckeluhr** (Bundesrepublik Deutschland 1990). P: DEFA. R: Gunter Friedrich. D: René Tony Spengler, Antje Salz, Günter Schubert, Jörg Kleinau, Jürgen Mai.

"Ein zwölfjähriger Junge und seine 14jährige Schwester müssen 1933 plötzlich allein zurechtkommen, als ihre Eltern in München nach Hitlers Machtergreifung untertauchen müssen." (Fischer Film Almanach 1992)

*

Spuk im Schloß (Deutschland 1945). P: Bavaria. R: Hans H. Zerlett. D: Margot Hielscher, Fritz Odemar, Albert Matterstock, Sonja Ziemann, Alice Treff.

"Eine junge Röntgenassistentin auf den Spuren ihrer Ahnen begegnet in einem alten Schloß den ruhelosen Geistern ihrer Vorfahren, aber auch einem jungen Architekten, in dessen Gesellschaft sie sich auf die Dauer wohler fühlen wird." (Lexikon des Internationalen Films) "Gesellschafts- und Zauberermilieu München". (Bauer)

*

Eine **Stadt feiert Geburtstag** (Deutschland 1958). P: Gesellschaft für bildende Filme. R: Ferdinand Khittl.

Mehrfach preisgekrönter Kurzfilm über die Aktivitäten zur Achthundertjahrfeier Münchens. Eine der Besonderheiten ist die Verbindung von Trick- und Realfilm. Ein (von Reiner Zimnik) gezeichnetes Männchen erlebt diese Aktivitäten.

*

Stadtromanzen (Bundesrepublik Deutschland 1988). P: Madeleine Remy Filmprod./ZDF. R: Dagmar Brendecke. D: Suzanne von Borsody, Hannes Jaenicke, Heinz Hoenig, Folke Paulsen.

"Ein malender Werbefotograf, ein nichtstuender Anhänger von Mafia-Literatur und eine kunsthistorisch interessierte junge Frau, alle zwischen 25 und 30, leben in der Großstadt München so vor sich hin, bis ein nicht viel älterer attraktiver Geschäftsmann ihren Routine-Leerlauf und ihre Lethargie aufzuheben scheint." (Lexikon des Internationalen Films)

*

Stehaufmädchen

Stehaufmädchen (Bundesrepublik Deutschland 1969). P: Artemis. R: Willy Bogner. D: Iris Berben, Jochen Richter, Mogens von Gadow, Janos Gönczöl, John Grant.

Eine junge Münchner Sekretärin zieht zu einem studentischen Revoluzzer und genießt das freie und ungebundene Leben. Doch als das Geld knapp wird, läßt sich der Student schnell vom kapitalistischen System korrumpieren. Der Film reiht sich genußvoll, aber auch geschmäcklerisch in die große Zahl von prononciert in München spielenden Filmen jener Zeit ein, die die überkommenen Werte in Frage stellen und ein neues Lebensgefühl propagieren. Er stellt aber am Schluß diese Haltung wieder in Frage.

*

Das stolze und traurige Leben des Mathias Kneissl (Bundesrepublik Deutschland 1980). P: Oliver Herbrich. R: Oliver Herbrich. D: Stephan Becker, Marianne Ploog, Joseph Reitinger, Rudolf Eydmann, Elfriede Hildebrand.

"Der letzte Lebensabschnitt des Räubers und Polizistenmörders Mathias Kneissl, der nach langer Flucht gefaßt und 1902 in München hingerichtet wird." (Lexikon des Internationalen Films)

*

Die **Story** (Bundesrepublik Deutschland 1983). P: Astral/KF Kinofilm. R: Eckhart Schmidt. D: Tomi Davis, Sasa Thoman, Dietmar Schönherr, Ulrich Tukur, Hub Martin.

Ein Journalist hat in einem Boulevardblatt die erste Folge einer Serie über den Kokainhandel in München, vor allem in der Münchner Schickeria, veröffentlicht. Als daraufhin seine Freundin und etwas später seine Eltern ermordet werden und er bei der Zeitung gefeuert wird, läuft er Amok, erschießt den Brauereierben, den er für den Hauptdrahtzieher hält, stellt den italienischen Killer und zwingt ihn mit vorgehaltener Pistole, bei der Fernseh-Live-Übertragung einer Quizsendung vor einem Millionenpublikum ein Geständnis abzulegen. Als er eine Vision seiner Freundin hat und unkonzentriert wird, erschießt ihn die Polizei. Bewirkt hat er - nichts. Eckhart Schmidt hat mit dieser fiktiven Geschichte sehr konkret auf das erste Bekanntwerden des Kokainkonsums in der Münchner Schickeria reagiert. Seine Kritik an dieser Schickeria ist gröber, aber auch härter als die Dietls in "Kir Royal".

*

Studenten aufs Schafott (Bundesrepublik Deutschland 1971). P: Action 1 (Gustav Ehmck).

R: Gustav Ehmck. D: Gerhild Bertold, Christa Brauch, Stefan Miller, Walther Schmieding, Else Goelz.

Halbdokumentarischer Film über die Münchner Widerstandsgruppe "Weiße Rose".

*

Ein **Stück vom Himmel** (Bundesrepublik Deutschland 1957). P: Bavaria. R: Rudolf Jugert. D: Ingrid Andree, Toni Sailer, Georg Thomalla, Margit Saad, Gustav Knuth.

Ein Forstwirtschaftsstudent verliebt sich, ohne von ihrer Identität zu ahnen, in eine Schloßbesitzerstochter vom Starnberger See, sein Freund, ein Mechaniker in deren kapriziöse Freundin. Beide Paare gehen auseinander, doch in München trifft man sich für das letzte Drittel des Films zum Happy-End wieder, wobei das romantische Paar auf einem verliebten Bummel zu sämtlichen touristisch interessanten Plätzen begleitet wird.

*

Sturm im Wasserglas (Bundesrepublik Deutschland 1960). P: Filmaufbau. R: Josef von Baky. D: Therese Giehse, Ingrid Andree, Hanns Lothar, Peter Lühr, Michl Lang.

Ein Lokalpolitiker zeigt seine wahre Gesinnung in seinem unmenschlichen Verhalten einer alten Frau gegenüber, die die Hundesteuer für ihren Hund, ihren einzigen Lebensinhalt, nicht bezahlen kann. Ein Reporter bringt den Fall trotz seiner Liebe zur Tochter des Politikers an die Öffentlichkeit. Spielt erkennbar in München (Autokennzeichen, Straßenbahn, Schauplätze, bayerische Volksschauspieler in Nebenrollen), Lothar erwähnt sogar am Anfang München. Soll wohl aber in einer anonymen mittleren Großstadt von 200-250000 Einwohnern spielen (der Stadtrat meint, bei 40000 Hunden in der Stadt komme auf jeden 5. oder 6. Bürger einer). München dagegen war kurz vorher (17.12.1957, 15.45 Uhr) Millionenstadt geworden.

*

Der **Sturz** (Bundesrepublik Deutschland 1978). P: Independent/ABS/Maran/von Vietinghoff. R: Alf Brustellin. D: Franz Buchrieser, Hannelore Elsner,

Wolfgang Kieling, Eva Maria Meineke, Klaus Pohl.

Martin Walsers Held Anselm Kristlein im dritten Teil der Kristlein-Trilogie als Inhaber eines Münchner Flippersalons, der das Vermögen seiner Frau verliert und an den Bodensee zurückkehrt.

*

Der **Sündenbock** (Deutschland 1940). P: Tobis. R: Hans Deppe. D: Norbert Rohringer, Karl Hellmer, Hilde Körber, Ernst Waldow, Fritz Odemar.

Ein verstorbener Kleinstadtgastwirt hat verfügt, daß sein Vermögen erben soll, wer seinen 12jährigen Adoptivsohn zu einem rechtschaffenen Menschen erzieht. Nachdem der Junge bei den Verwandten, zwei zickigen, altjüngferlichen Hutmacherinnen in Bamberg, einem Unternehmer mit verwöhnter, überkandidelter Frau in Berlin und einem eigenbrötlerischen Künstler in München die Runde gemacht hat, landen er und das Vermögen bei den aufrechten, unkomplizierten Freunden des Wirts in der Kleinstadt. Außenaufnahmen gibt es nur in der Kleinstadt, hier Oberfellbach genannt, und - identifizierbar - in Bamberg, nicht aber in Berlin und München. Die Münchenszenen spielen ausschließlich in der Atelierwohnung des Künstlers und in einer Autoreparaturwerkstatt, wo der Junge jobbt, um dem Hungerkünstler von Onkel unter die Arme zu greifen.

*

Summer in the City (Bundesrepublik Deutschland 1969/70). P: Hochschule für Fernsehen und Film, München. R: Wim Wenders. D: Hanns Zischler, Edda Köchl, Libgard Schwarz, Helmut Färber.

Ein junger Mann wird nach Verbüßung einer einjährigen Haftstrafe aus der Strafanstalt Stadelheim entlassen. Seine alten Partner wollen wieder Kontakt zu ihm aufnehmen, aber er will nichts mehr mit ihnen zu tun haben. Auf der Flucht vor ihnen irrt er ziellos durch München. Als sie seinen Unterschlupf bei einer alten Freundin aufspüren, fliegt er überstürzt nach Berlin. Dort erscheint eines Tages zufällig sein Bild in einer Zeitung. Er muß fürchten, erneut entdeckt zu werden, und flieht ins Ausland. Wenders zeigt München, bei allen sonstigen Unterschieden, als dieselbe triste, kalte, unwirtliche Stadt wie Fassbinder in seinen frühen Gangsterfilmen, die etwa zur gleichen Zeit entstanden, verstärkt durch das naßkalte Winterwetter, das in ironischem Kontrast zum Titel des Films (einem Song-Zitat) steht. Außer für Ansässige ist der Handlungsort nicht eindeutig identifizierbar (sieht man von Dingen wie Auto-Nummernschildern oder einem Straßenschild "Leuchtenbergring" ab) und wird auch nur einmal erwähnt, als Hanns vor seinem Abflug nach Berlin sagt, er wäre eigentlich gerne noch einmal in München ins Kino gegangen, da seien die Kinos schöner als in Berlin. Berlin wird im übrigen genauso kalt und anonym gezeigt, wie München, nur daß hier mehr Schnee liegt.

*

Supergirl (Bundesrepublik Deutschland 1970). P: Rudolf Thome. R: Rudolf Thome. D: Iris Berben, Marquard Bohm, Karina Ehret-Brandner, Jess Hahn, Nikolaus Dutsch.

"Eine geheimnisvolle junge Frau verwirrt eine Reihe von Männern nicht nur durch ihre überirdische Schönheit, sondern auch durch Berichte von zukünftigen Gefahren, die den Erdbewohnern aus dem Weltall drohen sollen." (Lexikon des Internationalen Films)

*

Die **Supernasen** (Bundesrepublik Deutschland 1983). P: Lisa. R: Dieter Pröttel. D: Mike Krüger, Thomas Gottschalk, Gerd Haucke, Liane Hielscher, Susanne Winter.

Ein verbummelter Student und ein gefeuerter Maskenbildner gründen in München eine Detektei. Ein Fabrikant setzt sie auf seine Frau an, obwohl er selbst der Fremdgänger ist. Ein arabischer Prinz engagiert sie als Double für seine Deutschlandreise, weil er Angst vor Attentätern hat. Sie überleben, das Fabrikantenehepaar versöhnt sich, und der eine der Detektive bekommt dessen Tochter.

*

Suspiria (Suspiria, Italien 1976). P: Seda Spettacoli. R: Dario Argento. D: Jessica Harper, Stefania Casini, Joan Bennett, Alida Valli, Udo Kier.

Mitten in München haben bis vor kurzem Hexen in einem als Ballettschule getarnten Haus ihr Unwesen getrieben. Erst eine beherzte amerikanische Ballettschülerin hat nach mehreren mysteriösen Todesfällen diesem Spuk ein Ende gemacht. So jedenfalls will es uns dieses alberne Horrorfilmchen glauben machen. Weiß der Henker, was die Macher getrieben hat, ausgerechnet München zum Handlungsort zu wählen. War es die Möglichkeit, als Kontrast zur dekadent-morbiden Atmosphäre des Jugendstilhauses, in dem 95 Prozent der Handlung spielen, pralles, gesundes Leben in Form schuhplattelnder Bayern im Hofbräuhaus zu zeigen? Oder war es vielmehr die Möglichkeit, die unheimliche Atmosphäre durch einen nächtlich-leeren Königsplatz (der ideale Ort für einen durch dämonischen Einfluß zum Mörder an seinem Herrn gewordenen Blindenhund) zu steigern? Dies jedenfalls die einzigen Münchenspezifika des Films.

*

Sweethearts (Bundesrepublik Deutschland 1977). P: Bavaria. R: Klaus Lemke. D: Sabine Gurn, Fatima Igramham, Cleo Kretschmer, Renate Zimmermann, Chris Wilhelm.

"Die Geschichte einer Münchner Mädchenband, die trotz grauenhaft schlechter Musik letztlich Erfolg hat, und deren Probleme mit den Männern." (Lexikon des Internationalen Films)

*

Ein Tag mit dem Wind (Bundesrepublik Deutschland 1978). P: Haro Senft Filmproduktion. R: Haro Senft. D: Marcel Maillard, Barbara Rutzmoser, Klaus Wiese, Ma Wild, Herbert Krail.

Der 8jährige Marcel, dessen Vater "vielleicht irgendwo in Amerika" ist und der von seiner Mutter oft allein gelassen wird, macht sich eines schönen (Sommerferien-?)Tages auf, um für sein Kaninchen Peter ein Weibchen zu suchen. Unschlüssig streift er durch München, da er kein Geld hat, um eins zu kaufen. Das Mädchen Barbara, dem er gegen einen bösen Jungen beisteht, schenkt ihm als Glücksbringer eine goldene Metallkugel. Ein Maler rät ihm, in den Wald zu gehen. Da gebe es eine Stelle mit vielen Kaninchen. Marcel macht sich per Anhalter auf und begegnet allen möglichen merkwürdigen, aber freundlichen Leuten, die ihm weiterhelfen. Am Schluß kommt er mit der Hoffnung auf ein Kaninchen zurück auf den Flohmarkt, wo er Barbara wiedertrifft, der er viel zu erzählen hat. "Die Kamera in Augenhöhe" bedeutet hier die Augenhöhe eines Kindes. Außerdem fehlt jeglicher touristischer Blick, herrscht die Perspektive des Jungen auf seine gewohnte Umwelt vor, so daß sich München, der Schauplatz der ersten, realistischeren Hälfte des Films (die zweite Hälfte im Wald hat einen stark märchenhaften Zug), nur aus Beiläufigkeiten wie Autokennzeichen, MVV-Übersichtsplänen u.dgl. identifizieren läßt. Die Geschichte könnte in jeder anderen Großstadt beginnen, vorausgesetzt, sie hat eine ebenso schöne, waldreiche Umgebung.

*

Taggart: Aufs Spiel gesetzt (Double Jeopardy, Bundesrepublik Deutschland/Großbritannien 1988). R: Jim McCann. D: Mark McManus, James Laurenson, Valerie Gogan, Sheila Ruskin, Erika Wackernagel.

Auf der Spur eines Mordfalls folgt ein schottischer Kommissar einem Geschäftsmann von Glasgow nach München, wo der ein Hotel übernehmen will.

*

Talent zum Glück (Das Geheimnis einer Ehe, Bundesrepublik Deutschland 1951). P: Venus. R: Helmut Weiss. D: Olga Tschechowa, Curd Jürgens, Paul Klinger, Viola Verden, Marianne Koch.

Als sich die Witwe dreier erwachsener Kinder in einen Dirigenten verliebt, stellt sich ihr ältester Sohn mit äußerster Heftigkeit quer. Sie gesteht

Margit Saad, Boy Gobert, Chariklia Baxevanos und Ingrid Andree in "Ein Stück vom Himmel"

Claudia Demarmels und Veronika Faber (von links) in "Tapetenwechsel"

ihm, daß ihr verstorbener Mann gar nicht sein Vater war, sondern - der Dirigent. "Gesellschafts-, Künstler- und Familienmilieu München". (Bauer)

*

Tanker (Bundesrepublik Deutschland 1970). P: Bavaria. R: Volker Vogeler. D: Katrin Schaake, Hans Michael Rehberg, Karl Georg Saebisch, Ivan Desny, Ulrich Matschoss.

Eine kleine Sekretärin will mit Informationen, die sie sich bei ihrem Chef aneignet, ein großes Geschäft einfädeln, wird aber von ihren erfahrenen Partnern ausgetrickst. München ist als großer deutscher Finanzplatz mit größter Selbstverständlichkeit eingeführt.

*

Tante Frieda - Neue Lausbubengeschichten (Bundesrepublik Deutschland 1965). P: Franz-Seitz-Film. R: Werner Jacobs. D: Hansi Kraus, Elisabeth Flickenschildt, Gustav Knuth, Heidelinde Weis, Friedrich von Thun.

Zu Beginn erreicht Ludwig seinen Rausschmiß aus der Münchner Lehranstalt des Hauptmanns Semmelmaier, indem er dessen ganzen Stolz, seinen grauen Rauschebart, abschneidet. Vergnügt wandelt er während des Vorspanns durch München gen Bahnhof (die Streckenführung ist von Regie/Drehbuch nicht ganz konsequent angelegt). Der Rest des Films spielt in Obermingharting.

*

Tapetenwechsel (Bundesrepublik Deutschland 1984). P: Monaco/ZDF. R: Gabriela Zerau. D: Claudia Demarmels, Rolf Zacher, August Zirner, Erni Singerl, Iris Berben.

Komödie um eine Studentin in München auf der Wohnungssuche nachdem sie unversehens ihre alte Wohnung räumen mußte.

*

Die **Tat des Anderen** (Der Unheimliche, Bundesrepublik Deutschland 1950). P: Condor. R: Helmut Weiss. D: Hans Nielsen, Ilse Steppat, Rolf von Nauckhoff, Hans Magel, Charles Regnier.

Ein Schriftsteller wird durch einen Bandenboß in den Verdacht gebracht, einen Mord begangen zu haben. Durch hypnotische Experimente kann er seine Unschuld beweisen und den Bandenboß entlarven. "Schriftsteller-, Gesellschafts- und Verbrechermilieu München". (Bauer)

*

Taxi 4012 (Bundesrepublik Deutschland 1976). P: NDF. R: Theodor Grädler. D: Thekla Carola Wied, Harald Leipnitz, Horst Janson, Karl Walter Diess, Horst Naumann.

Fernsehfilm um einen Mord im Diplomaten- und Spionagemilieu, angesiedelt u.a. in München.

*

Teufel im Fleisch (Bundesrepublik Deutschland 1963). P: Rewa. R: Hermann Wallbrück. D: Alexander Gavric, Peter Heim, Ruth Gassmann, Manrik Schumacher, Dunja Rajter.

Halbdokumentarischer, aber dennoch spekulativer Film über die Situation der Geschlechtskrankheiten in Europa und Afrika. "Schauplätze sind u.a. Addis Abeba, Venedig, Marseille, München und Hamburg." (Die deutschen Filme 1963/64)

*

Des **Teufels Erbe** (The Devil Makes Three, USA 1952). P: MGM. R: Andrew Marton. D: Gene Kelly, Pier Angeli, Richard Rober, Richard Egan, Claus Clausen.

Ein amerikanischer Offizier kommt 1947 nach München, um die deutsche Familie aufzusuchen, die ihm während des Krieges das Leben gerettet hat. Er erfährt, daß sie bei einem Luftangriff umgekommen ist und daß nur die inzwischen 18jährige Tochter überlebt hat. Diese trifft er als Animiermädchen in einem Nachtlokal an. Sie mißbraucht ihn ohne sein Wissen zu einer Schmuggelfahrt nach Salzburg, weiß aber selbst nicht, daß sie nicht harmlose Waren, sondern Gold für eine Nazi-Untergrundorganisation schmuggelt. Als der Offizier dies entdeckt, werden die beiden nach Berchtesgaden gebracht, wo die Organisation ihr Hauptquartier hat. Kurz bevor sie beseitigt werden können, greift die amerikanische Militärpolizei ein. Es kommt zum Showdown in Hitlers "Berghof" und der Offizier kann erleichtert das Mädchen in die Arme schließen. Die Wahl des Handlungsortes München ist unter den Voraussetzungen der Story naheliegend: die "Hauptstadt der Bewegung" zugleich als wichtigste Stadt der amerikanisch besetzten Zone, die Nähe zu den Alpen als wildromantische Kulisse für das Wirken der Untergrundorganisation, der Berghof. Warum allerdings das Gold ins - ebenfalls besetzte - Österreich geschmuggelt werden muß, wo doch die Organisation in Berchtesgaden sitzt, wird nicht recht klar. Vielleicht wollte man nur nicht die Gelegenheit zu ein paar schönen touristischen Aufnahmen versäumen. Bei der Art, wie die Stadt vereinnahmt wird, müßte man allerdings, handelte es sich um einen deutschen Film, von Bavaro-Imperialismus sprechen: Zwar wird dem Protagonisten als Vertreter des gebildeten amerikanischen Publikums (wie übrigens auch in "Der letzte Akkord" der Protagonistin) pflichtschuldigst erklärt, daß dies die Stadt sei, in der Mozart geboren sei (anerkennendes "Ah"), doch dann gerät das Paar in ein Bierlokal nach Hofbräuhausart, in dem sofort geschuhplattelt wird, daß es kracht.

*

Theodor Hierneis oder Wie man ehem. Hofkoch wird (Bundesrepublik Deutschland 1972). P: Syberberg Film. R: Hans Jürgen Syberberg. D: Walter Sedlmayr.

Nach den Erinnerungen des ehemaligen Hofkochs Theodor Hierneis erzählt Sedlmayr in der Rolle des Hierneis, gewandet wie ein bayerischer Privatier der 70er Jahre (oder der 50er, Hierneis starb 1953), nach Art eines Fremdenführers vom Leben am Hof Ludwigs II. Hauptschauplätze sind Linderhof, das Berghaus Schachen und Neuschwanstein. Zu Beginn spielt aber auch eine Passage in der Residenz, wo die (authentischen?) Dienstbotenzimmer unter Ludwigs Wintergarten und die Küche gezeigt werden.

*

Ticket nach Rom (Bundesrepublik Deutschland 1987). P: Universum-Film Werner Mietzner. R: Vivian Naefe. D: Leslie Malton, Hanno Pöschl, Rainer Grenkowitz, Joachim Król.

Beziehungsdrama zwischen zwei Journalisten. München ist nur ein Schauplatz von vielen bei dieser von heftiger Reisetätigkeit geprägten Beziehung.

*

Tiger, Löwe, Panther (Bundesrepublik Deutschland 1988). P: Bavaria. R: Dominik Graf. D: Natja Brunckhorst, Martina Gedeck, Sabine Kaack, Thomas Winkler, Oliver Stokowski.

"Drei Frauen unterschiedlichen Temperaments unternehmen kleine Ausbrüche aus ihrem Alltag, erhalten jedoch durch ihre Freundschaft den Zustand, in dem sie sich eingerichtet haben." (Lexikon des Internationalen Films)

*

Tod in Venedig (Morte a Venezia, Italien 1970). P: Alfa. R: Luchino Visconti. D: Dirk Bogarde, Silvana Mangano, Björn Andresen, Romolo Valli, Mark Burns.

Ein Komponist aus München kommt kurz vor dem Ersten Weltkrieg zu einem Erholungsaufenthalt nach Venedig, verspürt ambivalente Empfindungen für einen schönen polnischen Jüngling und findet in der choleraverseuchten Stadt den Tod. Luchino Visconti hat in seiner Verfilmung von Thomas Manns Novelle zwar aus dem Schriftsteller einen Komponisten gemacht, ihm aber seinen Wirkungsort München belassen. Gleichzeitig hat er jedoch, nachdem es zuerst anders geplant war, die Bedeutung dieses Wirkungsortes gegenüber der Vorlage stark zurückgedrängt. Die Münchner Eingangsszenen Thomas Manns sind im Drehbuch auf eine kurze Szene auf dem Nordfriedhof reduziert, dann sogar (zumindest in der deutschen Synchronfassung, die ich gesehen habe) ganz getilgt. Hinzu kommen einige (Erinnerungs-)Rückblenden in einen Konzertsaal und das Arbeitszimmer Aschenbachs in München, außerdem die Tatsache, daß er im Hotel am Lido die "Münchner Neuesten Nachrichten" liest. (Vgl. auch Seitz: Film als Rezeptionsform von Literatur, S. 521 ff.)

*

Tödliche Liebe (Bundesrepublik Deutschland 1952). P: Pfeiffer. R: Paul Pfeiffer, Fred Barius. D: Rolf Moebius, Ruth Hambrock, Walter Janssen, Harald Mannl, Else Wolz.

Mischung aus Spiel- und Dokumentarfilm über die Gefahren von Abtreibung und Geschlechtskrankheiten. Ein Polizeireporter bekommt entsprechende Fälle geschildert und der Zuschauer diese als Spielszenen gezeigt. Laut Werbematerial des Verleihs sind sie "in den Häusern und Straßen Münchens unter Mitwirkung von Ärzteschaft, Universitätsinstituten und Polizeibehörden" gedreht.

*

Ein **toller Einfall** (Deutschland 1932). P: UFA. R: Kurt Gerron. D: Willy Fritsch, Max Adalbert, Jakob Tiedtke, Ellen Schwanneke, Dorothea Wieck.

Ein wegen rückständiger Miete gekündigter Maler aus München quartiert sich im Schloß seines Onkels ein, das dieser wegen Schulden beim Finanzamt verkaufen will. Während der Onkel einen Kaufinteressenten in London aufsucht, macht der Neffe aus dem idyllisch gelegenen Schloß ein Berghotel und muß sich bald mit einer Exfreundin, einer sechsköpfigen Girl-Truppe und der Tochter des Kaufinteressenten, die allesamt aus München angereist sind, herumschlagen. Am Ende platzt der Kauf, das Hotel erweist sich als Goldgrube und der Neffe heiratet die Leiterin der Girl-Truppe.

*

Tonelli (Deutschland 1943). P: Bavaria. R: Viktor Tourjansky. D: Ferdinand Marian, Winnie Markus, Mady Rahl, Albert Hehn, Nikolai Kolin.

Der berühmte Drahtseilartist Tonelli wird verdächtigt, den Absturz seines Partners Tino verursacht zu haben. Er flieht zu einem Wanderzirkus und verliebt sich in seine neue Partnerin. Als er bei einem Gastspiel in München seine Frau um die Scheidung bittet, versucht diese, ihn zu erpressen. Kurz darauf wird sie ermordet aufgefunden, Tonelli verhaftet. Bei der Gerichtsverhandlung erweist sich, daß Tino der Mörder war.

*

Tonio Kröger (Bundesrepublik Deutschland/Frankreich 1964). P: Franz-Seitz-Film/Filmaufbau/Thalia/Mondex-Procinex. R: Rolf Thiele. D: Jean-Claude Brialy, Nadja Tiller, Werner Hinz, Anaid Iplicjian, Rudolf Forster.

Auch in der Verfilmung von Thomas Manns autobiografisch angehauchter Novelle stammt der Held aus Lübeck und lebt jetzt in München. Hier wie dort ist er aber während der Handlungsdauer vornehmlich auf Reisen, in Italien, Lübeck und Dänemark. Seine Münchner Vertraute (im Film ist sie mehr als das) Lisaweta Iwanowa scheint den Schwabinger Frauengestalten Franziska von Reventlow und Marianne Werefkin nachempfunden. (Vgl. Seitz: Film als Rezeptionsform von Literatur, S. 84 f.)

Die Tragödie eines Volkes oder Der Schmied von Kochel. 2 Teile. 1. Teil: Um Thron und Land. 2. Teil: Mordweihnacht (Deutschland 1922). P: Historia Filmges. R: Ernst Schebera. D: Cleo d'Osterode, Marino, Otto Kronburger, Else Bodenheim, Adolf Satzenhofer.

Über die Vorgänge bei der "Sendlinger Mordweihnacht" und ihre Vorgeschichte. Der Film zeigt unter anderem Schäfflertanz-Szenen, "überlang", wie W.K. in "Der Film" 14/1922, S. 52 meint. Irgendwie kommt auch die Stadtmauer von Rothenburg o.d.T. vor, aber wofür sie steht, wird in der zeitgenössischen Presseberichterstattung nicht klar.

*

Trauer um einen verlorenen Sohn. Szenisches Protokoll eines kurzen Lebens (Bundesrepublik Deutschland 1979). P: Artus-Film. R: Thomas Engel. D: Bobby Prem, Marianne Lindner, Rolf Straub, Petra Maria Grühn, Heidemarie Theil.

Die Geschichte einer typischen Drogen"karriere", angesiedelt in München, aber denkbar auch in jeder anderen Großstadt.

*

Traumstadt (Bundesrepublik Deutschland 1973). P: Independent/Maran. R: Johannes Schaaf. D: Per Oscarsson, Rosemarie Fendel, Eva Maria Meineke, Alexander May, Olimpia.

Ein Münchner Ehepaar träumt von einem von allen Zwängen befreiten Leben, in dem jeder seinen Freuden und Lüsten nachgehen kann. Sie folgen einer mysteriösen Einladung nach Asien in eine geheimnisvolle Stadt, die ihnen die Erfüllung ihrer Sehnsüchte verspricht. Das Scheitern dieses Trips braucht hier nicht näher zu interessieren. München als austauschbarer, sehr realer Ausgangsort verstärkt nur den surrealen Eindruck dieses Trips - der Film ist nach dem surrealistischen Roman "Die andere Seite" von Alfred Kubin entstanden.

*

Treffer (Bundesrepublik Deutschland 1983). P: Bavaria/WDR. R: Dominik Graf. D: Max Wigger, Dietmar Bär, Tayfun Bademsoy, Barbara Rudnik, Beate Finckh.

Milieustudie um eine Clique motorradbegeisterter junger Leute in München.

*

Trokadero (Bundesrepublik Deutschland 1980). P: Solaris/Bayerischer Rundfunk/Satel. R: Klaus Emmerich. D: Ludwig Hirsch, Franz Xaver Kroetz, Lisi Mangold, Werner Asam, Beatrice Richter.

Zwei Freunde haben mit einer Kneipe auf dem Land keinen Erfolg. Da fassen sie den Plan, eine Freizeitoase mit "Masseusen" und "Modellen" aufzubauen. Auf den Strichplätzen in München wollen sie geeignete Frauen organisieren. Doch schon bald kommen sie desilllusioniert und ohne Mädchen zurück.

*

Der Tyroler in München (Frankreich 1908). P: Pathé.

Vermutlich der erste Film mit Spielhandlung, der München als Handlungsort hat und der sich nachweisen läßt (vgl. Birett Nr. 14550), den Gewohnheiten der Zeit entsprechend ein Kurzfilm. Angaben über den Inhalt ließen sich nicht auftreiben.

*

Um das Menschenrecht (Deutschland 1934). P: Arya-Film. R: Hans Zöberlein, Ludwig Schmid-Wildy. D: Hans Schlenck, Kurt Holm, Ernst Martens, Beppo Brem, Ludwig ten Kloot.

Vier ehemalige Frontsoldaten kehren 1918 desorientiert nach München zurück. Zwei schließen sich den Revolutionären an, einer den Freikorps, und der vierte bewirtschaftet seinen Hof in den Bergen. Bei den Kämpfen zwischen Revolutionstruppen und Freikorps stehen sich die drei Freunde als Feinde gegenüber. Hans, das Freikorpsmitglied läßt die beiden anderen entkommen, die auf dem Hof des vierten Zuflucht finden. Dieser aber wird wegen Beihilfe zum Hochverrat vor Gericht gestellt. Hans kann sich wieder in die Gesellschaft integrieren, die drei anderen wandern aus. Ein, gelinde gesagt, sehr rechtslastiger Film, nicht direkt NS-Propaganda, wie SA-Mann Brand, aber ganz im Sinne der neuen Machthaber.

...und nichts als die Wahrheit (Bundesrepublik Deutschland 1958). P: Bavaria. R: Franz Peter Wirth. D: O.W. Fischer, Marianne Koch, Ingrid Andree, Friedrich Domin, Walter Rilla.

Ein Arzt wird beschuldigt, seine todkranke geschiedene Frau überredet zu haben, ihr Testament zu seinen Gunsten zu ändern, und sie dann vergiftet zu haben. Als vor Gericht sein Verteidiger den Verdacht auf die vorherige Haupterbin, eine Cousine seiner Frau, lenken will, enthüllt er die Wahrheit: Seine Frau hatte ihn um das Gift gebeten, er es zwar dabei gehabt, aber ihr nicht gegeben. Sie hat es ihm entwendet und selbst genommen. Ein Remake von "Der Fall Deruga", in dem die Schauplätze verkehrt sind, was nur beweist, daß keiner zwingend ist. Aus München, dem Wohnort des Arztes im Vorgängerfilm, ist Frankfurt geworden, aus Berlin, dem Wohnort der Frau, Ort der Verhandlung und damit Haupthandlungsort wurde München, weil die Bavaria das Ganze produzierte. Real zu sehen ist in einer Außenaufnahme und einer Reihe von Innenaufnahmen nur der Schauplatz der Verhandlung, der Justizpalast.

*

Unerreichbare Nähe (Bundesrepublik Deutschland 1983/84). P: MFG Film/WDR/Roxy-Film. R: Dagmar Hirtz. D: Kathrin Ackermann, Klaus Grünberg, Brigitte Karner, Loni von Friedl, Benjamin Hembus.

Kommunikationsschwierigkeiten zwischen drei Frauen und einem Mann. "Sie sind zwischen 30 und 40,...Münchens gehobener Mittelstand ist ihre Welt." (Filmjahr 1985)

*

Unordnung und frühes Leid (Bundesrepublik Deutschland 1976). P: Franz Seitz/GGB. R: Franz Seitz. D: Martin Held, Ruth Leuwerik, Sabine von Maydell, Frederic Meissner, Sophie Seitz.

Die Familie eines Geschichtsprofessors im München der Inflationsjahre nach dem Ersten Weltkrieg kann ihren gewohnten Lebensstil nicht bewahren. Verfilmung der gleichnamigen Erzählung von Thomas Mann.

*

Union Square (Bundesrepublik Deutschland 1978/79). P: Volker Koch. R: Volker Koch. D: Carla Aulaulu, Brigitte Oheim, Thomas Kreidler, Erica Lindsay, Arthur Albrecht.

"Science-Fiction-Film über die Probleme und das Rollenverhalten einer Terroristengruppe in München." (Koschnitzki: Deutsche Filme 1979)

*

Unser Wunderland bei Nacht (Wirtschaftswunderland bei Nacht, Bundesrepublik Deutschland 1959). P: Cinephon. R: Jürgen Roland, Reinhard Elsner (München-Episode), Hans Heinrich. D (der München-Episode): Angelika Meissner, Monika Peitsch, Leonard Steckel, Charlott Daudert, Hans Putz.

Gefahren und Unsittlichkeit des bundesdeutschen Wirtschaftswunder-Nachtlebens in Hamburg, Düsseldorf und München. Typisch die Zuweisungen: In Hamburg St. Pauli und Davidswache, Kleinganoven-, Dirnen- und Zuhältermilieu; in Düsseldorf Industriellenmilieu; in München Milieu von leichtfertigen bis verkommenen Künstlern und Studenten, in das die braven aber schlecht behüteten, minderjährigen Töchter aus gutem Hause geraten (die späteren "Aufklärungs-" und Sexfilme lassen bereits grüßen). Eingeleitet wird die München-Episode durch einen Blick auf die Frauenkirche und das Hofbräuhaus samt Bierleiche sowie einen "kabarettistisch" gemeinten Kommentar, der München und Bayern als Stadt und Land ebensolcher Bierleichen unterstellt.

*

Unter Kollegen (Deutschland 1991). P: Hochschule für Fernsehen und Film, München. R: Claus-Michael Rohne. D: Raidar Müller-Elmau, Klaus Konczak, Waki Meier, Heinz Dieter Vonau, Sissi Perlinger.

Betriebsausflug einer Münchner Kleinunternehmensbelegschaft mit einem Tram-Wagen und die dabei ablaufenden gruppendynamischen Prozesse. Die Handlung spielt sich fast ausschließlich im Innern des Trambahnwagens ab.

*

Unterm Dirndl wird gejodelt (Bundesrepublik Deutschland 1974). P: Alois Brummer. R: Alois Brummer. D: Gisela Schwarz, Annemarie Wendel, Franz Muxeneder, Bertram Edelmann, Edgar Antiker.

"Die sexuellen Erlebnisse einer in München die Schule besuchenden Bauerntochter." (Lexikon des Internationalen Films)

*

Die unvollkommene Ehe (Österreich 1959). P: Paula Wessely. R: Robert A. Stemmle. D: Paula Wessely, Johannes Heesters, Johanna Matz, Dietmar Schönherr.

Eine Wiener Scheidungsanwältin ist über ihre gescheiterte Ehe verbittert und untersagt ihrer in München als Fotoreporterin lebenden Tochter die Heirat. Diese, bereits heimlich getraut, versucht, ihre Mutter von ihrer Ehefeindlichkeit abzubringen, indem sie ihr mit ihrem Mann "freie Ehe" vorspielt. Das Ganze ist zwischen München und Wien angesiedelt. Von München ist allerdings mehr zu sehen als von Wien, nämlich Wittelsbacher Brunnen und Neuer Justizpalast als erster Treffpunkt des jungen Paares, zusätzlich eine Luftaufnahme der Innenstadt, als die Mutter per Flugzeug anreist.

*

Vater braucht eine Frau (Bundesrepublik Deutschland 1952). P: NDF. R: Harald Braun. D: Dieter Borsche, Angelika Voelkner, Ruth Leuwerik, Oliver Grimm, Urs Hess.

Ein verwitweter Vater von vier Kindern kann wegen der Ungebärdigkeit der Kinder keine Haushälterin halten. Die Kinder geben heimlich eine Heiratsannonce auf. Ein Fotomodell, das sich aus Jux meldet, und der Vater verlieben sich tatsächlich ineinander, doch nun muß erst noch die Eifersucht der ältesten Tochter überwunden werden. Wenn man diesen eindeutig in München spielenden Film sieht, in dem allenfalls Therese Giehse in einer Nebenrolle etwas Lokalkolorit vermittelt, könnte man meinen, daß die Stadt nach 1945 nur von "Flüchtlingen" bevölkert war.

*

Vater sein dagegen sehr (Bundesrepublik Deutschland 1957). P: Berolina. R: Kurt Meisel. D: Heinz Rühmann, Marianne Koch, Maren-Inken Bielenberg, Rolf Pinegger, Hans Leibelt.

Schriftstellernder Junggeselle nimmt die Kinder seiner verstorbenen Schwester auf und gerät dadurch fast mit seiner reichen Braut auseinander. Rühmanns Filmschwester hat in München gelebt, er muß dorthin zur Beerdigung. Die Münchner Verwandten sind trotz des Namens Röckl nicht sehr bayerisch (wohl aber die Kinder!). Die Münchenbilder beschränken sich auf den Randbereich eines nicht zu identifizierenden Friedhofs, eine Ausfallstraße im Norden, die Wohnung der Röckls und die Leihbücherei der Schwester. Wenn mich nicht alles täuscht, sieht man allerdings durch das Wohnzimmerfenster der Röckls die Frauentürme blitzen.

*

Verbotene Spiele auf der Schulbank (Bundesrepublik Deutschland 1980). P: Apollo. R: Kenneth Howard. D: Verena Lessing, Mario Pollak, Soraya Atighi, Elke Iro.

"Eine neue Schülerin vernascht an einer Münchner Schule alles, was in ihr Blickfeld gerät." (Das Filmjahr '80/81)

*

Vergiß mein nicht (Bundesrepublik Deutschland/Italien 1958). P: Trio/Cine-Italia. R: Arthur Maria Rabenalt. D: Sabine Bethmann, Erich Winn, Ferruccio Tagliavini, Massimo Giuliani, Rudolf Vogel.

Eine junge deutsche Sekretärin wird von ihrer Firma nach Rom versetzt, freundet sich auf dem Flug mit dem 6jährigen Sohn eines verwitweten italienischen Tenors an und verliebt sich in ihren Chef. Als sie sich - zu Unrecht - von diesem getäuscht glaubt, flieht sie zurück nach Deutschland und in eine andere Arbeitsstelle. In München trifft sie den Sohn des Tenors wieder, lernt durch ihn seinen Vater kennen und heiratet diesen schließlich. Nach einer langen Tournee zurück in Rom trifft sie ihren ehemaligen Chef wieder, erkennt ihren Irrtum, entscheidet sich aber nach schwerem inneren Kampf gegen den Geliebten, für Mann und Kind.

DIE VERTREIBUNG AUS DEM PARADIES

WALSUNGEN BLUT

München ist ein beliebiger, austauschbarer, episodischer Schauplatz, bedingt wohl durch die Ansiedlung der Produktionsfirma.

*

Der verkaufte Großvater (Deutschland 1942). P: Bavaria. R: Joe Stöckel. D: Josef Eichheim, Carl Wery, Oskar Sima, Winnie Markus, Erna Fentsch.

Der Wucherer und Erbschleicher Haslinger bedrängt einen verschuldeten Kleinbauern. Da täuscht dessen Schwiegervater vor, insgeheim ein reicher Mann zu sein, läßt sich an den gierigen Haslinger verkaufen und tyrannisiert den um das versprochene Erbe Fürchtenden. Als sein Schwindel auffliegt, hetzt er die Volksmassen auf den Haslinger, bis der zugunsten seiner Tochter und des Enkels des Großvaters auf seinen Hof verzichtet. Eine Reise nach München, um einem Teefabrikanten als Reklamemodell zu dienen, nutzt der Großvater, um dem Haslinger lukrative Geschäfte vorzugaukeln. Zu sehen sind aber nur die Geschäftsräume des Fabrikanten und ein als Mathäser ausgegebenes Gastwirtschaftsinneres.

*

Vertauschtes Leben (Bundesrepublik Deutschland 1961). P: Divina. R: Helmut Weiss. D: Karin Baal, Barbara Frey, Rudolf Prack, Carola Höhn, Camilla Spira.

In einer Bombennacht gegen Ende des Zweiten Weltkriegs in München werden versehentlich zwei Säuglinge vertauscht. Dieser Umstand stellt sich erst 18 Jahre später heraus und stürzt beide Familien in große Konflikte.

*

Die Vertreibung aus dem Paradies (Bundesrepupublik Deutschland 1976). P: Visual (Elke Haltaufderheide). R: Niklaus Schilling. D: Herb Andress, Elke Haltaufderheide, Ksenija Protic, Jochen Busse, Andrea Rau.

Ein Münchner Schauspieler, der vor 12 Jahren nach Rom gegangen war, um Karriere zu machen, kehrt beim Tod seiner Mutter nach München zurück, sieht, daß aus der erhofften Erbschaft nichts geworden ist, arbeitet vorübergehend für eine Schwindlerin und kehrt ernüchtert nach Cinecittà zurück.

*

Wälsungenblut (Bundesrepublik Deutschland 1964). P: Franz-Seitz-Film. R: Rolf Thiele. D: Rudolf Forster, Gerd Baltus, Elena Nathanael, Ingeborg Hallstein, Margot Hielscher.

Ein bürgerlicher, aber reicher Offizier erringt um die Jahrhundertwende, weil er eine unmöglich scheinende Wette gewinnt, die Hand einer blasierten Adeligen. Diese besucht kurz vor der Hochzeit mit ihrem Zwillingsbruder eine Aufführung der Walküre (deren Helden dem Zwillingspaar den Namen gaben) und vereinigt sich danach mit ihm in inzestuöser Verbindung. In der Verfilmung kam es gegenüber der Vorlage zu einigen Umdeutungen. Auf Wunsch der Erben Thomas Manns durfte die Familie der Zwillinge nicht jüdisch sein, wie in der Novelle, da dies jetzt zu Mißverständnissen hätte führen können. Ohne Not aber wurde aus den Neureichen eine Familie von altem Adel gemacht, dafür der Offizier vom Adeligen zum bürgerlichen Außenseiter. Der Tatsache Rechnung tragend, daß Thomas Mann sich für die Familie der Zwillinge von der Familie seiner Frau, der Münchner Patrizierfamilie Pringsheim hat anregen lassen, wurde die Handlung von Berlin nach München verlegt. (Vgl. Seitz: Film als Rezeptionsform von Literatur, S. 463 f.)

*

Eine **Wahnsinnsehe** (Bundesrepublik Deutschland 1990). P: Olga-Film/ZDF. R: Sönke Wortmann. D: Barbara Auer, Thomas Heinze, Heinrich Schafmeister, Katharina Müller-Elmau, Jan-Paul Biczycki.

"Die Geschichte einer in den Endsechzigern geschlossenen Ehe zwischen einer gutbürgerlichen Revoluzzerin und einem Polizisten, begleitet bis in die heutige Zeit. Die Frau ist ständig auf dem Selbstverwirklichungstrip, den er dann, immer einen Schritt zu spät, nachäfft." (Lexikon des Internationalen Films) "Begegnet sind sich die beiden 1968 bei einer Demo in München". (Film-Jahrbuch 1991)

*

Der **Wanderkrebs** (Bundesrepublik Deutschland 1984). P: Herbert Achternbusch Filmprod. R: Herbert Achternbusch. D: Herbert Achternbusch, Franz Baumgartner, Annamirl Bierbichler, Sepp Bierbichler, Waltraut Galler.

Ein Waldler mußte seinen Wald verlassen, weil er vom sauren Regen vernichtet wurde, und arbeitet in einer Fabrik, in der den Menschen die Energie abgezapft wird. Als dem Waldler die Kräfte versagen, bringt ihn eine Japanerin zum Arzt. Er verliebt sich in sie und will deshalb nach Japan auswandern. Aber der Ministerpräsident (eine Mischung aus Ludwig II., Franz Josef Strauß und Franz Baumgartner) braucht ihn für seine Regierung. Für die große Rede des Ministerpräsidenten auf dem Marienplatz interessiert sich niemand. Der Ministerpräsident hält den Bräutigam seiner Tochter für die Opposition und verfolgt ihn mit dem Waldler in den Wald, um ihn zu vernichten. Der Wald ist aus Plastik und so giftig, daß er von den Menschen Wanderkrebs genannt wird. Eine Frau, die seit langem nur noch weint, um den Wald und um die Menschen, denn wo der Wald stirbt, stirbt auch der Mensch, diese Frau führt den Waldler in eine Scheune und verbrennt ihn und sich. Der Ministerpräsident meint: "Sparen wir uns das Wasser! Man muß auch etwas abbrennen lassen können."

*

Warum hab ich bloß 2 x ja gesagt? (Bundesrepublik Deutschland/Italien 1969). P: Terra Filmkunst/Fida. R: Franz Antel. D: Terry Torday, Peter Weck, Ann Smyrner, Jacques Herlin, Heinz Erhardt.

"Ein Schlafwagenschaffner auf der Strecke München-Rom, der in beiden Städten verheiratet ist, gerät in Nöte, als seine Bigamie entdeckt wird." (Lexikon des Internationalen Films)

*

Was Schulmädchen verschweigen (Bundesrepublik Deutschland 1973). P: Lisa. R: Ernst Hofbauer. D: Elisabeth Volkmann, Erich Padalewski, Jörg Nagel, Christina Lindberg, Christina von Stratberg.

"Am Anfang erklären ein Arzt und ein Pfarrer die Schulmädchen für sehr moralisch, und dann kommen bayrische Dorf-Erotik und Schwarze Messen in Münchener Kellern." (Phelix/Thissen: Pioniere und Prominente des modernen Sexfilms, S. 223)

*

Was übrigbleibt, wird Museum (Bundesrepublik Deutschland 1990). P: Hans Prockl Prod. R: Hans Prockl.

Dokumentarfilm über den Bau des Flughafens München-Erding und naturschützerische Maßnahmen.

*

Wehe, wenn Schwarzenbeck kommt (Bundesrepublik Deutschland 1977/78). P: Cinenova. R: May Spils. D: Werner Enke, Benno Hoffmann, Sabine von Maydell, Helmuth Stange, Werner Schwier.

Charlys hochverschuldeter Flohzirkus wird gepfändet. Er hält einen von der Steuerfahndung verfolgten Schrotthändler vom vorgetäuschten Selbstmord ab, steht einem Mädchen gegen seinen ausbeuterischen Hauswirt bei und unterstützt den Schrotthändler bei dem Plan, das Finanzamt zu stürmen. Die letztere Aktion führt zu einem Chaos, aber auch dazu, daß alle Bewohner der Stadt wegen des überforderten Computers eine Steuererstattung erhalten. Selbst wenn May Spils und Werner Enke diese Vision hätten in Wirklichkeit umsetzen können, wären sie wohl nicht, wie eigentlich verdient, Ehrenbürger von München geworden, denn diese Würde pflegt eher von der steuereinnehmenden Seite vergeben zu werden, als von der der Steuerzahler.

*

Die Weiße Rose (Bundesrepublik Deutschland 1982). P: Sentana/CCC Filmkunst/Hessischer Rundfunk. R: Michael Verhoeven. D: Lena Stolze, Wulf Kessler, Oliver Siebert, Ulrich Tukur, Werner Stocker.

Die Geschichte der studentischen Widerstandsorganisation "Weiße Rose" von der Ankunft Sophie Scholls in München bis zur Verhaftung und Hinrichtung der Mitglieder. Seinem dokumentarischen Charakter gemäß versucht der Film, sowohl mit realen Drehorten (Universität), als auch mit der Rekonstruktion nicht mehr existierender Schauplätze (zum Teil anhand alter Fotos von den Mitgliedern der Weißen Rose), den Schauplatz München zu vergegenwärtigen.

*

Weltrekord im Seitensprung (Deutschland 1940). P: Deka. R: Georg Zoch. D: Ludwig Schmitz, Julia Serda, Else Elster, Marina von Ditmar, Jupp Hussels.

"Ein rheinischer Ruheständler vertreibt sich mit einer reizenden Münchnerin auf dem Oktoberfest die Nacht, anstatt sich für ein Kegelturnier auszuschlafen." (Lexikon des Internationalen Films)

*

Wenn dem Esel zu wohl ist... (Er und sein Tippfräulein, Deutschland 1932). P: Union-Tonfilm Prod. R: Franz Seitz (senior). D: Weiß Ferdl, Paula Menari, Charlotte Ander, Berthe Ostyn, Wolfgang Liebeneiner.

Ein Münchner Viehhändler wird durch eine Verwechslungskomödie um eine falsche Baronin in Berlin, die auf seine Heiratsannonce geantwortet hat, von seinem Drang nach Höherem geheilt. Er ist jetzt reif für seine ihn seit langem heimlich liebende Buchhalterin.

*

Wenn die Alpenrosen blüh'n (Bundesrepublik Deutschland 1955). P: H. D. R: Richard Häußler, Hans Deppe. D: Hertha Feiler, Marianne Hold, Christine Kaufmann, Claus Holm, Theo Lingen.

Eine mondäne Frau, die von ihrem mit Arbeit überlasteten Industriellengatten vernachlässigt wurde und sich deshalb scheiden ließ, wird durch den Beinahe-Absturz ihrer kleinen Tochter in den Tiroler Bergen zur Vernunft gebracht, und auch ein zerstrittenes junges Paar kommt durch den Vorfall wieder zusammen. München en passant. Der zum Hotelier ausgebildete Dorfgasthoferbe bewirbt sich da, weil er zuhause noch nicht zum Zuge kommt, ist aber mit der angebotenen Stellung nicht zufrieden. Er trifft die mondäne Dame, die mit ihrer Tochter auf dem Weg zum Kinderheim der Schwägerin aus wer weiß welchen Gründen in München Station macht. Nach einem Besuch mit dem Töchterchen im Tierpark Hellabrunn (die Tiere, die später in freier Wildbahn gezeigt werden, sind weit putziger) geht's ab nach Alpsee, wo die Verlobte des Hoteliers kräftig Grund zur Eifersucht bekommt.

...**wenn die 'Jungfrau' mit dem 'Stier'** (Bundesrepublik Deutschland 1971). P: Cine Team/ Dieter Geissler. R: Dieter von Soden. D: Klaus Krüger, Helga Kiene, Michael Conti, Natascha Michnowa, Thomas Mai.

In verschiedenen Spielepisoden wird die Behauptung illustriert, daß nur Partner mit bestimmten Tierkreiszeichen zueinander passen. In einer Episode fährt eine junge Frau durch München und rammt das Auto eines Mannes, um mit ihm anzubandeln. Die Außenaufnahmen für den gesamten Film fanden in München statt.

*

Wenn die tollen Tanten kommen (Bundesrepublik Deutschland 1970). P: Lisa/Divina. R: Franz Josef Gottlieb. D: Rudi Carrell, Ilja Richter, Gunther Philipp, Hubert von Meyerinck, Andrea Rau.

Zwei Münchner Reisebüroangestellte kommen, weil ihnen beim Baden ihre Kleider gestohlen wurden und sie keinen anderen Ersatz auftreiben konnten, in einem Schloßhotel am Wörthersee in Frauenkleidern an und werden für die Inhaberin des Konkurrenzunternehmens und deren Sekretärin gehalten, was zu allgemeinem Durcheinander führt. Während des Vorspanns posieren Models vor malerischen Münchner Hintergründen. Was das soll, wird nicht klar. Aufnahmen für einen Reiseprospekt? Ausgerechnet für ein Münchner Reisebüro? Die Betonung des episodischen Schauplatzes München ist bei diesem klamottigen Ferienfilm jedenfalls völlig überflüssig. Aber wenn halt ein Münchner Produzent ein Ferienhaus am Wörthersee hat, muß sein allsommerlicher Blödelfilm natürlich von München dorthin führen.

*

Wenn ich mich fürchte (Bundesrepublik Deutschland 1983). P: Christian Rischert Filmprod. R: Christian Rischert. D: Horst Buchholz, Franziska Bronnen, Tilo Prückner, Constanze Engelbrecht, Herta Schwarz.

"Ein Künstler gerät nach der Trennung von seiner Frau in eine umfassende Existenz- und Identitätskrise, die er jedoch zuletzt in Ansätzen überwinden kann, während sein Freund in ähnlicher Lage nur mehr im Tod einen Ausweg weiß." (Lexikon des Internationalen Films) "Theo, der nun als Koch auf dem Münchner Fernsehturm arbeitet..." (Filmjahr 1985)

*

Wenn Täubchen Federn lassen (Bundesrepublik Deutschland 1968). P: BFM. R: Lothar Brandler. D: Karin Buchholz, Dietrich Kerkly, Ann Andreen, Günther Sander, Jochen Busse.

Zwei junge Frauen aus München streiten sich mit ihren Freunden, weil die nicht zulassen wollen, daß sie für Pornofotos Modell stehen. Sie beschließen, allein Segelurlaub in Südfrankreich zu machen. Die Freunde lassen die Frauen zum Schein entführen, um sie zu "kurieren". Als die Frauen den Schwindel durchschauen, kommt es zu einer handfesten Versöhnung, bei der nicht die "Täubchen", sondern die Kopfkissen Federn lassen. Ein unglaublich schlecht gemachtes, verklemmtes Sexfilmchen. Daß die Hauptpersonen aus München stammen, ist, zum Glück, völlig ohne Bedeutung, hat allenfalls damit zu tun, daß noch ein Spediteur oder Schrotthändler, der Filmproduktion nicht von seiner eigentlichen Profession unterscheiden kann, in München ansässig ist. Wir müssen uns also mit dem Machwerk, gegen das Alois Brummers Filme allesamt oscarreif sind, nicht weiter befassen.

*

Wer bist Du, den ich liebe? (Bundesrepublik Deutschland 1949). P: Merkur. R: Geza von Bolvary. D: Jester Naefe, Adrian Hoven, Iwan Petrovich, Gisela Fackeldey, Walter Janssen.

"Eine energische junge Frau treibt nach dem Tod ihres Vaters bei dessen Spielschuldnern das fällige Geld ein. Dabei gerät sie an den Sohn eines der Schuldner und wird in die vorhersehbaren Muster eines üblichen Liebesverwirrspiels verstrickt." (Lexikon des Internationalen Films) "Gesellschaftsmilieu München". (Bauer)

*

Wer spinnt denn da, Herr Doktor? (Bundesrepublik Deutschland 1981). P: Bavaria/Pro-ject/NF Geria II/Norddeutscher Rundfunk. R: Stefan Lukschy, Christian Rateuke. D: Otto Sander,

Sunnyi Melles, Peter Fitz, Paul Burian, Hannelore Elsner.

Ein reiner Tor (Nr. 7 = Otto Sander) spaziert aus der Nervenheilanstalt und irrt durch eine Welt voller Verrückter. Was könnte da ein besserer Schauplatz sein als München? Das aber notabene nicht korrekt abgefilmt ist. Ein Beispiel: Wenn man, wie Sander und Melles, vom (jetzigen Park-)Hilton zur nächsten Straßenecke läuft, in ein Taxi springt, mit diesem 1-200 m rollt und es dann verläßt, steht man nicht vor einem U-Bahn-Eingang. Es ist nicht das Bajuwarische (kaum gezeigt), was München so geeignet macht, sondern die Tatsache, daß hier wie in keiner anderen deutschen Großstadt vom Kleinbürgermief bis zur Schicki-Micki-Szene alle Facetten an Verrücktheiten präsent sind.

*

Der **Westen leuchtet!** (Bundesrepublik Deutschland 1982). P: Visual (Elke Haltaufderheide)/ZDF. R: Niklaus Schilling. D: Armin Mueller-Stahl, Beatrice Kessler, Melanie Tressler, Harry Baer, Gunther Malzacher.

Ein Agent der Stasi wird während eines Auftrags in München vom verführerischen Glanz des Westens geblendet, enttarnt eine Doppelagentin, verliebt sich in sie und entkommt nur knapp dem Verfassungsschutz.

*

Wie die Weltmeister (Die Weltmeister, Bundesrepublik Deutschland 1981). P: Albatros/Planet/Trio. R: Klaus Lemke. D: Wolfgang Fierek, Esther Hess, Isabell Geisler, Kurt Raab, Cleo Kretschmer.

Ein übereifriger Gerichtsvollzieher kommt von der Provinz nach München, ist den raffinierten Methoden der zahlungsunwilligen Großstädter nicht gewachsen und wird zwecks Besuch eines Fortbildungskurses nach Berlin geschickt, wo er Abenteuer mit einem gefundenen Koffer voller Geld und zwei Punk-Mädchen erlebt.

*

Wie ein Sturmwind (Bundesrepublik Deutschland 1956). P: CCC. R: Falk Harnack. D: Lilli Palmer, Willy A. Kleinau, Ivan Desny, Susanne Cramer, Käthe Braun.

Die von ihrer Ehe unbefriedigte Frau eines alternden Kunstprofessors verfällt dessen Vorzugsschüler, kann trotz eines Selbstmordversuchs ihres Sohnes nicht von ihm lassen und folgt ihm nach München. Als der Erfolglose ihre Versuche, ihn zu unterstützen, als Kränkung auffaßt und sie zurückstößt, irrt sie dem Selbstmord nahe über die Großhesseloher Brücke, ist aber dann geläutert und nimmt das Versöhnungsangebot ihres von der Polizei alarmierten und herbeigeeilten Mannes an.

*

Wie hätten Sie's denn gern? (Bundesrepublik Deutschland 1982). P: Roxy/Divina/MFG/ Bayerischer Rundfunk. R: Rolf von Sydow. D: Jutta Speidel, Robert Atzorn, Horst Janson, Günther Maria Halmer, Michaela May.

Ein Drehbuchautor will in Abwesenheit seiner Frau eine Drehbuchidee mit einem Callgirl testen. Seine Frau, die vorzeitig von der Reise zurückkehrt, mißversteht die Situation und rächt sich mit einer Reisebekanntschaft. Doch am Schluß kommt alles wieder ins Lot. "Rätselhaft ist nur, weshalb in einem in München spielenden Film die Universität

Armin Mueller-Stahl in "Der Westen leuchtet"

Wir Wunderkinder

als Justizpalast ausgegeben werden muß."
(Wolfgang J. Fuchs in Filmjahr 84)

*

Wie treu ist Nik? (Bundesrepublik Deutschland 1986). P: Wolfgang Odenthal Film/Raphaela Film. R: Eckhart Schmidt. D: Sal Paradise, Stefanie Petsch, Sibylle Rauch, Antje Hirsch, Ursula Karven.

Ein Star bringt seinen Plattenkonzern in größte Schwierigkeiten, als er durch eine öffentliche Erklärung seinen Mythos zerstört: Nicht mehr alle will er lieben, sondern nur eine. Der Film wurde "zu etwa 90 %" (Schmidt) im Englischen Garten gedreht.

*

Wilder Reiter GmbH (Bundesrepublik Deutschland 1966). P: Horst Manfred Adloff. R: Franz-Josef Spieker. D: Herbert Fux, Chantal Cachin, Bernd Herzsprung, Rainer Basedow, Ellen Umlauf.

Ein junger Volontär einer Provinzzeitung kommt von Paderborn nach München, um die große weite Welt kennenzulernen und hier Karriere zu machen. Er wird Publicitymanager eines überkandidelten, größenwahnsinnigen Pop-Sängers, lernt die Medienszene kennen und wendet sich am Schluß enttäuscht von ihr ab. Spieker verarbeitete in seinem ersten langen Spielfilm Erfahrungen, die er als Regieassistent bei einer amerikanischen Produktion in München machte. Auch der Gang des Helden von Paderborn nach München ist autobiografisch.

*

Wir Enkelkinder (Deutschland 1992). P: Rialto. R: Bruno Jonas. D: Bruno Jonas, Vitus Zeplichal, Antje Schmidt, Veronika Fitz, Susanne Czepl.

Der Lebensweg zweier Schulkameraden im Nachkriegsdeutschland, eines Karrieristen und eines angepaßt Unangepaßten. Kabarettistische Tour de Force durch 30 Jahre Bundesrepublik, die sich noch weit stärker als ihr formales Vorbild "Wir Wunderkinder" auf München als Schauplatz konzentriert, München, das in der Handlungszeit dieses Films erst so recht seine Bedeutung als "heimliche Hauptstadt" und unheimliche Skandal-(haupt)stadt Deutschlands erlangte.

*

Wir Kellerkinder (Bundesrepublik Deutschland 1960). P: Hans Oppenheimer. R: Jochen Wiedermann. D: Wolfgang Neuss, Jo Herbst, Wolfgang Gruner, Karin Baal, Ingrid van Bergen.

Schilderung der Erfahrungen dreier Irrenhausinsassen mit der deutschen Geschichte. Spielt überwiegend in Berlin. Aber einer der drei, "Adalbert entfaltete in seiner Schlüsselposition als Toilettenwärter im Münchner Hofbräuhaus diktatorische Gelüste und ließ in seinem Einflußbereich keinen mehr pinkeln, der nicht mit dem Deutschen Gruß grüßte." (Fischer/Hembus) Eine direkte Parodie auf die Szene in "Wir Wunderkinder", in der Ralf Wolter als Toilettenmann auf die Drohungen eines SA-Mannes, wenn sie erst an der Macht wären, würde alles anders werden, antwortete, "jepinkelt wird immer".

*

Wir Wunderkinder (Bundesrepublik Deutschland 1958). P: Filmaufbau. R: Kurt Hoffmann. D: Hansjörg Felmy, Robert Graf, Johanna von Koczian, Wera Frydtberg, Elisabeth Flickenschildt.

Die Lebensgeschichte zweier Schulkameraden, eines gewissenlosen Karrieristen und eines unpolitischen Schöngeistes zwischen 1913 und 1958. München als Ort des Hitler-Putsches und als "Hauptstadt der Bewegung" ist als Handlungsort gerade dicht genug am Zeitgeschehen und doch wieder weiter weg als Berlin, um die unpolitische Haltung des Helden begreiflich, aber nicht entschuldbar erscheinen zu lassen. Vielleicht ist die

Wahl des Handlungsortes aber auch nur durch die Biografie Hugo Hartungs, des Autors der leicht autobiografisch gefärbten Romanvorlage, bedingt.

*

Wo das Herz zu Hause ist (Deutschland 1993). P: Thilo Kleine, Inge Richter/NDF/SAT 1. R: Herrmann Zschoche. D: Deborah Kaufmann, Stefan Reck, Alexander Strobele, Albert Fortell, Hannes Thanheiser.

Eine deutschstämmige Lehrerin in Westsibirien verläßt ihren Geliebten Georg und zieht, einem Wunsch ihrer verstorbenen Mutter folgend, mit ihrem Bruder nach München. Der Jungmanager Thomas verliebt sich in sie. Sie erwartet ein Kind von ihm. Als Georg nach Deutschland kommt, schwankt sie zwischen beiden Männern. Doch ihr Traum vom goldenen Westen ist der Ernüchterung gewichen. Sie folgt Georg, der allein nach Sibirien zurückgegangen ist.

*

Wochentags immer (Bundesrepublik Deutschland 1963). P: Roxy. R: Michael Burk. D: Hanns Lothar, Geneviève Cluny, Ann Smyrner, Hanne Wieder, Peter Carsten.

"Ein Norddeutscher, der seinen dritten Doktor machen will, und eine australische Studentin finden sich im Münchner Künstlerviertel, nachdem der junge Mann längere Zeit unfreiwillig den Casanova gespielt hat." (Lexikon des Internationalen Films)

*

Wohin? (Bundesrepublik Deutschland 1988). P: Herbert Achternbusch. R: Herbert Achternbusch. D: Gabi Geist, Franz Baumgartner, Gunter Freyse, Annamirl Bierbichler, Josef Bierbichler.

Eine Münchner Kaffeerösterin muß wegen übersteigerter Mieterhöhung ihren Laden aufgeben, bekommt aber eine Stelle als Nachrichtensprecherin. Als sie ihre Nichten am Starnberger See besuchen fährt, verfolgen sie zwei Terroristenfahnder. Doch sie hat zwar den Ministerpräsidenten in den Hals gebissen, sein Aids hat der aber nicht von ihr.

*

Das **Wunder** (Bundesrepublik Deutschland 1984/85). P: Wolfgang Odenthal Filmproduktion/ KF Kinofilm. R: Eckhart Schmidt. D: Anja Schüte, Raimund Harmstorf, Dagmar Lassander, Anouschka Renzi, Michael Simbruk.

Ein Mädchen aus reichem Münchner Hause ist, nach Meinung der Medizin unheilbar, blind. Im Heimatdorf ihres Hausmädchens, in dessen Kirche schon einmal ein Blinder geheilt worden sein soll, geschieht erneut ein Wunder. Die Medizin bemüht sich, eine plausible Erklärung für die Heilung zu finden.

*

Wunderland der Liebe - Der große deutsche Sexreport (Bundesrepublik Deutschland 1969). P: Dieter Geissler. R: Dieter Geissler. D: Sabine Clemens, Jürgen Drews.

Bericht über sexuelle Sitten und Gebräuche in deutschen Städten. Ein "Report", der noch am ehesten diesen Namen verdient. Dieter Geissler: "Mein Film ist eine Art Show, mit viel Musik, Sex, Liebe und ein paar knallharten Schockern und mit vielen unfreiwillig komischen Nackten und weniger nackten Bundesbürgern." München-Schauplatz: Die "Highfish-Kommune".

*

X + YY - Formel des Bösen (Bundesrepublik Deutschland 1969). P: Brünnstein-Film. R: Teja Piegeler, Pavle Jocic. D: Luba Samardy, Gertrud Oswald, Kai Fischer, Albert Hehn, Mica Orlovic.

Spekulationsfilm über einen Triebverbrecher im Gewand eines Aufklärungsfilms, der unter anderem in München spielt.

*

Der **X-Bericht - die geheime Mission des "Ochsensepp"** (Deutschland 1986). P: Insel-Film (Peter Genée) für Bayerischer Rundfunk. R: Roland Gall. D: Jörg Hube, Manfred Andrae, Jan Meyer, Elert Bode, Rolf Illig.

Fernsehdokumentarspiel über den Münchner Anwalt, Widerstandskämpfer und Mitbegründer der CSU Josef Müller, genannt Ochsensepp, der sich während des Zweiten Weltkriegs im Auftrag der Widerstandskräfte der deutschen Wehrmacht um eine Vermittlung des Papstes zwischen diesen Kräften und England bemühte. Aus diesem Kreis (Beck, Canaris, Halder, Oster, Dohnany) war er der einzige, der den 20. Juli 1944 überlebte. Im Film reist Müller ständig zwischen Berlin und Rom hin und her. Nach München kommt er nur, um sein Hemd zu wechseln (was natürlich nicht gezeigt wird). Gezeigt wird Müller in München nur in seinem Büro, als er die erste Einladung von Admiral Canaris erhält, und in seiner Wohnung, als er verhaftet wird. Aber das fällt kaum auf, denn der karge Film ist ganz in Kulissen gedreht, die einige wenige Büros, Wohnungen und eine Taverne darstellen (der römische Schauplatz wird einmal kurz durch einen Barockengel vor dem Fenster angedeutet). Es handelt sich um ein Gedankendrama. Die Personen sind Typen, die lediglich Gedanken, Einstellungen und Motivationen verkörpern. Das Schwarzweiß des Films dient nicht dazu, etwa Dokumentarfilmmaterial einzubinden. Wenn es dennoch das Historische dieser Vorgänge vermitteln soll, hätte man sich allerdings in der Ästhetik nicht an den ärmlichen Fernsehspiel-Stil der fünfziger Jahre anlehnen dürfen.

*

Zärtliche Chaoten II (Bundesrepublik Deutschland 1988). P: K.S./Roxy-Film. R: Holm Dressler, Thomas Gottschalk. D: Thomas Gottschalk, Helmut Fischer, Michael Winslow, Deborah Shelton, Margit Geissler.

In Bezug auf München hält der Film eine gute und eine schlechte Nachricht bereit. Die gute zurerst: München gibt es auch im Jahre 2043 noch, als Sitz eines "Patentamts" ("Der junge Mönch" von Achternbusch spielt also noch später!). Nun die schlechte Nachricht: Als Arbeitsplatz ist dieses Patentamt eine Art Vorhölle zu Orwells "1984". Die Helden reisen denn auch schleunigst mit einer Zeitmaschine, die ein Erfinder zum Patent anmeldet, in die Jetztzeit nach Gran Canaria, um die Geburt ihres widerwärtigen Chefs zu verhindern. Da gefällt es ihnen so gut, daß sie hierbleiben, bzw. hierher zurückkehren. Folglich spielt der weitaus größte Teil des Films in Gran Canaria. Daß er in München beginnt, erfährt man, wenn man nicht ein sehr guter Kenner der sparsam gezeigten Architektur (vermutlich das Europäische Patentamt) ist, nur aus einer Bemerkung gegen Schluß. Man hätte es sich aber denken können, denn fast alle Blödelfilme mit Thomas Gottschalk spielen ja zumindest zu einem Teil in München. Aber: Der erste Teil von "Zärtliche Chaoten" verzichtet ganz auf München.

*

Zaubereien oder Die Tücke des Objekts (Bundesrepublik Deutschland 1962). P: Bavaria. R: Franz Peter Wirth. D: Harald Leipnitz, Ernst Fritz Fürbringer, Gabriele Reismüller, Suzanne Holm, Lukas Ammann.

"Im Mittelpunkt dieser Groteske stehen der junge Generalmusikdirektor Wille und ein berühmter Herr namens Kataster, der sein Publikum auf nicht minder kunstfertige Art zu unterhalten versteht. Zunächst haben diese beiden Herren gar nichts miteinander zu tun. Erst als beide im gleichen Flugzeug in München landen und durch Zufall ihre Koffer vertauscht werden, beginnt das gemeinsame Mißgeschick - zum Schrecken der Betroffenen und zur unverhohlenen Schadenfreude ihres überraschten Publikums." (Zeutzschel)

*

Zeichen und Wunder (Bundesrepublik Deutschland 1981/82). P: Visual (Elke Haltaufderheide). R: Niklaus Schilling. D: Barbara Freier, Elke Haltaufderheide, Niklaus Schilling, Klaus Münster, Dirk Walbrecher.

Das Europäische Patentamt in München strahlt auf unerklärliche Weise Energie ab, was zu großem Medienwirbel führt. Schilling drehte mit der Videokamera und bildete so die Fernsehberichterstattung sehr direkt ab, parodierte sie aber zugleich auch, indem er die Unvollkommenheiten seines Mediums zur Darstellung der alltäglichen Katastrophen des Fernsehens umfunktionierte.

*

Zockerexpreß (Bundesrepublik Deutschland 1988). P: H.S.Film (Hanno Schilf)/Tao. R: Klaus Lemke. D: Huub Stapel, Hanno Pöschl, Dolly Dollar, Sabrina Diehl, Jasmin Zadeh.

Danny, Discothekenbesitzer und Chef dreier ihm mehr als ergebener Animierdamen, ist ein krankhafter Spieler. Als ein Syndikat, bei dem er hoch verschuldet ist, seine Discothek übernehmen will, brennt er sie ab. Mit seinem Freund Harry macht er in einem alten Bus eine rollende Spielhölle auf, getarnt als "Bücherexpreß". Aber seine Spielleidenschaft läßt ihn unbeherrscht werden. Er verliert das Betriebskapital, macht sich Harry zum Feind und verliert nacheinander die Mädchen. Am Schluß überfährt ihn Harry mit seinem Straßenkreuzer. Das Ganovenmilieu spielt nur am Rande eine Rolle. Im Mittelpunkt stehen die skurrilen, ausgeflippten Typen, für die Lemkes München wieder einmal das einzig richtige Betätigungsfeld ist. Da spielt es keine Rolle, daß die Stadt fast nur an Autokennzeichen und den immer wieder als Anfahrstellen des "Bücherexpreß" genannten Straßennamen zu identifizieren ist. Die Fassade der Musikhochschule als einzig erkennbarer architektonischer Hinweis auf München muß als Fassade eines Spielklubs herhalten.

*

Zuckerbaby (Bundesrepublik Deutschland 1984). P: Pelemele/Bayerischer Rundfunk. R: Percy Adlon. D: Marianne Sägebrecht, Eisi Gulp, Manuela Denz, Toni Berger, Will Spindler.

Eine Angestellte einer Münchner Bestattungsfirma, wegen ihres Berufs diskriminiert und wegen ihrer Körperfülle unter Einsamkeit leidend, verliebt sich in die Stimme eines U-Bahn-Fahrers, dann auch in diesen, einen bedeutend jüngeren, gutaussehenden Mann, selbst, wendet die eine Hälfte ihres Urlaubs daran, alles über diesen herauszufinden, die andere Hälfte, um mit ihm ein zärtliches Verhältnis aufzubauen, bis dessen zurückkehrende gefühlskalte Ehefrau die Beziehung zerstört. Im ersten Teil des Films wird vor allem der Münchner Untergrund gezeigt, man lernt einen Gutteil der Münchner U-Bahn-Stationen kennen. Der Rest spielt sich in intimeren Räumlichkeiten ab. Durch die Perspektive einer der originellsten München-Filme und, wie die Wahl der Darsteller zeigt, einer, der ganz bewußt da spielt.

*

Zuckerbrot und Peitsche (Bundesrepublik Deutschland 1968). P: Rob Houwer. R: Marran Gosov. D: Helga Anders, Roger Fritz, Harald Leipnitz, Jürgen Jung, Helmut Hanke.

Ein Dressman versucht, sich den Luxus, für den er wirbt, den er sich aber selbst nicht leisten kann, durch Überfälle auf Juweliergeschäfte und Banken zu verschaffen. Sein Streben nach dem kleinbürgerlichen Glück mit der Frau eines Kunsthändlers wird ihm zum Verhängnis. Er endet unter den Kugeln konkurrierender Gangster.

*

Zur blauen Palette (Bundesrepublik Deutschland 1967). P: tv-star. R: Arthur Maria Rabenalt. D: Günther Schramm, Guggi Löwinger, Gabriele Esche, Elfie Pertramer, Gottfried Mehlhorn.

Eine Gangsterbande versucht, für einen französischen Kunstnarren ein Bild aus der Alten Pinakothek zu stehlen, wird aber von einem jungen Künstler, der es für sie übermalen sollte, an der Nase herumgeführt. Ein Fernsehspiel, angesiedelt im München der Inflationszeit 1923. Zentrum der Handlung ist eine fiktive Künstlerkneipe.

*

Zur Sache, Schätzchen (Bundesrepublik Deutschland 1967). P: Peter Schamoni. R: May Spils. D: Werner Enke, Uschi Glas, Henry van Lyck, Inge Marschall, Helmut Brasch.

Martin findet, daß das Leben aus viel zu viel "Action" besteht und läßt sich nur höchst widerwillig von seinem Freund Henry zur Aufbesserung der gemeinsamen Finanzen durch das Dichten von Schlagertexten ("Zur Sache, Schätzchen, mach keine Mätzchen, komm ins Bettchen, wir rauchen noch'n Zigarettchen") drängen. Er taut erst auf, als er die aus gutbürgerlichem Hause stammende, aber trotzdem für das Leben noch nicht verdorbene Barbara kennenlernt. Wie kaum ein anderer deutscher Film zeigt dieser das Lebensgefühl der Jugend Ende der 60er Jahre und wie kein anderer hat er durch die Sprüche Werner Enkes sprachprägend gewirkt. Das damalige Bild der Deutschen von München und insbesondere von Schwabing wurde durch ihn ebenfalls entscheidend mitgeprägt.

*

Zwei Däninnen in Lederhosen (Liebesgrüße aus der Lederhose 5. Teil, Bundesrepublik Deutschland 1978). P: Colena. R: Franz Marischka. D: Natalie Neumann, Sylvia Engelmann, Fred Stillkrauth, Herbert Fux, Franz Muxeneder.

"Die Kellnerinnen Rosi und Ulla verlieren ihren Job in einem Münchner Striplokal und brausen mit einem 'entliehenen' Straßenkreuzer, in dem sich eine potenzsteigernde Droge befindet, aufs Land." (Hahn: Lexikon des erotischen Films)

*

Zwei im siebenten Himmel (Bundesrepublik Deutschland 1974). P: Lisa. R: Siggi Götz. D: Bernd Clüver, Peter Orloff, Rinaldo Talamonti, Gunther Philipp, Ute Kittelberger.

"Verwechslungen in München, Salzburg und St. Wolfgang um ein echtes und ein falsches Kammermusiktrio." (Lexikon des Internationalen Films)

*

Zwei in einem Anzug (Bundesrepublik Deutschland 1950). P: Dornas. R: Joe Stöckel. D: Joe Stöckel, Wolf Albach-Retty, Olga Tschechowa, Heini Goebel, Rudolf Reiff.

Schwank um zwei arme Münchner Künstler, die sich einen Ausgehanzug teilen müssen. Remake von "Mit dir durch dick und dünn".

Zwei Kumpel in Tirol (Bundesrepublik Deutschland 1978). P: A.B.-Film. R: Alois Brummer. D: Franz Muxeneder, Ingrid Steeger, Rinaldo Talamonti, Ruth Witt.

"Offensichtlich aus mehreren einschlägigen Filmen zusammengeschnittene Sexszenen über die Erlebnisse zweier 'Kumpel', vor denen kein weibliches Wesen sicher ist." (Lexikon des Internationalen Films) In der ersten Auflage hieß es noch: "In München und Tirol spielend." Ob dieser Passus gewissen Kürzungsnotwendigkeiten oder der besseren Einsicht bezüglich der Handlungsorte zum Opfer gefallen ist, konnte ich nicht feststellen.

*

Zwei Nasen tanken Super (Bundesrepublik Deutschland 1984). P: Lisa. R: Dieter Pröttel. D: Thomas Gottschalk, Mike Krüger, Simone Brahmann, Sonja Tuchman, Andras Fricsay.

Die beiden nach Herkunft und Beruf nicht näher definierten Helden gewinnen zwei Motorräder, mit denen sie aber eine Werbetour unternehmen müssen. An den Motorrädern haben von der Polizei verfolgte Einbrecher zwei überaus wertvolle, gestohlene Diamanten angebracht. So kommt es zu Turbulenzen und wilden Verfolgungsjagden. München ist lediglich Tatort (des Juwelendiebstahls) und Ausgangspunkt (der Road-Movie-Elemente; der Beginn der Fahrt vom Siegestor die Ludwigstraße entlang zeigt die einzig identifizierbaren Aufnahmen von der Stadt). Der weitaus größte Teil der Handlung spielt sich auf den Straßen Österreichs ab.

*

Zweimal verliebt (Liebe Freundin, Österreich 1948/49). P: Studio. R: Rudolf Steinböck. D: Johannes Heesters, Vilma Degischer, Erik Frey, Erni Mangold, Theo Prokop.

Eine junge Frau hilft ihrem Geliebten nach dessen Heimkehr aus dem Krieg in Wien beim Aufbau eines Verlages, wird von ihm aber zugunsten einer reichen Erbin sitzengelassen. Sie geht mit einem berühmten Schriftsteller als dessen Sekretärin im Wohnwagen auf Europa-Tour, die beiden verlieben sich und kommen nach weiteren Umwegen zueinander. Der Reiseschriftsteller Heesters fotografiert

wie ein Wilder das in Trümmern liegende München. Ruinen werden im ganzen Deutschlandteil der Reise gezeigt, das Rama dama, die große Schutt räumaktion, aber als Münchner Spezialität vorgeführt.

*

Das zweite Erwachen der Christa Klages (Bundesrepublik Deutschland 1978). P: Bioskop/WDR. R: Margarethe von Trotta. D: Tina Engel, Sylvia Reize, Katharina Thalbach, Marius Müller-Westernhagen, Peter Schneider.

Die Kindergärtnerin Christa Klages hat mit zwei Freunden in München eine Bank überfallen, um die Schließung ihres mühevoll aufgebauten Kinderladens verhindern zu können. Nach langer Flucht und vielen Versuchen unterzutauchen kehrt sie nach München zurück und wird verhaftet, aber von einer Bankangestellten, die sie bei dem Überfall als Geisel genommen hatte, entlastet.

*

Die zweite Heimat. Die Chronik einer Jugend. Fernsehserie in 13 Teilen (Deutschland 1985-1993). P: Edgar-Reitz-Film/WDR. R: Edgar Reitz. D: Henry Arnold, Salome Kammer, Daniel Smith, Anke Sevenich, Michael Schönborn.

Fortführung von Reitz' epochaler Filmserie "Heimat". Geschildert werden die Erlebnisse einiger junger Musikstudenten und Filmemacher in München 1960-1970. Im Mittelpunkt steht die Figur des Hermann aus "Heimat". Gespeist ist das Ganze aus Reitz' eigenen Erlebnissen und Erfahrungen aus seiner ersten Münchner Zeit. Die rund 26stündige Fernsehserie, die (in voller Länge!) auch mit einigem Erfolg im Kino lief, gibt in einem Umfang, einer Dichte und Authentizität das München der 60er Jahre aus der Perspektive der Künstler und Studenten wieder, daß auch dieser Einzelaspekt in einer Kurzbesprechung nicht annähernd zu würdigen ist. Umso häufiger wird in der Einleitung auf die Serie zurückzukommen sein. Über die Dreharbeiten zu "Die zweite Heimat" ist 1991 unter dem Titel "Abschied vom Drehbuch" auch eine Filmdokumentation (Regie: Petra Seeger) erschienen.

*

Der zweite Mann (The Amateur, USA 1981). P: Balkan Film. R: Charles Jarrott. D: John Savage, Christopher Plummer, Marthe Keller, Arthur Hill, Ed Lauter.

Ein CIA-Innendienstmitarbeiter jagt die Mörder seiner Freundin, die bei einem Terrorüberfall auf das amerikanische Konsulat in München erschossen wurde, und findet den Haupttäter als CIA-Doppelagenten in Prag. Um zu zeigen, daß man sich wirklich in München befindet, wurde die Darstellerin der ermordeten jungen Frau in unmotivierten touristischen Szenen an einige markante Punkte Münchens (Oper, Olympiagelände, Marienplatz, Chinesischer Turm) geschickt. Für den Terrorüberfall, zu dem viel Polizei und Bundeswehr auffährt, fehlte aber offenbar die Drehgenehmigung. So wurden die entsprechenden Szenen in Wien gedreht (die junge Frau steigt, vom Englischen Garten kommend, aus einer weißroten Straßenbahn, um ins amerikanische Konsulat zu gehen!), wo auch der in Prag spielende Hauptteil des Films abgelichtet wurde.

*

Zwischen gestern und morgen (Deutschland 1947). P: NDF. R: Harald Braun. D: Viktor de Kowa, Winnie Markus, Viktor Staal, Willy Birgel, Sybille Schmitz.

bahnhof an und läuft mit schmerzlichen Blicken durch ein in Trümmern liegendes München. Eindrucksvolle Aufnahmen zeigen Ausblicke auf Theatinerkirche und Frauentürme, auch wenn diese nicht am unmittelbaren Weg vom Bahnhof zum Hotel liegen. Der Rest spielt ganz überwiegend in der Ruine des Hotels bzw. in einer Atelier-Rekonstruktion des alten, intakten Hotels, einige wenige Außenszenen auf dem Maximiliansplatz. Der Schauplatz ist wohl durch die Ansiedlung der Produktionsfirma in München und ihre Lizenzierung durch die amerikanische Besatzungsmacht zu erklären, obwohl neben Berlin kaum ein anderer Schauplatz für diese Handlung denkbar ist, die in einer Stadt mit vielen bedeutenden Institutionen wie Kunstakademie, Universität, Filmproduktion, Theatern und mit bedeutendem gesellschaftlichen Leben spielen muß.

* *
*

Der Zeichner Michael Rott, der 1938 wegen der despektierlichen Karikatur eines Parteibonzen überstürzt vor der Gestapo in die Schweiz fliehen mußte, sieht sich nach seiner Rückkehr fast zehn Jahre später einer Mauer der Ablehnung gegenüber. Er erfährt, daß seine Ex-Verlobte und ihr jetziger Mann, der Inhaber des Regina-Palast-Hotels, ihn verdächtigen, seinerzeit den ihm von einer verfolgten Jüdin anvertrauten kostbaren Schmuck veruntreut zu haben. Eine junge ehemalige Angestellte des Hotels kann ihn rehabilitieren. Zu Beginn des Films kommt de Kowa als Michael Rott am Haupt-

Anhang

Chronologie

1905

Bilder vom Herkomer-Automobilrennen bei München am 12.8.1905

1908

Ein Tyroler in München

1913

Richard Wagner

1916

Alles umsonst
König ihres Herzens

1918/1919

Lola Montez (Heymann)

1922

Lola Montez, die Tänzerin des Königs
Die Tragödie eines Volkes oder Der Schmied von Kochel

1923

Karl Valentin und Liesl Karlstadt auf der Oktoberfestwiese

1924

Marcco unter Gauklern und Bestien
Die Gefahren der Großstadtstraße

1929

Links der Isar - rechts der Spree (Seitz)

Ludwig der Zweite, König von Bayern
Der Sonderling

1931

Der Hochtourist (Zeisler)

1932

Ein toller Einfall
Wenn dem Esel zu wohl ist...

1933

Gipfelstürmer
Der Meisterdetektiv
SA-Mann Brand

1934

Der Flüchtling aus Chikago
Freut euch des Lebens
Der Herr Senator
Meine Frau, die Schützenkönigin
Mit Dir durch dick und dünn
Um das Menschenrecht

1935

Alles weg'n dem Hund
Die blonde Carmen
Königswalzer
Künstlerliebe

1936

Du bist mein Glück

1937

Der Lachdoktor
So weit geht die Liebe nicht

1938

Drei wunderschöne Tage
Der Fall Deruga
Gastspiel im Paradies
München (Kulturfilm)
Prinzessin Sissy

1939

Fasching
Die goldene Maske
Sommer, Sonne, Erika

1940

Achtung Feind hört mit!
Bal paré
Ein Herz geht vor Anker
Links der Isar - rechts der Spree (Ostermayr)
Rosen in Tirol
Sieben Jahre Pech
Der Sündenbock
Weltrekord im Seitensprung

1941

Alarmstufe V

1942

Geheimakte WB 1
Der Hochtourist
Der verkaufte Großvater

1943

Gabriele Dambrone
Man rede mir nicht von Liebe
Peterle
Tonelli

1944

Der Engel mit dem Saitenspiel

Chronologie

1944/45

Münchnerinnen

1945

Philine
Regimentsmusik
Spuk im Schloß

1947

Zwischen gestern und morgen

1948/49

Zweimal verliebt

1949

Geliebter Lügner
Wer bist Du, den ich liebe?

1950

Eine Frau mit Herz
König für eine Nacht
Die Tat des Anderen
Zwei in einem Anzug

1951

Das doppelte Lottchen (Baky)
Es geschehen noch Wunder
Fanfaren der Liebe
In München steht ein Hofbräuhaus
Die Mitternachtsvenus
Nachts auf den Straßen
Das seltsame Leben des Herrn Bruggs
Servus Peter
Talent zum Glück

1952

Die große Versuchung
Mönche, Mädchen und Panduren
Die schöne Tölzerin
Des Teufels Erbe
Tödliche Liebe
Vater braucht eine Frau

1953

Ich und du
Muß man sich gleich scheiden lassen?

1954

Angst
Der erste Kuß
Das fliegende Klassenzimmer
Geliebtes Fräulein Doktor
Ein Haus voll Liebe
Ludwig II. (Käutner)
Ein Mädchen aus Paris
Rummelplatz der Liebe
Sauerbruch - Das war mein Leben
Schule für Eheglück

1955

Frauen um Richard Wagner
Das fröhliche Dorf
Herr Satan persönlich
Königswalzer
Lola Montez (Ophüls)
Mädchen ohne Grenzen
San Salvatore
Solang' es hübsche Mädchen gibt
Wenn die Alpenrosen blüh'n

1956

Dany, bitte schreiben Sie
Das Donkosakenlied
Geliebte Corinna
Johannisnacht
Mädchen mit schwachem Gedächtnis
Wie ein Sturmwind

1957

Die fidelen Detektive
Gruß und Kuß vom Tegernsee
Italienreise - Liebe inbegriffen
Der letzte Akkord
Sissi - Schicksalsjahre einer Kaiserin
Ein Stück vom Himmel
Vater sein dagegen sehr

1958

Die Bernauerin
Frau im besten Mannesalter
Der Haustyrann
Heimatlos
Heiße Ware
Mein ganzes Herz ist voll Musik
Meine 99 Bräute
Sebastian Kneipp
Eine Stadt feiert Geburtstag
…und nichts als die Wahrheit
Vergiß mein nicht
Wir Wunderkinder

1959

Buddenbrooks
Jacqueline
Der liebe Augustin
Mein Schatz, komm mit ans blaue Meer
Menschen im Netz
Ein Sommer, den man nie vergißt
Unser Wunderland bei Nacht
Die unvollkommene Ehe

1959/60

Lampenfieber

1960

Der Gauner und der liebe Gott
Mein Schulfreund
Schick deine Frau nicht nach Italien
Sturm im Wasserglas
Wir Kellerkinder

1961

Das Auge des Bösen
Max, der Taschendieb
Vertauschtes Leben

1962

Die Bekenntnisse eines möblierten Herrn
Kohlhiesels Töchter

Liebe will gelernt sein
Ein Münchner im Himmel
Zaubereien oder Die Tücke des Objekts

1963

Ein Mann im schönsten Alter
Teufel im Fleisch
Wochentags immer

1964

Lausbubengeschichten
Die schwedische Jungfrau
Tonio Kröger
Wälsungenblut

1965

Tante Frieda - Neue Lausbubengeschichten

1966

Boni
Der Brief
Mord und Totschlag
Onkel Filser - Allerneueste Lausbubengeschichten
Wilder Reiter GmbH

1967

Achtundvierzig Stunden bis Acapulco
Engelchen oder Die Jungfrau von Bamberg
Die goldene Pille
Herbst der Gammler
Jet Generation
Ludwig II., König in Bayern
Mit Eichenlaub und Feigenblatt
Zur blauen Palette
Zur Sache, Schätzchen

1968

Abschied
Bengelchen liebt kreuz und quer
Eine Ehe

Engelchen macht weiter - hoppe, hoppe Reiter
Das Go-Go-Girl vom Blow-Up
Der Griller
Hannibal Brooks
Liebe und so weiter
Neun Leben hat die Katze
Wenn Täubchen Federn lassen
Zuckerbrot und Peitsche

1969

Der Attentäter
Der Bettenstudent
Detektive
Dr. Fummel und seine Gespielinnen
Der Fall Lena Christ
Götter der Pest
Goldmacher Tausend
Graf Porno und seine liebesdurstigen Töchter
Herzblatt oder Wie sag ich's meiner Tochter
Hilfe, ich liebe Zwillinge
Katzelmacher
Der Kerl liebt mich - und das soll ich glauben?
Die Konferenz der Tiere
Liebe durch die Hintertür
Liebe ist kälter als der Tod
Mädchen...nur mit Gewalt
Männer sind zum Lieben da
Der Mann mit dem goldenen Pinsel
Nicht fummeln, Liebling
Rote Sonne
Rotmord
Sex-Business - made in Pasing
Stehaufmädchen
Summer in the City
Warum hab ich bloß 2 x ja gesagt?
Wunderland der Liebe - Der große deutsche Sexreport
X + YY - Formel des Bösen

1970

Der amerikanische Soldat
Beiß mich Liebling!

Birdie - ein Fratz entdeckt die Liebe
Das Chamäleon
Cream - Schwabing-Report
Dark Spring
Das haut den stärksten Zwilling um
Engel, die ihre Flügel verbrennen
Film oder Macht
Graf Porno bläst zum Zapfenstreich
Hurra, ein toller Onkel wird Papa
Ich - ein Groupie
Ich schlafe mit meinem Mörder
Mädchen beim Frauenarzt
Mein Vater, der Affe und ich
Oh Happy Day
Pornokratie
Prostitution heute
Rio das mortes
San Domingo
Schmetterlinge weinen nicht
Schulmädchen-Report (1. Teil)
Supergirl
Tanker
Tod in Venedig
Wenn die tollen Tanten kommen

1970/71

Erotik im Beruf

1971

Händler der vier Jahreszeiten
Hausfrauenreport - unglaublich, aber wahr
Herzbube
Der Hitler/Ludendorff-Prozeß
Liebe ist nur ein Wort
Liebe so schön wie Liebe
Die Münchner Räterepublik
Der Neue Schulmädchen-Report [Schulmädchen-Report 2. Teil]
Paragraph 218 - Wir haben abgetrieben, Herr Staatsanwalt
Der Pedell
Schulmädchen-Report 3. Teil
Sie liebten sich einen Sommer

Studenten aufs Schafott
...wenn die 'Jungfrau' mit dem 'Stier'

1972

Adele Spitzeder
Blutiger Freitag
Blutjunge Masseusen
Fremde Stadt
Im bayerischen Stil
Die jungen Ausreißerinnen
Der Krankenschwestern-Report
Lehrmädchen-Report
Liebe in drei Dimensionen
Die liebestollen Apothekerstöchter
Ludwig II. (Visconti)
Ludwig - Requiem für einen jungfräulichen König
Mädchen, die nach München kommen
Massagesalon der jungen Mädchen
München 1972
Die Schlange
Schulmädchen-Report 4. Teil
Theodor Hierneis oder Wie man ehem. Hofkoch wird

1973

Angst essen Seele auf
Auch Ninotschka zieht ihr Höschen aus
Big Deal
Ewig junger Valentin
Hau drauf, Kleiner
Ein junger Mann aus dem Innviertel - Adolf Hitler
Libero
Oh, Jonathan - oh, Jonathan
Oktoberfest - da kann man fest
Ostfriesen-Report
Schlüsselloch-Report
Schulmädchen-Report 5. Teil
Schulmädchen-Report 6. Teil
Sex-Träume-Report
Traumstadt
Was Schulmädchen verschweigen

1973-75

Snuff

1974

Ein Abend, eine Nacht, ein Morgen
Faustrecht der Freiheit
Goldfüchse
Ich gehe nach München
Lina Braake
Münchner Geschichten
Schulmädchen-Report 7. Teil
Schulmädchen-Report 8. Teil
Unterm Dirndl wird gejodelt
Zwei im siebenten Himmel

1975

Abelard - Die Entmannung
Die Atlantikschwimmer
Beruf: Reporter
Heißer Mund auf feuchten Lippen
Idole
Kennwort: Fasanenjagd München 1945
Mozart - Aufzeichnungen einer Jugend
Münchnerinnen
Night Train
Schulmädchen-Report 9. Teil
Schulmädchen-Report 10. Teil

1976

Chinesisches Roulette
Die einundzwanzig Stunden von München
Gefundenes Fressen
Inspektor Clouseau, der "beste" Mann bei Interpol
Kreutzer
Opfer der Leidenschaft
Satansbraten
Schulmädchen-Report 11. Teil
Suspiria
Taxi 4012
Unordnung und frühes Leid
Die Vertreibung aus dem Paradies

1977

Der amerikanische Freund
Amore
Bierkampf
Halbe-Halbe
Der Hauptdarsteller
Johnny West
Die Jugendstreiche des Knaben Karl
Keiner kann was dafür
Das muntere Sexleben der Nachbarn
Sweethearts

1977/78

Wehe, wenn Schwarzenbeck kommt

1978

Der Allerletzte
Der Durchdreher
Eine Frau mit Verantwortung
Der junge Mönch
Ein komischer Heiliger
Messer im Kopf
Schulmädchen-Report 12. Teil
Der Sturz
Ein Tag mit dem Wind
Zwei Däninnen in Lederhosen
Zwei Kumpel in Tirol
Das zweite Erwachen der Christa Klages

1978/79

Union Square

1978-80

Es ist kalt in Brandenburg

1979

Disco-Fieber
Falsche Bilder
Der Komantsche
Die letzten Jahre der Kindheit
Die Liebesvögel
Lucky Star

Die Nacht mit Chandler
Die Reinheit des Herzens
So weit das Auge reicht
Trauer um einen verlorenen Sohn

1980

Ach du lieber Harry
Drei Lederhosen in St. Tropez
Endstation Freiheit
Der falsche Paß für Tibo
Flitterwochen
Keiner hat das Pferd geküßt
Lili Marleen
Meister Eder und sein Pumuckl
Nullpunkt
Quelle Günther
Schulmädchen-Report 13. Teil
Sierra Madre
Das stolze und traurige Leben des Mathias Kneissl
Trokadero
Verbotene Spiele auf der Schulbank

1981

Der Fan
Kopfschuß
Legen wir zusammen
Das Liebeskonzil
Manche mögen's prall
Der Maulwurf
Die Momskys oder Nie wieder Sauerkraut
Die Nacht der Wölfe
Der Neger Erwin
Neonstadt
Piratensender Powerplay
Die Rumplhanni
Wer spinnt denn da, Herr Doktor?
Wie die Weltmeister
Der zweite Mann

1981/82

Zeichen und Wunder

1982

Babystrich im Sperrbezirk

Der Depp
Doktor Faustus
Die Frau mit dem roten Hut
Fünf letzte Tage
Das Gespenst
Inflation im Paradies
Der Kleine
Kraftprobe
Marianne und Sophie
Mit mir nicht, du Knallkopp (Aktion Schmetterling)
München - Geschichte einer Stadt 1900-1945
Nach Wien!
Die Sehnsucht der Veronika Voss
Die Weiße Rose
Der Westen leuchtet!
Wie hätten Sie's denn gern?

1983

Annas Mutter
Bolero
Danni
Flotte Biester auf der Schulbank
Die Frau ohne Körper und der Projektionist
Heiße Semesterferien
Hölle der Gewalt
Julius geht nach Amerika
Kehraus
Liebe Melanie
Die Olympiasiegerin
Die Schaukel
Die Spider Murphy Gang
Die Story
Die Supernasen
Treffer
Wenn ich mich fürchte

1983/84

Echt tu matsch
Unerreichbare Nähe

1984

Flammenzeichen
Eine Frau für gewisse Stunden
Hildes Endspiel
Parker
Der Rekord

Rita Ritter
Seitenstechen
Tapetenwechsel
Der Wanderkrebs
Zuckerbaby
Zwei Nasen tanken Super

1984/85

Dormire
Marie Ward - Zwischen Galgen und Glorie
Das Wunder

1985

Heilt Hitler!
Die Küken kommen
Männer
Schwabinger Girls
Schwarz und ohne Zucker

1985-1993

Die zweite Heimat

1986

Bibo's Männer
Die Braut war wunderschön
Gideons Schwert
Kir Royal
Lockwood Desert, Nevada
Punch Drunk
Wie treu ist Nik?
Der X-Bericht - die geheime Mission des "Ochsensepp"

1987

Aufbrüche
Die Farbe der Indios
Das Mädchen mit den Feuerzeugen
Oktoberfest
Sentimental Journey
Ticket nach Rom

1988

Anna
Bei Thea

Nimm mich in die Arme
Roselyne (und die Löwen)
Die Schauspielerin
Sonntagsbesuche
Stadtromanzen
Taggart: Aufs Spiel gesetzt
Tiger, Löwe, Panther
Wohin?
Zärtliche Chaoten II
Zockerexpreß

1988/89

Der Atem
Geld

1989

Georg Elser - Einer aus Deutschland
Mix Wix
Der Rausschmeißer
Spieler

1990

Café Europa
Go Trabi go
Keep On Running
Melody of Passion
Ortelsburg - Szcztyno
Rama dama
Schlaraffenland
Die Sprungdeckeluhr
Eine Wahnsinnsehe
Was übrigbleibt, wird Museum

1991

Das doppelte Lottchen (japan. Zeichentrickserie)
Erfolg
Heidi-Heida
Herr Ober!
I know the way to the Hofbrauhaus
Kleine Haie
Löwengrube. Die Grandauers und ihre Zeit
Unter Kollegen

1991/92

Die Distel

1992

Abgeschminkt
Ich bin da, ich bin da
Der Papagei
Wir Enkelkinder

1992/93

Pumuckl und der blaue Klabauter

1993

Ab nach Tibet
Au Pair
Kaspar Hauser
Mercedes mon amour
Die Sieger
Wo das Herz zu Hause ist

1994

Beim nächsten Kuß knall ich ihn nieder
Einer meiner ältesten Freunde
Hades
Japaner sind die besseren Liebhaber
Leni
Looosers!
Die Nacht der Regisseure
Nur über meine Leiche

1995

Alle lieben Willy Wuff
Honigmond

Die Regisseure und ihre Filme

Achternbusch, Herbert
　Ab nach Tibet
　Die Atlantikschwimmer
　Bierkampf
　Der Depp
　Das Gespenst
　Hades
　Heilt Hitler!
　I know the way to the Hofbrauhaus
　Ich bin da, ich bin da
　Der junge Mönch
　Der Komantsche
　Mix Wix
　Der Neger Erwin
　Die Olympiasiegerin
　Punch Drunk
　Rita Ritter
　Der Wanderkrebs
　Wohin?
Ackeren, Robert van
　Die Reinheit des Herzens
Adloff, Horst Manfred
　Die Goldene Pille
Adlon, Percy
　Fünf letzte Tage
　Die Schaukel
　Zuckerbaby
Albin, Hans
　Hurra, ein toller Onkel wird Papa
Ambesser, Axel von
　Frau im besten Mannesalter
　Der Gauner und der liebe Gott
　Kohlhiesels Töchter
Anderson, Michael
　Gideons Schwert
Antel, Franz
　Liebe durch die Hintertür
　Die liebestollen Apothekerstöchter
　Mein Vater, der Affe und ich
　Warum hab ich bloß 2 x ja gesagt?
Antonioni, Michelangelo
　Beruf: Reporter

Apfeld, Jan s. Lefpa Jan D.
Argento, Dario
　Suspiria
Ashley, Helmuth
　Die Münchner Räterepublik
Attenberger, Toni
　Die Gefahren der Großstadtstraße
Baky, Josef von
　Das doppelte Lottchen
　Sturm im Wasserglas
Barius, Fred
　Tödliche Liebe
Barylli, Gabriel
　Honigmond
Bauer, Jochen
　München - Geschichte einer Stadt 1900-1945
Becker, Wolfgang
　Ich schlafe mit meinem Mörder
　Italienreise - Liebe inbegriffen
Beineix, Jean-Jacques
　Roselyne (und die Löwen)
Beyer, Friedemann
　Nach Wien!
Bieber, Karlheinz
　Kennwort: Fasanenjagd München 1945
Blänkner, Susanne
　Inflation im Paradies
Blumenberg, Hans-Christoph
　Beim nächsten Kuß knall ich ihn nieder
Boese, Carl
　Meine Frau, die Schützenkönigin
Bogner, Franz Xaver
　Café Europa
Bogner, Willy
　Stehaufmädchen
Boisset, Yves
　Der Maulwurf
Bolvary, Geza von
　Das Donkosakenlied
　Rosen in Tirol
　Wer bist Du, den ich liebe?

Boos, Walter
　Die jungen Ausreißerinnen
　Der Krankenschwestern-Report
　Liebe in drei Dimensionen
　Mädchen, die nach München kommen
　Ostfriesen-Report: O mei, haben die Ostfriesen Riesen
　Schlüsselloch-Report
　Schulmädchen-Report 3. Teil
　Schulmädchen-Report 5. Teil
　Schulmädchen-Report 9. Teil
　Schulmädchen-Report 10. Teil
　Schulmädchen-Report 12. Teil
　Schulmädchen-Report 13. Teil
　Sex-Träume-Report
Borsody, Eduard von
　Dany, bitte schreiben Sie
　Geliebte Corinna
Brandauer, Klaus Maria
　Georg Elser - Einer aus Deutschland
Brandler, Lothar
　Wenn Täubchen Federn lassen
Brandner, Uwe
　Halbe-Halbe
Braun, Harald
　Vater braucht eine Frau
　Zwischen gestern und morgen
Brendecke, Dagmar
　Stadtromanzen
Breuer, Siegfried
　In München steht ein Hofbräuhaus
Brummer, Alois
　Graf Porno bläst zum Zapfenstreich
　Unterm Dirndl wird gejodelt
　Zwei Kumpel in Tirol
Brustellin, Alf
　Der Sturz
Brynych, Zbynek
　Engel, die ihre Flügel verbrennen
　Oh Happy Day

Buch, Fritz Peter
  Der Fall Deruga
Büld, Wolfgang
  Neonstadt
Burk, Michael
  Wochentags immer
Capetanos, Leon
  Cream - Schwabing-Report
Chabrol, Claude
  Das Auge des Bösen
Corti, Axel
  Ein junger Mann aus dem Innviertel - Adolf Hitler
Cremer, Ludwig
  Ein Abend, eine Nacht, ein Morgen
Cziffra, Geza von
  Mädchen mit schwachem Gedächtnis
Delmond, Josef
  Marcco unter Gauklern und Bestien
Deppe, Hans
  Der Haustyrann
  Der Sündenbock
  Wenn die Alpenrosen blüh'n
Deutsch, Alfred
  Pumuckl und der blaue Klabauter
Dieterle, Wilhelm
  Ludwig der Zweite, König von Bayern
  Frauen um Richard Wagner
Dietl, Helmut
  Der Durchdreher
  Kir Royal
  Monaco Franze
  Münchner Geschichten
Döpke, Oswald
  Ich gehe nach München
Dörfler, Ferdinand
  Die Mitternachtsvenus
  Mönche, Mädchen und Panduren
Dörrie, Doris
  Geld
  Männer
Doniol-Valcroze, Jacques
  Opfer der Leidenschaft
Dressler, Holm
  Keep On Running
  Zärtliche Chaoten II

Driest, Burkhard
  Annas Mutter
Edwards, Blake
  Inspektor Clouseau, der "beste" Mann bei Interpol
Ehmck, Gustav
  Studenten aufs Schafott
Elsner, Reinhard
  Unser Wunderland bei Nacht
Emmerich, Klaus
  Kreutzer
  Trokadero
Engel, Erich
  Man rede mir nicht von Liebe
  Das seltsame Leben des Herrn Bruggs
Engel, Thomas
  Trauer um einen verlorenen Sohn
Engström, Ingemo
  Dark Spring
Erler, Rainer
  Der Attentäter
Fassbinder, Rainer Werner
  Der amerikanische Soldat
  Angst essen Seele auf
  Chinesisches Roulette
  Faustrecht der Freiheit
  Götter der Pest
  Händler der vier Jahreszeiten
  Katzelmacher
  Liebe ist kälter als der Tod
  Lili Marleen
  Rio das mortes
  Satansbraten
  Die Sehnsucht der Veronika Voss
Fleischmann, Peter
  Herbst der Gammler
Flick, Horst
  Sierra Madre
Förnbacher, Helmut
  Beiß mich Liebling!
Forman, Milos
  München 1972
Forst, Willi
  Es geschehen noch Wunder
Frank, Hubert
  Birdie - ein Fratz entdeckt die Liebe
  Disco-Fieber
  Melody of Passion

Fredersdorf, Herbert B.
  Heimatlos
Friedrich, Gunter
  Die Sprungdeckeluhr
Fritz, Roger
  Mädchen...nur mit Gewalt
Froelich, Carl
  Richard Wagner
Gabor, Pal
  Die Braut war wunderschön
Gall, Roland
  Der X-Bericht - die geheime Mission des "Ochsensepp"
Garnier, Katja von
  Abgeschminkt
Geiger, Franz
  Monaco Franze
Geis, Rainer
  Schule für Eheglück
Geissendörfer, Hans W.
  Der Fall Lena Christ
Geissler, Dieter
  Wunderland der Liebe - Der große deutsche Sexreport
Genée, Heidi
  Kraftprobe
Gerron, Kurt
  Ein toller Einfall
Gies, Martin
  Danni
Girault, Jean
  Ach du lieber Harry
Glanert, Atze
  Dr. Fummel und seine Gespielinnen
Goddard, Jim
  Parker
Goedel, Peter
  Ortelsburg - Szcztyno
Götz, Siggi
  Piratensender Powerplay
  Zwei im siebenten Himmel
Gosov, Marran
  Bengelchen liebt kreuz und quer
  Engelchen oder Die Jungfrau von Bamberg
  Der Kerl liebt mich - und das soll ich glauben?
  Zuckerbrot und Peitsche
Gottlieb, Franz Josef
  Das haut den stärksten Zwilling um

Wenn die tollen Tanten kommen
Gottschalk, Thomas
  Zärtliche Chaoten II
Grädler, Theodor
  Boni
  Taxi 4012
Graf, Dominik
  Bei Thea
  Neonstadt
  Die Sieger
  Spieler
  Tiger, Löwe, Panther
  Treffer
Graham, William A.
  Die einundzwanzig Stunden von München
Grimm, Hans
  Schick deine Frau nicht nach Italien
Günther, Egon
  Abschied
Gunten, Matthias von
  Quelle Günther
Häußler, Richard
  Die schöne Tölzerin
  Wenn die Alpenrosen blüh'n
Hansen, Rolf
  Die große Versuchung
  Sauerbruch - Das war mein Leben
  Sommer, Sonne, Erika
Harnack, Falk
  Wie ein Sturmwind
Hartl, Karl
  Gastspiel im Paradies
Hauff, Reinhard
  Endstation Freiheit
  Der Hauptdarsteller
  Messer im Kopf
Heinrich, Hans
  Unser Wunderland bei Nacht
Helfer, Daniel
  Der Rekord
Hendel, Günter
  Graf Porno und seine liebesdurstigen Töchter
Herbrich, Oliver
  Das stolze und traurige Leben des Mathias Kneissl
Hermann, Villi
  Es ist kalt in Brandenburg

Heymann, Robert
  Lola Montez (1918)
Hiemer, Leo
  Leni
Hirtz, Dagmar
  Unerreichbare Nähe
Hofbauer, Ernst
  Erotik im Beruf
  Lehrmädchen-Report
  Mädchen beim Frauenarzt
  Der Neue Schulmädchen-Report
  Prostitution heute
  Schulmädchen-Report (1. Teil)
  Schulmädchen-Report 3. Teil
  Schulmädchen-Report 4. Teil
  Schulmädchen-Report 5. Teil
  Schulmädchen-Report 6. Teil
  Schulmädchen-Report 7. Teil
  Schulmädchen-Report 8. Teil
  Schulmädchen-Report 11. Teil
  Was Schulmädchen verschweigen
Hoffmann, Kurt
  Fanfaren der Liebe
  Das fliegende Klassenzimmer
  Lampenfieber
  Liebe will gelernt sein
  Wir Wunderkinder
Horst, Hartmut
  Aufbrüche
Houwer, Rob
  Paragraph 218 - Wir haben abgetrieben, Herr Staatsanwalt
Howard, Kenneth
  Die Liebesvögel
  Verbotene Spiele auf der Schulbank
Huettner, Ralf
  Das Mädchen mit den Feuerzeugen
  Der Papagei
Ichikawa, Kon
  München 1972
Itzenplitz, Eberhard
  Münchnerinnen
  Der Pedell
Jacobs, Werner
  Onkel Filser - Allerneueste Lausbubengeschichten
  San Salvatore
  Ein Sommer, den man nie vergißt

  Tante Frieda - Neue Lausbubengeschichten
Janson, Viktor
  Die blonde Carmen
Jarrott, Charles
  Der zweite Mann
Jerven, Walter
  Der Sonderling
Jocic, Pavle
  X + YY - Formel des Bösen
Jonas, Bruno
  Wir Enkelkinder
Jugert, Rudolf
  Eine Frau mit Herz
  Nachts auf den Straßen
  Ein Stück vom Himmel
Käutner, Helmut
  Lausbubengeschichten
  Ludwig II.
Kaufmann, Hans-Peter
  Legen wir zusammen
Kaufmann, Rainer
  Einer meiner ältesten Freunde
Kessler, Christian
  Oktoberfest - da kann man fest
Keusch, Erwin
  So weit das Auge reicht
Khittl, Ferdinand
  Eine Stadt feiert Geburtstag
Kirchhoff, Fritz
  Drei wunderschöne Tage
Kirschner, Klaus
  Mozart - Aufzeichnungen einer Jugend
Klöckner, Beate
  Kopfschuß
Koch, Volker
  Union Square
König, Hans H.
  Geliebtes Fräulein Doktor
König, Ulrich
  Meister Eder und sein Pumuckl
Koller, Roald
  Johnny West
Konermann, Lutz
  Schwarz und ohne Zucker
Kostenko, Andrzej
  Snuff
Kostya, Georg
  Die Spider Murphy Gang
Krää, Gernot
  Die Distel

Krämer, Sigi
: Manche mögen's prall
Krause, Rudolf
: Das muntere Sexleben der Nachbarn
Kresoja, Dragan
: Oktoberfest
Kristl, Vlado
: Der Brief
: Film oder Macht
Kückelmann, Norbert
: Die letzten Jahre der Kindheit
Kühn, Christoph
: Falsche Bilder
Kühn, Siegfried
: Die Schauspielerin
Kugelstadt, Hermann
: Die fidelen Detektive
Kumashiro, Tatsumi
: Die Frau mit dem roten Hut
Lado, Aldo
: Night Train - Der letzte Zug in die Nacht
Lautenbacher, Klaus
: Die Farbe der Indios
Lefpa, Jan D.
: Flotte Biester auf der Schulbank
Lelouch, Claude
: München 1972
Lemke, Klaus
: Achtundvierzig Stunden bis Acapulco
: Der Allerletzte
: Amore
: Bibo's Männer
: Flitterwochen
: Idole
: Der Kleine
: Ein komischer Heiliger
: Liebe so schön wie Liebe
: Sweethearts
: Wie die Weltmeister
: Zockerexpreß
Liebeneiner, Wolfgang
: Jacqueline
: Sebastian Kneipp
Linda, Curt
: Die Konferenz der Tiere
Lingen, Theo
: Philine
Lippl, Alois Johannes
: Alarmstufe V

Lottmann, Eckart
: Aufbrüche
Lützelburg, Helmer von
: Neonstadt
Lukschy, Stefan
: Wer spinnt denn da, Herr Doktor?
Maisch, Herbert
: Königswalzer (1935)
Marischka, Ernst
: Sieben Jahre Pech
: Sissi - Schicksalsjahre einer Kaiserin
Marischka, Franz
: Drei Lederhosen in St. Tropez
: Der Mann mit dem goldenen Pinsel
: Zwei Däninnen in Lederhosen
Mars, Hans
: Pornokratie
Martin, Karl Heinz
: Du bist mein Glück
Marton, Andrew
: Des Teufels Erbe
Matiasek, Hellmuth
: Im bayerischen Stil
Matsutani, Rainer
: Nur über meine Leiche
May, Paul
: Heiße Ware
: König für eine Nacht
Mayring, Philipp Lothar
: Münchnerinnen
McCann, Jim
: Taggart: Aufs Spiel gesetzt
Meienberg, Niklaus
: Es ist kalt in Brandenburg
Meisel, Kurt
: Vater sein dagegen sehr
Meyer, Johannes
: Der Flüchtling aus Chikago
Mezger, Theo
: Goldmacher Tausend
Michael, Jörg
: Schwabinger Girls
Milonako, Ilia
: Heiße Semesterferien
Moorse, George
: Der Griller
: Liebe und so weiter
Moszkowicz, Imo
: Max, der Taschendieb

Müller, Hanns Christian
: Kehraus
Müller, Martin
: Keiner hat das Pferd geküßt
Müller, Wolfgang
: Eine Frau für gewisse Stunden
Müllerschön, Nicki
: Inflation im Paradies
Naefe, Vivian
: Ticket nach Rom
Neumann, Kurt
: Rummelplatz der Liebe
Noever, Hans
: Julius geht nach Amerika
: Lockwood Desert, Nevada
: Die Nacht mit Chandler
Nüchtern, Rüdiger
: Bolero
: Die Nacht der Wölfe
Ode, Erik
: Der erste Kuß
Okan, Bay
: Mercedes mon amour
Olsen, Rolf
: Blutiger Freitag
: Das Go-Go-Girl vom Blow-Up
Ophüls, Max
: Lola Montez (1955)
Oserow, Juri
: München 1972
Ostermayr, Paul
: Links der Isar - rechts der Spree (1940)
Otto, Gunter
: Heidi-Heida
Patzak, Peter
: Sentimental Journey
Penn, Arthur
: München 1972
Pfeiffer, Paul
: Tödliche Liebe
Pfleghar, Michael
: München 1972
Piegeler, Teja
: X + YY - Formel des Bösen
Polt, Gerhard
: Herr Ober!
Prockl, Hans
: Was übrigbleibt, wird Museum
Pröttel, Dieter
: Seitenstechen
: Die Supernasen

Zwei Nasen tanken Super
Purucker, Willy
  Sonntagsbesuche
Raben, Peer
  Adele Spitzeder
Rabenalt, Arthur Maria
  Achtung Feind hört mit!
  Regimentsmusik
  Solang' es hübsche Mädchen gibt
  Vergiß mein nicht
  Zur blauen Palette
Radvanyi, Geza von
  Mädchen ohne Grenzen
Rateuke, Christian
  Wer spinnt denn da, Herr Doktor?
Reich, Uschi
  Keiner kann was dafür
Reiner, Walter und Traudl
  Ein Münchner im Himmel
Reinl, Harald
  Johannisnacht
  Sie liebten sich einen Sommer
Reitz, Edgar
  Die Nacht der Regisseure
  Die zweite Heimat
Retzer, Otto
  Babystrich im Sperrbezirk
Rich, David Lowell
  Big Deal
Richter, Jochen
  Nullpunkt
Rimmel, Richard R.
  Snuff
Rinser, Stephan
  Der falsche Paß für Tibo
Rischert, Christian
  Wenn ich mich fürchte
Ritter, Karl
  Bal paré
Rohne, Claus-Michael
  Unter Kollegen
Roland, Jürgen
  Unser Wunderland bei Nacht
Rosier, Michèle
  Nimm mich in die Arme
Rossellini, Roberto
  Angst
Rossif, Frederic
  Ludwig II., König in Bayern

Roth, Christopher
  Looosers!
Rühl, Wolfgang
  Inflation im Paradies
Rühmann, Heinz
  Der Engel mit dem Saitenspiel
Sauer, Fred
  Alles weg'n dem Hund
  Der Herr Senator
  Der Lachdoktor
Schaaf, Johannes
  Traumstadt
Schebera, Ernst
  Die Tragödie eines Volkes oder Der Schmied von Kochel
Schelkopf, Anton
  Schule für Eheglück
Schier, Heinz Gerhard s. Mars, Hans
Schilling, Niklaus
  Der Atem
  Dormire
  Die Frau ohne Körper und der Projektionist
  Die Vertreibung aus dem Paradies
  Der Westen leuchtet!
  Zeichen und Wunder
Schlesinger, John
  München 1972
Schlißleder, Adolf
  Der Hochtourist (1942)
Schlöndorff, Volker
  Mord und Totschlag
Schmid, Johann
  Neonstadt
Schmid-Wildy, Ludwig
  Um das Menschenrecht
Schmidt, Eckhart
  Der Fan
  Jet Generation
  Die Küken kommen
  Männer sind zum Lieben da
  Die Story
  Wie treu ist Nik?
  Das Wunder
Schröder, Eberhard
  Hausfrauenreport - unglaublich, aber wahr
  Massagesalon der jungen Mädchen

§ 218 - Wir haben abgetrieben, Herr Staatsanwalt
Schroeter, Werner
  Das Liebeskonzil
Schündler, Rudolf
  Das fröhliche Dorf
  Gruß und Kuß vom Tegernsee
  Mein Schatz, komm mit ans blaue Meer
Schwarzenberger, Xaver
  Der Rausschmeißer
Schweikart, Hans
  Fasching
  Geliebter Lügner
  Ein Haus voll Liebe
  Muß man sich gleich scheiden lassen?
Sehr, Peter
  Kaspar Hauser
Seitz, Franz
  Abelard - Die Entmannung
  Doktor Faustus
  Erfolg
  Flammenzeichen
  Die Jugendstreiche des Knaben Karl
  Ein Mädchen aus Paris
  Unordnung und frühes Leid
Seitz, Franz (senior)
  Links der Isar - rechts der Spree (1929)
  Der Meisterdetektiv
  Mit Dir durch dick und dünn
  SA-Mann Brand
  So weit geht die Liebe nicht
  Wenn dem Esel zu wohl ist...
Sellner, Gustav Rudolf
  Die Bernauerin
Selpin, Herbert
  Geheimakte WB 1
Senft, Haro
  Ein Tag mit dem Wind
Shields, Frank
  Hölle der Gewalt
Sinkel, Bernhard
  Lina Braake
Siodmak, Robert
  Mein Schulfreund
Sirk, Douglas
  Der letzte Akkord
Skolimowski, Jerzy
  Herzbube

Slatinay, Alexander von
  Servus Peter
Soden, Dieter von
  ...wenn die 'Jungfrau' mit dem 'Stier'
Söhnlein, Rainer
  Marianne und Sophie
Sonntag, Philipp
  Die Momskys oder Nie wieder Sauerkraut
Spieker, Franz-Josef
  Mit Eichenlaub und Feigenblatt
  Wilder Reiter GmbH
Spils, May
  Hau drauf, Kleiner
  Mit mir nicht, du Knallkopp (Aktion Schmetterling)
  Nicht fummeln, Liebling
  Wehe, wenn Schwarzenbeck kommt
  Zur Sache, Schätzchen
Steinböck, Rudolf
  Zweimal verliebt
Steinhoff, Hans
  Freut euch des Lebens
  Gabriele Dambrone
Stemmle, Robert A.
  Die unvollkommene Ehe
Sternberg, Raoul s. Schmidt, Eckhart
Stöckel, Joe
  Ein Herz geht vor Anker
  Peterle
  Der verkaufte Großvater
  Zwei in einem Anzug
Stöckl, Ula
  Eine Frau mit Verantwortung
  Neun Leben hat die Katze
Strecker, Frank
  Anna
Strigel, Claus
  Echt tu matsch
Strobel, Hans Rolf
  Eine Ehe
Stürm, Hans
  Es ist kalt in Brandenburg
Stumpf, Hans
  Das Chamäleon
Syberberg, Hans Jürgen
  Ludwig - Requiem für einen jungfräulichen König
  San Domingo

Sex-Business - made in Pasing
Theodor Hierneis oder Wie man ehem. Hofkoch wird
Sydow, Rolf von
  Wie hätten Sie's denn gern?
Thiele, Rolf
  Der liebe Augustin
  Tonio Kröger
  Wälsungenblut
Thiery, Fritz
  Prinzessin Sissy
Thomas, Michael
  Blutjunge Masseusen
  Heißer Mund auf feuchten Lippen
Thome, Rudolf
  Detektive
  Fremde Stadt
  Rote Sonne
  Supergirl
Tichawski, Heinrich
  Eine Ehe
Timm, Peter
  Go Trabi go
Tinney, Claus
  Auch Ninotschka zieht ihr Höschen aus
Tögel, Hans-Jürgen
  Lucky Star
Tourjansky, Viktor
  Königswalzer (1955)
  Tonelli
Trotta, Margarethe von
  Das zweite Erwachen der Christa Klages
Überall, Klaus
  Disco-Fieber
  Schmetterlinge weinen nicht
Unger, Fred
  Herr Ober!
Verhoeven, Michael
  Der Bettenstudent
  Gefundenes Fressen
  Engelchen macht weiter - hoppe, hoppe Reiter
  Liebe Melanie
  Schlaraffenland
  Die Weiße Rose
Verhoeven, Paul
  Der Hitler/Ludendorff-Prozeß
Verneuil, Henri
  Die Schlange

Vesely, Herbert
  Münchner Geschichten
Vilsmaier, Joseph
  Rama dama
Visconti, Luchino
  Ludwig II.
  Tod in Venedig
Vogeler, Volker
  Tanker
Vohrer, Alfred
  Herzblatt oder Wie sag ich's meiner Tochter
  Liebe ist nur ein Wort
  Meine 99 Bräute
Wagner, Maria Theresia
  Alle lieben Willy Wuff
Wagner, Richard L.
  Inflation im Paradies
Wallbrück, Hermann
  Teufel im Fleisch
Walther-Fein, Rudolf
  Lola Montez (1918)
Wauer, William
  Richard Wagner
Weber, Angelika
  Au Pair
  Marie Ward - Zwischen Galgen und Glorie
Weck, Peter
  Hilfe, ich liebe Zwillinge
Weidenmann, Alfred
  Buddenbrooks
  Ich und du
Weilemann, Gisela
  Neonstadt
Weinges, Philipp
  Japaner sind die besseren Liebhaber
Weiss, Helmut
  Mein ganzes Herz ist voll Musik
  Talent zum Glück
  Die Tat des Anderen
  Vertauschtes Leben
Welles, Orson
  Herr Satan persönlich
Wenders, Wim
  Der amerikanische Freund
  Summer in the City
Wendhausen, Fritz
  Künstlerliebe
Wenzler, Franz
  Gipfelstürmer

Wicker, Wigbert
  Libero
Wiedermann, Jochen
  Wir Kellerkinder
Wilhelm, Kurt
  Goldfüchse
  Die schwedische Jungfrau
Williams, Fred
  Ich - ein Groupie
Winner, Michael
  Hannibal Brooks
Wirth, Franz Peter
  Die Bekenntnisse eines möblierten Herrn
  Hildes Endspiel
  Ein Mann im schönsten Alter
  Menschen im Netz
  Oh, Jonathan - oh, Jonathan
  ...und nichts als die Wahrheit
  Zaubereien oder Die Tücke des Objekts
Wolff, Willi
  Lola Montez, die Tänzerin des Königs
Wolffhardt, Rainer
  Löwengrube. Die Grandauers und ihre Zeit
  Die Rumplhanni
Wood, Stefan
  Neonstadt
Wortmann, Sönke
  Kleine Haie
  Eine Wahnsinnsehe
Zadek, Peter
  Rotmord
Zeisler, Alfred
  Der Hochtourist (1931)
Zerau, Gabriela
  Tapetenwechsel
Zerlett, Hans H.
  Die goldene Maske
Zetterling, Mai
  München 1972
Zoch, Georg
  Weltrekord im Seitensprung
Zöberlein, Hans
  Um das Menschenrecht
Zschoche, Herrmann
  Wo das Herz zu Hause ist

Literaturverzeichnis

Achternbusch, Herbert: Das Ambacher Exil. Köln: Kiepenheuer & Witsch, 1987. [Enthält u.a. den Filmtext zu "Punch Drunk"].

Achternbusch, Herbert: Die Atlantikschwimmer. Frankfurt am Main: Suhrkamp, 1978. [Enthält u.a. die Filmtexte zu "Die Atlantikschwimmer", "Bierkampf" und "Der junge Mönch"].

Achternbusch, Herbert: Der Depp. Filmbuch. Frankfurt am Main: Suhrkamp, 1983 (Suhrkamp Taschenbuch; 898).

Achternbusch, Herbert: Es ist ein leichtes beim Gehen den Boden zu berühren. Frankfurt am Main: Suhrkamp, 1980. [Enthält u.a. die Filmtexte zu "Der Komantsche" und "Der Neger Erwin"].

Achternbusch, Herbert: Das Gespenst. Filmbuch. Frankfurt am Main: Zweitausendeins, 1983.

Achternbusch, Herbert: Der Komantsche. Heidelberg: Verl. Das Wunderhorn, 1979.

Achternbusch, Herbert: Mixwix. Köln: Kiepenheuer & Witsch, 1990. [Enthält u.a. den Filmtext zu "Mixwix"].

Achternbusch, Herbert: Der Neger Erwin. Filmbuch. Frankfurt am Main: Suhrkamp, 1981 (Suhrkamp Taschenbuch; 682).

Achternbusch, Herbert: Die Olympiasiegerin. Filmbuch. Frankfurt am Main: Suhrkamp, 1984 (Suhrkamp Taschenbuch; 1031).

Achternbusch, Herbert: Wanderkrebs. Frankfurt am Main: Zweitausendeins, 1984.

Achternbusch, Herbert: Wohin? Köln: Kiepenheuer & Witsch, 1988. [Enthält u.a. die Filmtexte zu "Heilt Hitler!" und "Wohin?"].

Adlon, Percy: Die Schaukel. Ein Film nach dem Roman von Annette Kolb; Auf und Nieder einer deutsch-französischen Familie in München vor hundert Jahren. Frankfurt am Main: Fischer Taschenbuch-Verl., 1983 (Fischer Cinema).

Alexander, Georg: Lemke und andere. Anmerkungen zu Filmen der "Münchner Gruppe". In: Film (Friedrich-Verl.) 7/1967, S. 24-26.

Bauer, Alfred: Deutscher Spielfilm Almanach. Band 1: 1929-1950. Nachdruck. München: Winterberg, 1976. Band 2: 1946-1955. München: Winterberg, 1981.

Berghahn, Wilfried: Ansichten einer Gruppe. Die "Münchner Schule". In: Filmkritik 4/1963, S. 156-162.

Birett, Herbert: Das Filmangebot in Deutschland 1895-1911. München: Winterberg, 1991.

Brandlmeier, Thomas: Die Münchner Schule. Zur Vorgeschichte des jungen deutschen Films 1962-1968. In: Abschied vom Gestern. Bundesdeutscher Film der sechziger und siebziger Jahre. Frankfurt am Main: Deutsches Filmmuseum, 1991, S. 50-69.

Der Brief. Drehbuch für einen Spielfilm von Vlado Kristl. In: Film (Friedrich-Verl.) 8/1966, S. 49-56.

Die deutschen Filme...[1956-]. Wiesbaden: Export-Union der deutschen Filmindustrie, o.J. [1957 ff., seit 1975 auf dem Umschlag: Filme in der Bundesrepublik Deutschland, seit 1979 auf dem Umschlag: Kino... Filme der Bundesrepublik Deutschland. Verlagsbezeichnung seit 1979: München: Export-Union des deutschen Films]

Dietl, Helmut; Süskind, Patrick: Kir Royal. Aus dem Leben eines Klatschreporters; in der Originalfassung. München und Hamburg: Knaus, 1986.

Dietl, Helmut; Süskind, Patrick: Monaco Franze. Der ewige Stenz; in der Originalfassung. München und Hamburg: Knaus, 1983.

Dietl, Helmut: Münchner Geschichten. Pfaffenhofen: Ilmgau, 1975.

Doktor Faustus. Ein Film von Franz Seitz nach dem Roman von Thomas Mann. Hrsg.: Gabriele Seitz. Frankfurt am Main: Fischer Taschenbuch-Verl., 1982 (Fischer Cinema).

Eder, Klaus: Mit dem Kino leben. Erste Filme der Münchner Cinéasten. In: Film (Friedrich-Verl.) 6/1966, S. 30-32.

Eine Ehe. Protokoll. In: Film (Friedrich-Verl.) 12/1968, S. 39-56.

Elsaesser, Thomas: Der Neue Deutsche Film. Von den Anfängen bis zu den neunziger Jahren. München: Heyne 1994 (Heyne Filmbibliothek; 209). Originalausg.: New German Cinema. New Brunswick: Rutgers University Press, 1989.

Erfolg. Ein Film von Franz Seitz nach dem Roman von Lion Feuchtwanger. Hrsg.: Gabriele Seitz. Frankfurt am Main: Fischer Taschenbuch-Verl., 1991 (Fischer Cinema).

Fassbinder, Rainer Werner: Fassbinders Filme 2. Hrsg. von Michael Töteberg. Frankfurt am Main: Verl. der Autoren, 1990. [Enthält u.a. die Filmtexte zu "Rio das Mortes" und "Der amerikanische Soldat"].

Fassbinder, Rainer Werner: Fassbinders Filme 3. Hrsg. von Michael Töteberg. Frankfurt am Main: Verl. der Autoren, 1990. [Enthält u.a. die Filmtexte zu "Händler der vier Jahreszeiten" und "Angst essen Seele auf"].

Fassbinder, Rainer Werner: Die Kinofilme 1. Hrsg. von Michael Töteberg. München: Schirmer/Mosel, 1987. [Enthält u.a. die Filmtexte zu "Liebe ist kälter als der Tod", "Katzelmacher" und "Götter der Pest"].

Film oder Macht. Text des neuen Films von Vlado Kristl. In: Fernsehen + Film, Juli 1970, S. 17-24.

Das Filmjahr... [1979-1986] Hrsg. von Lothar R. Just u.a. München: Filmland Presse, 1980-1986.

Film-Jahrbuch...[1987-] Hrsg. von Lothar Just. München: Heyne, 1987 ff.

Fischer Film Almanach...[1980-] Hrsg. von Walter Schobert u.a. Frankfurt am Main: Fischer Taschenbuchverl., 1980 ff.

Fischer, Robert; Hembus, Joe: Der Neue Deutsche Film 1960-1980. München: Goldmann, 1981.

Hahn, Ronald M.: Das Heyne Lexikon des erotischen Films. Über 1600 Filme von 1933 bis heute. München: Heyne, 1993.

Hembus, Joe; Bandmann, Christa: Klassiker des deutschen Tonfilms. 1930-1960. München: Goldmann, 1980.

Herbert Achternbusch. München: Hanser, 1984 (Reihe Film; 32).

Hickethier, Knut: Die Zugewinngemeinschaft. Zum Verhältnis von Film und Fernsehen in den sechziger und siebziger Jahren. In: Abschied vom Gestern. Bundesdeutscher Film der sechziger und siebziger Jahre. Frankfurt am Main: Deutsches Filmmuseum, 1991, S. 190-209.

"I bin a alter Organisator". [Auszüge aus dem Interview mit Alois Brummer in dem Film "Sex-Business - made in Pasing"]. In: Film (Friedrich-Verl.) November 1969, S. 12-16.

Karl Valentin. Volkssänger? Dadaist? Hrsg. von Wolfgang Till. München: Münchner Stadtmuseum, 1982.

Karl Valentins Filme. Alle 29 Filme, 12 Fragmente, 344 Bilder, Texte, Filmographie. Hrsg. von Michael Schulte und Peter Syr. München; Zürich: Piper, 1978.

Kasberger, Erich: Löwengrube. Die Familie Grandauer von 1933-1941; Roman. München: Nymphenburger Verl., 1991.

Kaspar Hauser. Das Buch zum Film. Hrsg. von Johannes Mayer. Stuttgart: Verl. Urachhaus, 1994.

Keller, Roland: Die Traumfabrik. Bavaria Filmstadt Geiselgasteig; ein Blick hinter die Kulissen. München: Heyne, 1988 (Heyne Filmbibliothek; 32/124).

Kehraus. Drehbuch von Hanns Christian Müller, Gerhard Polt, Carlo Fedier. München: Heyne, 1983 (Heyne-Buch 01/6273).

Kino...[78-82/83]. Bundesdeutsche Filme auf der Leinwand. Hrsg. von Robert Fischer [1978: und Doris Dörrie]. München: Nüchtern, 1978-1982.

Koschnitzki, Rüdiger: Deutsche Filme 1977. Wiesbaden: Deutsches Institut für Filmkunde, 1978.

Koschnitzki, Rüdiger: Deutsche Filme 1978. Wiesbaden: Deutsches Institut für Filmkunde, 1980.

Koschnitzki, Rüdiger: Deutsche Filme 1979. Wiesbaden: Deutsches Institut für Filmkunde, 1982.

Kreimeier, Klaus: Kino und Filmindustrie in der BRD. Ideologieproduktion und Klassenwirklichkeit nach 1945. Kronberg/Ts.: Scriptor-Verl., 1973.

Lamprecht, Gerhard: Deutsche Stummfilme. 10 Bände. Berlin: Deutsche Kinemathek, 1968-70.

Liebe und so weiter von George Moorse. Protokoll. In: Film (Friedrich-Verl.) 9/1968, S. 38-52.

Liebeskonzil Filmbuch. Oskar Panizza, Werner Schroeter, Antonio Salines. Hrsg. von Peter Berling. München: Schirmer/Mosel, 1982.

Lindner, Helmut: Japaner sind die besseren Liebhaber. Roman frei nach dem Drehbuch von Günter Knarr und Philipp Weinges. München: Heyne, 1995.

Matsutani, Rainer; Niemann, Sebastian: Nur über meine Leiche. Roman zum Film. Düsseldorf: Econ Taschenbuch-Verl., 1995.

München im Film - Filme aus München. Materialien. Red.: Ulrich Kurowski. München: Münchner Filmzentrum, 1976 (Film 76; 2).

Ophüls, Max: Spiel im Dasein. Eine Rückblende. Dillingen: Queißer, 1959.

Patalas, Enno: Ansichten einer Gruppe. In: Filmkritik 5/1966, S. 247-249.

Phelix, Leo; Thissen, Rolf: Pioniere und Prominente des modernen Sexfilms. München: Goldmann, 1983 (Citadel-Filmbücher).

Pleyer, Peter: Deutscher Nachkriegsfilm 1946-1948. Münster: Fahle, 1965 (Studien zur Publizistik; 4). [Enthält u.a.: Protokoll zu "Zwischen gestern und morgen", S. 233-253].

Polt, Gerhard: Herr Ober. Zürich: Haffmanns, 1992.

Prinzler, Hans Helmut: Chronik des deutschen Films 1895-1994. Stuttgart; Weimar: Metzler, 1995.

Rainer Werner Fassbinder. 5., erg. u. erw. Aufl. München: Hanser, 1985 (Reihe Film; 2).

Rauh, Reinhold: Edgar Reitz. Film als Heimat. München: Heyne, 1993 (Heyne Filmbibliothek; 191).

Reitz, Edgar: Drehort Heimat. Arbeitsnotizen und Zukunftsentwürfe. Hrsg. von Michael Töteberg. Frankfurt am Main: Verl. der Autoren, 1993.

Reitz, Edgar: Die Zweite Heimat. Chronik einer Jugend in 13 Büchern; Drehbuch. München: Goldmann, 1993.

Der Rekord. Begleitheft zur Videocassette. Manuskript: Henry Witzel. Duisburg: Atlas Film + AV, 1986 (atlas forum).

Schmidt, Eckhart: Fan - Fan. Tagebuch einer Sechzehnjährigen. München; Zürich: Knaur, 1982.

Schmidt, Eckhart: Die Story. München: Knaur, 1984.

Schneider, Peter: Messer im Kopf. Berlin: Rotbuch, 1979.

Schriefer, Uwe: SA.-Mann Brand. Einstellungsprotokoll. München: Filmland Presse, 1980.

Schrick, Kirsten Gabriele: München als Kunststadt. Dokumentation einer kulturhistorischen Debatte von 1781 bis 1945. Wien: Verl. Holzhausen, 1994 (Literarhistorische Studien. Literatur aus Österreich und Bayern; VI).

Film als Rezeptionsform von Problem der Verfilmung von Erzählungen "Tonio Kröger", Waisungenoiui und "Der Tod in Venedig". München: tuduv-Verlagsges., 1979.

Sigl, Klaus; Schneider, Werner; Tornow, Ingo: Jede Menge Kohle? Kunst und Kommerz auf dem deutschen Filmmarkt der Nachkriegszeit; Filmpreise und Kassenerfolge 1949-1985. München: Filmland Presse, 1986.

Simon, Karl Günter: Der fruchtbare Schoß der Bavaria. In: Film (Friedrich-Verl.) 9/1965, S. 36-39.

Spieker, Franz-Josef: Wilder Reiter GmbH. Protokoll. Frankfurt am Main: Verl. Filmkritik, 1967 (Cinemathek. Ausgewählte Filmtexte; 19).

Spielhofer, Hans: Der Lokalfilm. In: Süddeutsche Filmzeitung 13.8.1926.
Tanker. Ein Film von Günter Herburger. [Filmtext]. In: Fernsehen + Film, Februar 1970, S. 37-56.

Tornow, Ingo: Erich Kästner und der Film. Mit den Songtexten Kästners aus "Die Koffer des Herrn O.F." München: Filmland Presse [in Komm.], 1989. (Eine Publikation der Münchner Stadtbibliothek Am Gasteig).

Tornow, Ingo: Piroschka und Wunderkinder oder Von der Vereinbarkeit von Idylle und Satire. Der Regisseur Kurt Hoffmann. München: Filmland Presse, 1990.

Trotta, Margarethe von; Francia, Luisa: Das zweite Erwachen der Christa Klages. Frankfurt am Main: Fischer Taschenbuch-Verl., 1980 (Fischer Cinema).

Ulrici, Rolf: Willy Puruckers Löwengrube. Die Grandauers und ihre Zeit 1897-1933. München: Nymphenburger Verl., 1989.

Verhoeven Michael: Liebe Melanie. Hintergründe zu dem ZDF-Film. Frankfurt am Main: Fischer Taschenbuch-Verl., 1983 (Fischer Cinema).

Verhoeven, Michael; Krebs, Mario: Die Weiße Rose. Der Widerstand Münchner Studenten gegen Hitler; Informationen zum Film. Frankfurt am Main: Fischer Taschenbuch-Verl., 1982 (Fischer Cinema).

Verhoeven, Michael; Krebs, Mario: Der Film "Die Weiße Rose". Das Drehbuch. Karlsruhe: von Loeper, 1982.

Verzeichnis in Deutschland gelaufener Filme. Entscheidungen der Filmzensur 1911-1920. Berlin, Hamburg, München, Stuttgart. Hrsg. von Herbert Birett. München u.a.: Saur, 1980.

Von "A" bis "Zip/Zip". Trickfilme aus München 1918-1987. Hrsg.: Klaus Sigl. München: Münchner Stadtbibliothek; Kulturreferat, 1987.

Wir Wunderkinder. Einführung: Roman Brodmann. Zürich: Bigler, o.J. (Berühmte Filme; 2).

Witte, Karsten: Lachende Erben, Toller Tag. Filmkomödie im Dritten Reich. Berlin: Verl. Vorwerk 8, 1995.

Wolf, Sylvia; Kurowski, Ulrich: Das Münchner Film- und Kinobuch. Hrsg. von Eberhard Hauff. Ebersberg: Ed. Achteinhalb Lothar Just, 1988.

Zeutzschel, Günter: Fernsehspiel-Archiv. Loseblattsammlung.

Zur Sache Schätzchen von May Spils. Drehbuch. In: Film (Friedrich-Verl.) 5/1968, S. 39-52.

Zwischen gestern und morgen. 40 Jahre Neue Deutsche Filmgesellschaft. Hrsg.: Sylvia Wolf. Ebersberg: Ed. Achteinhalb Lothar Just, 1987.

filmland presse

EUROPAS GRÖSSTE BUCHHANDLUNG FÜR FILMLITERATUR

Die Filmland Presse, Europas größte Buchhandlung für Filmliteratur, hält für Sie auf 300 qm Ladenfläche ständig ein Angebot von fast 10.000 Buchtiteln - Zeitschriften - Programmheften und Fotos bereit !

Wir sind direkt in der Münchner Innenstadt - zwischen Gärtnerplatz und Isartor : Aventinstraße 4   80469 München

Die Buchhandlung ist von Montag bis Freitag von 10.00 - 18.00 Uhr
und Samstag von 10.00 - 14.00 Uhr
geöffnet.

Außerdem versenden wir monatlich Angebotslisten unseres Bücher - und Zeitschriftenangebots sowie auf Wunsch Listen unseres Angebotes an Filmplakaten.

In der Hauptsache machen wir Versand. Sie können jedes Filmbuch bestellen ! Wir liefern an Stammkunden gegen Rechnung und an Neukunden gegen Vorkasse. Sollten Sie in unregelmäßigen Zeitabständen Bücherlieferungen wünschen, können Sie auch unseren ABO-Service beanspruchen!   Sie zahlen monatlich einen Betrag per Dauerauftrag oder Überweisung und wenn der Buchpreis erreicht ist, liefern wir!   Fragen Sie uns - wir schicken Ihnen Unterlagen.

Übrigens : bei den älteren Buchtiteln haben wir individuell die Preise gesenkt!

unter anderem sind folgende Titel der Filmland Presse noch lieferbar

Truffaut :	Jules und Jim	19,80 DM
Truffaut :	Fahrenheit 451	29,80 DM
Truffaut:	Die letzte Metro	29,80 DM
Tornow:	Erich Kästner	9,80 DM
Tornow:	Piroschka und die Wunderkinder	69,80 DM
Sigl:	Jede Menge Kohle ? (Film in der BRD)	29,80 DM
Reisz:	Geschichte und Technik der Filmmontage	79,80 DM

Filmland Presse
Ihr Partner für Film und Medien

Aventinstraße 4   80469 München   Telefon 089-22 01 09   Fax 089- 22 23 64

Wir besorgen Ihnen
- **Ihre Filmliteratur aus Deutschland, England und Amerika**
- **außerdem alle lieferbaren Videos kurzfristig und preiswert**

Buchhandlung Biazza

Ladengeschäft:
Sendlinger Straße 8
80331 München
Tel. 260 74 84

Versand:
Corneliusstraße 6
80469 München
Tel. 23 500-50